# EMOTIONAL AGILITY

GET UNSTUCK, EMBRACE CHANGE,
AND THRIVE IN WORK AND LIFE

SUSAN DAVID

# ハーバード流 こころのマネジメント

## 予測不能の人生を思い通りに生きる方法

スーザン・デイビッド著　須川綾子訳

ダイヤモンド社

EMOTIONAL AGILITY

Get Unstuck, Embrace Change, and Thrive in Work and Life

by

Susan David, PhD


This edition published by arrangement with Avery,
an imprint of Penguin Publishing Group,
a division of Penguin Random House LLC
through Tuttle-Mori Agency, Inc., Tokyo

生涯で最愛のアンソニー、
毎日踊ることを知っている愛しいノアとソフィーへ

# EA ハーバード流 こころのマネジメント―目次

# 10章 子どものためにできること　265

# 1章

# EA：感情の敏捷性（エモーショナル・アジリティ）はなぜ必要か

RIGIDITY TO AGILITY

ときは『ダウントン・アビー』の時代に遡る。イギリスのある名高い艦長が戦艦のブリッジに立ち、夕日が沈むのを眺めていた。伝えられているところによれば、艦長が夕食のために下へ降りようとしたとき、見張りが急に声を上げた。「明かりです。前方、二マイル先」

艦長は舵の前に戻った。

「止まっているのか、動いているのか」。レーダーのないこの時代、艦長はそう尋ねた。

「止まっています、艦長」

「では信号を送れ」。艦長はぞんざいに命じた。「こう伝えよ。『このままでは衝突する。進路を二〇度変更せよ』」

するとすぐに、明かりの元から応答があった。「そちらが二〇度変更されたし」

艦長の顔は丸つぶれだった。権威が軽んじられたのだ。しかも若い部下の前で！

「ではこう伝えろ」と艦長は怒鳴った。「こちらはイギリス海軍、三万五〇〇〇トンのドレッドノート級戦艦、ディファイアント号。進路を二〇度変更せよ」

「おそれながら」とまた応答があった。「こちらはオライイリー二等水兵。そちらの進路をただちに変更されたし」

艦長は顔を真っ赤にして激怒し、叫んだ。「我らはサー・ウィリアム・アトキンソン＝ウィリス提督の旗艦だ！　**お前が進路を二〇度変更せよ！**」

ほんの少し間があいてから、オライイリー水兵から応答があった――「こちらは灯台です」

人生においては、行く先にどんな試練が待ち受けているのか知る手だては少ない。厄介な人間関係を避けられるように灯台が見守ってくれるわけではない。船首の見張りやレーダーが、キャリアを台無しにしかねない水面下の脅威を知らせてくれるわけでもない。私たちにあるのは感情だ——恐怖、不安、喜び、高揚感。それは、人生の複雑な流れをうまく進んでいくために進化した神経系統である。

自分を見失うほどの激しい怒りや純真な愛。あらゆる感情は、外界からの重要な信号に対して即座に現れる身体的反応にほかならない。危険の兆候、あなたへの愛情の証、あなたのことを受け入れたとか拒絶するといった同僚からの合図——外部からの情報を拾うと、私たちの体はメッセージに反応する。鼓動が速くなったり遅くなったり、筋肉がこわばったり緩んだり、脅威に対しては神経が張りつめたり、信頼できるあたたかい交友関係のもとでは気持ちがほぐれたり。

こうした「身体的」反応が示すように、目の前の状況に対して私たちの内面的な状態と対外的な行動は連動し、そのおかげで私たちは生きていけるし、成長もできる。数百万年にわたる試行錯誤を経て進化した人間の誘導システムは、抗うことさえしなければ、オライリー水兵の灯台のように頼りになる存在だ。

ところが現実はそう単純ではない。感情はいつでも信頼できるとはかぎらないからだ。確かに、状況によっては、偽りやまやかしを見破る手助けになる。感情が内なるレーダーのように作動して、物事の真相を正確に、鋭く読み取る力になることもある。誰でも直感的に「この人は嘘をついている」とか「彼女はだいじょうぶだと言うけど、何かあるみたい」と感じた経験があるだろう。

しかし、感情は過去の出来事を呼び覚ます。そのせいで、目の前で起きていることを過去の苦い経験と結びつけてしまう。そうなると強い感覚に圧倒されて判断力が鈍り、暗礁に乗りあげる。怒りが頂点に達したら、根も葉もないことを言う相手の顔に飲み物をぶちまけかねない。

もちろん、大人であれば、たいていは感情にまかせて行動することはない。人前で自制心を失ったら、いつまでも非難されると知っているからだ。むしろ表には現れないが、陰湿な行動をとってしまうことがあるだろう。

多くの人は、普段は感情というものに無頓着で、正しく理解もせず、明確な意思ももたずに、目の前の状況に反応している。一方で、感情に敏感すぎて、自分の感情を抑えたり、押し殺したりするのに膨大なエネルギーを使っている人もいる。手に負えない子どものように、あるいは幸せをぶち壊す脅威のように感情を扱っているのだ。さらには、怒りや羞恥心、不安といった煩わしい感情のせいで、自分が望む人生を築けずにいると悩む人もいる。

そんなふうに感情と接していると、現実の世界から受け取った信号に対する私たちの反応は、やがて希薄で不自然なものになる。感情は私たちの利益を守ってくれるどころか、道を踏み外す元凶になりかねない。

## 感情をどのように扱うべきか

私は心理学者として、企業の管理職のコーチとして、感情とそれに対する反応について二〇年以上研究してきた。私はよくクライアントに尋ねる。厄介な感情や難しい状況に対して、どのくらい前から向き合おうとしたり、解決や対処を試みたりしてきましたか、と。五年、一〇年、さらには二〇年という答えが多いが、「子どものころからずっと」と言う人もいる。こうなると言うべきことは一つしかない。「では、あなたのやり方は功を奏していると言えますか?」

本書の目的は、豊かな人生を送るために、自分の感情を意識的に扱い、受け入れ、折り合いをつける術を学んでもらうことだ。エモーショナル・アジリティ(Emotional Agility:EA)とは、日々の状況に適切に対応できるよう、湧き上がった考えや感情を柔軟に調整する「感情の敏捷性」のことである。

私がこれまでに整理してきたツールやテクニックは、まちがったことを言わないようにするとか、羞恥心や罪悪感、怒り、不安、ふがいなさといった感情に悩まされないようにするものではない。完璧になろうと努力しても、いつも最高に幸せな気分でいようとしても、ストレスはたまる一方だ。むしろ、ややこしい感情でも受け入れることができ、人間関係を楽しむ能力を高め、目標を達成し、充実した日々を過ごせるように手助けしたいと願っている。
だが、これは感情の敏捷性《エモーショナル・アジリティ》（ＥＡ）の「感情」の部分にすぎない。「敏捷性」についての議論では、思考と行動のプロセスを掘り下げる――これもまた、成功を妨げかねない心と体の習慣に関する問題だ。ディファイアント号の艦長のように、いつもと異なる状況にもかかわらず、これまで通りの考え方を頑固に貫こうとしても、物事は決してうまくいかない。

　硬直した反応が前面に出てしまうのは、長らく自分に言い聞かせてきた自滅的な思考のせいかもしれない。「どうせ私は負け犬だ」とか、「つい的外れなことを口走ってしまう」とか、「ここぞというときにかぎって挫けてしまう」とか。

　人間の性質に照らせば、この手の反応はごく自然なものだ。私たちには考えるプロセスを省略しようとする傾向がある。子ども時代や最初の結婚生活、新人時代の経験から、「他人を信用してはいけない」とか「どうせ傷つけられる」といった反応が染みついてしまう。そうした推測はその時点では正しかったかもしれないが、いまも正しいとはかぎらない。昨今では、感情の硬直性《エモーショナル・リジディティ》（自分のためにならない考えや感情、行動にとらわれること）が、うつ病や不安障害といった精神疾患に結びつくという研究結果が増えている。

　反対に、ＥＡは、幸せと成功の鍵になる。これは自分の思考をコントロールすることでも、前向きな思考を強制することでもない。心理学の研究が示すように、ネガティブな思考（「今度のプレゼンで大失敗しそうだ」）を無理やりポジティブな思考（「見てろよ。きっとばっちりさ」）

へと変えようとしても、ほとんど効果がないし、逆効果にさえなりかねない。大切なのは、肩の力を抜いて心を落ち着け、意識を研ぎ澄ませて生きることだ。

本書では、自己の感情にもとづく警告システムにいかに反応するかについて掘り下げていく。心理学者ヴィクトール・フランクルも同じ趣旨のことを述べている。ナチスの死の収容所から生還した彼は、『死と霧』（みすず書房）のなかで、潜在能力を存分に生かし、意義深い人生を送ることとついて論じ、「刺激と反応のあいだには空間がある」と書いている。（注1）「その空間にあるのは、自分がどう反応をするか決める権限だ。人の成長と自由はその反応次第である」

自分が何を感じ、その感情に対していかに行動すべきか。EAはそのあいだに空間をつくり、難しい状況や局面（否定的な自己イメージ、深い悲しみ、苦痛、不安、憂うつ、先延ばしにしてきた厄介な仕事、環境の重大な変化など）を乗り越えるのを後押ししてくれる。その有用性は、個人的な難題に対処することにとどまらない。成功を収め、活躍している人々の特質を探る心理学の領域においても、EAは広く注目を集め、フランクルのように苦難を克服して偉業を達成した人々に共通する特質について研究が進められている。（注2）

EAをもつ人には行動力がある。変化が激しく複雑な世界に柔軟に対処している。ストレスの多い状況や挫折に耐える力があり、それでいて熱意や包容力も失わない。人生には困難がつきものだと理解したうえで、価値観に従って行動し、長期的目標を追い求める。もちろん怒りや悲しみといった感情と無縁ではないが（無縁な人などいるだろうか？）、好奇心や自分への思いやり、寛容な精神をもって感情と向き合っている。その場の気持ちに流されず、欠点も含めたありのままの自分を最大の目標へと向かわせているのだ。

## 私がトラウマから抜け出したきっかけ

私が感情の敏捷性《エモーショナル・アジリティ》（ＥＡ）とレジリエンスに感心をもつようになったのは、アパルトヘイト政策下の南アフリカで育った子ども時代に遡る。強制的な人種隔離が行われていた暴力的な時代には、読み書きを習う機会よりもレイプされる可能性の方がずっと高かった。政府は一般市民を連行して拷問にかけ、警察は教会に向かう人たちを銃で撃った。黒人と白人の子どもは、学校、レストラン、トイレ、映画館など社会のあらゆる場所で分けられていた。

私は白人だから直接的な被害を受けることはなかったが、私も友人たちも周囲で起きている社会的暴力からは逃れられない。ある友人は集団暴行を受けたし、おじは殺された。そのせいで人が身のまわりの混乱や残虐行為にいかに対処するのか（あるいはしないのか）、早い時期から強い関心を抱くようになったのだ。

一六歳になったとき、まだ四二歳だった父が末期がんだとわかり、余命数カ月と宣告された。この経験はトラウマとなり、私は孤独になった。信頼できる大人はあまりいなかったし、同じような境遇の友人もいなかった。

そんな時期、とても面倒見のいい英語の先生がいて、生徒に日記をつけるように勧めてくれた。内容は何でも好きなことでかまわないが、先生がコメントできるよう毎日午後には提出する決まりだった。あるときから、私は父の病気について書くようになり、やがて父の死を綴《つづ》るようになった。先生は親身になって返事を書いてくれ、私がどんな気持ちでいるのか問いかけてくれた。

日記を書くことは何よりの心の支えになり、私はそれが自分の経験を記述して理解し、消化する力になっているのだと気づいた。悲しみが消えるわけではなかったが、トラウマから抜け出すことができた。また、これをきっかけに、つらい感情は避けるのではなく、しっかりと向き合うことが大切だと知り、私はやがて心理学の道に進んでいまに至っている。

幸い南アフリカのアパルトヘイトは過去のものとなった。現代の世の中から悲しみや恐怖が消えることはないにしても、本書の読者のほとんどは、制度化された暴力や迫害の脅威にさらされずに生きているだろう。それでも、私が一〇年以上暮らしている比較的平和で豊かなアメリカでさえ、非常に多くの人々が相変わらず困難を乗り越え、少しでも良い人生を送ろうと必死にもがいている。仕事や家族、健康、金銭、その他の個人的な重圧を感じ、疲れ切っている。さらには社会の大きな力もある。不安定な経済状況、目まぐるしく変わる文化、あらゆる場面で私たちの気を散らす破壊的テクノロジーの終わりなき襲来……。

一方、マルチタスクは時間に追われる現代の定番の対処法だが、何の救いにもなっていない。最近の研究によれば、マルチタスクによるパフォーマンスへの影響は、飲酒運転と大差ないようだ。(注3) ほかの研究でも、毎日の小さなストレスの積み重ねによって、脳細胞が一〇年も早く老化しかねないことが示されている(ストレスの原因は、出かける直前になってもお弁当ができていないことや、大事な電話会議があるのに携帯の充電が切れたこと、電車の遅れ、次々やってくる請求書などさまざまだ(注4))。

私のクライアントたちはこんなふうに言う。まるで釣り糸にかかった魚のように、捕まっては釣り上げられ、放り出されている気がする、と。そして誰もが人生でもっと大きなことをしたいと願っている。世界を探検したり、結婚したり、プロジェクトを完成させたり、仕事で成果を残し、事業を興し、健康になり、子どもや家族と強い絆を築くことを願っている。

しかし、そうした願いに一向に近づくことができない(それどころか、完全に逸れてしまうことも珍しくない)。自分にとって望ましい何かを見つけようと努力しても、まわりの状況だけでなく、自分自身の自滅的な考えや行動のせいもあって、身動きがとれなくなってしまう。さらに、親の立場にある人は、ストレスや心理的負担が子どもに与える影響を心配している。

足元で地面がたえず揺らいでいるのだから、倒れないようにするには機敏になるしかない。EAを身につけるべきときがあるとしたら、いまがまさにそのときだ。

## ポジティブ思考では対応しきれない

私は五歳のとき、家出しようと思い立った。両親に腹を立てたせいだが、理由は覚えていない。それでも、何としても家出するしかないと思ったのをはっきりと覚えている。小さなカバンに入念に荷物を詰め、キッチンの棚からピーナツバターをひと瓶とパンを少しもち出した。そしてとっておきの赤と白のてんとう虫模様の靴をはき、自由を求めて旅立った。

住んでいたヨハネスブルグでは、家のすぐ近くに大通りがあり、両親からはいつも、何があっても一人で通りを渡ってはいけないと言われていた。その日、曲がり角にさしかかったとき、真っすぐ進んで大きな広い世界に飛び出すことは許されないと気づいた。通りを渡るなんて言語道断、絶対にダメ。そこで、五歳の従順な逃亡者らしく、家のまわりを歩くことにした。何周も、何周も。自宅の門を横目に同じブロックを何時間もぐるぐると歩き回り、私はようやく、何ともドラマチックな脱出劇に終止符を打ち、家に戻った。

私たちは実は、誰もが同じようなことをしている。明文化された規律や不文律、あるいは想像上の規律に従い、人生の道を歩いたり走ったりしながら、ぐるぐると回っている。その過程で、自分のためにならない思考や行動パターンに陥ってしまう。まるでぜんまい仕掛けのおもちゃのよう。同じ壁に何度もぶつかるばかりで、外に出られる扉が左右にある可能性に気づかない。自分が袋小路に入っていることに気づいて助けを求めても、家族や友人、親切な上司、セラピストなど、頼った相手がいつも助けてくれるとはかぎらない。人にはそれぞれ心配事や制約、優先事項があるのだから。

その一方で、現代の消費文化は、意にそわないことがあっても簡単に対処でき、できないものは放り出すか交換すればいい、とあおる。「恋人とうまくいかない？　ではほかの相手を見つけましょう」「生産性に課題がある？　だったらうってつけのアプリをどうぞ」。私たちは自分の内面で起きていることが気に入らないときも、同じような発想で対処する。ショッピングをしたり、セラピストを変えたり、あるいは不幸や不満の原因を自分なりに取り除こうとしてポジティブ思考を徹底してみたりするのだ。

残念ながら、どれもあまり効果はない。厄介な考えや感情を修正しようとすると、かえって気になるものだ。否定的な感情を抑え込むためにむやみに忙しくしてみたり、気を紛らわそうとして何かに依存してしまったりすることもある。ネガティブな感情を無理してポジティブに転換しようとしても、気分が良くなることはない。

感情をコントロールしようと大勢の人が自己啓発本を読んだり、セミナーに参加したりしているが、そういったアプローチの多くは根本的にまちがっている。ポジティブ思考を声高に勧めるものはとくに的外れだ。楽しい考えを植えつけるのは不可能ではないにしろ、うまくいかないものだ。ネガティブ思考を断ち切って、もっと気持ちのいい考えに切り替えられる人など実際にはいない。またこの手の助言は、ある紛れもない事実を見落としている。実はネガティブな感情は、私たちの役に立つことが珍しくないのだ。

それどころか、ネガティブであることは正常だ。これは根本的な事実にほかならない。私たちはときどき否定的な感情を抱くようにできている。それは人間のありようの一部である。ポジティブであれと強調しすぎるのは、ごく自然な感情のゆらぎに対して過剰な治療を行う現代社会の歪みの現れだ。手に負えない子どもや感情の起伏が激しい女性に行き過ぎた治療が行われることがあるが、それとあまり変わらない。

私は過去二〇年にわたってコンサルタントを務め、コーチングや研究を行うなかで、大勢のクライアントが人生で大きな目標を達成できるよう、感情の敏捷性《エモーショナル・アジリティ》（ＥＡ）の原理を検証し、磨きをかけてきた。クライアントの顔ぶれは多彩だ。家庭と仕事を両立しようとして追いつめられている母親、政情不安定な国の子どもたちが予防接種を受けられるように孤軍奮闘する国連大使、多様な事業をグローバルに展開する企業経営者、そして、人生にはもっと実りがあってしかるべきだと感じている多くの人たち。

私は少し前に、この仕事を通して得た知見を『ハーバード・ビジネス・レビュー（ＨＢＲ）』に発表した[注5]。そのなかで、（私自身は言うまでもなく）クライアントのほとんどすべてに、硬直したネガティブなパターンに陥る傾向が見られることを指摘し、そこから脱却して良い方向に転換できるよう、ＥＡを培うモデルを提示した。この論文はＨＢＲの人気記事リストに数カ月間ランクインし、短期間で二五万人近くがダウンロードした（これは同誌の発行部数に匹敵する）。その年の「年間最優秀経営アイディア」に選ばれ、また『ウォール・ストリート・ジャーナル』『フォーブス』『ファスト・カンパニー』など多くのメディアで紹介された。

ＥＡは「次なる心の知能（Emotional Intelligence）」と称され、感情に関する社会の考え方を変える大きなアイディアだと評価された。どうやら、かなり多くの人が実践的な手引きを求めているようだ。

本書はＨＢＲで紹介した研究やアドバイスをさらに掘り下げた内容になっている。だが本題に入る前に、本書の方向性を理解していただくため、まずは全体像を説明したい。

## 感情の敏捷性《エモーショナル・アジリティ》（ＥＡ）を身につける「四つのステップ」

感情の敏捷性《エモーショナル・アジリティ》（ＥＡ）とは、いまこの瞬間に身を置き、自分の目標や価値観に合った生き方をするために行動を変え、また、行動を貫くことを可能にするプロセスを意味する。これは面倒な感情や考えを無視することではない。そういった感情を緩やかに抱き、勇気をもって向き合い、そのうえで人生における重要な目標を達成すべく、さらに先へと足を踏み出すことにほかならない。具体的には、四つの基本的なステップがある。

### ステップ①——向き合う

ウディ・アレンはかつて、成功の八〇%は「向き合う」ことだと語った。本書においては、自分の考えや感情、行動に対して、好奇心と優しさをもって積極的に向き合うことがこれに当たるだろう。ある考えや感情は、ある時点では理にかなっていて妥当かもしれないが、すでに妥当性を失っているのに振り払うことができないものもある。まるで何週間たっても頭のなかで聴こえるビヨンセの曲のように、私たちの心にとどまっている。

こうした考えや感情は、現実を正確に反映しているにせよ、有害なひずみになっているにせよ、一人ひとりの人物像の一部をなしている。私たちは、考えや感情をいかに扱うべきかを学んではじめて、その先に踏み出すことができる。

### ステップ②——距離を置く

自分の考えと感情に向き合ったら、次は少し離れて観察し、それらをありのままの姿で受け止める——ただの考えや感情として。そうすることで、自分が感じていることと、それに対する反応のあいだに、フランクルが述べた、判断を差しはさまないオープンな「空間」が生まれる。また、自分が経験している厄介な感情の正体を見きわめ、最適な対処法を探すことができる。離れて観察することによって、つかの間の精神的経験に自分が支配されるのを防ぐことになるのだ。

一歩離れて広い視野をもつことは、いわば自分を多様な可能性に満ちたチェス盤ととらえるようなものだ。盤の上で決められた動きしかできない一つの駒として見るのではなく。(注6)

## ステップ③――理由を考えながら歩む

頭のなかの状態を整理して落ち着かせ、考えとそれを抱く自分のあいだに空間をつくれば、自分の価値観や、大きな目標といった本当に大切なことに集中できるようになる。まずは恐怖や苦痛など、非生産的な影響をもたらす感情的要素を自覚し、受け入れ、そこから距離をとる。そうすれば考えと感情を、長期的な視点から見た自分の価値観や願望と結びつけ、目的地に到達する新しい方法を見つける力を得られるだろう。

あなたは毎日、何千という決断をしている。仕事が終わったらジムに行くか、それともサボってハッピーアワーを楽しむか？　気持ちを傷つけられた友人からの電話に応えるか、それとも留守番電話に任せてしまうか？　私はこうした小さな決断の瞬間を「選択点」と呼んでいる。(注7)あなたの大切な価値観は、あなたがいつも正しい方向に進むように導いてくれる羅針盤である。

## ステップ④――前進する

**小さな工夫の原則**：従来の自己啓発論では、自分を変えるには崇高な目標や抜本的な自己変革が欠かせないと説くことが多いが、昨今では正反対の見解が有力視されている。すなわち、ちょっとした工夫でも、それが自分の価値観に裏づけられたものなら、人生を大きく左右する可能性があるという見方だ。これがとくに当てはまるのは、日々の生活で当たり前になっている決まりごとや習慣に工夫を加える場合だ。小さな工夫を毎日積み重ねれば、きわめて大きな影響力となり、卓越した成果をもたらすことができる。

**シーソーの原則**：世界的な体操選手が複雑な動きを軽やかにこなすのは、機敏さと鍛え抜いた体幹のなせるわざだ。何らかの拍子にバランスが崩れても体幹のおかげで修正できる。しかし最高のレベルで競うには、自分の限界をつねに押し広げ、さらに難しい動きに挑戦しなければならない。私たちも同じように、挑戦と能力のあいだでうまくバランスをとり、自己満足に浸ったり、プレッシャーに押しつぶされたりせずに、喜びと情熱、そして活力をもって挑戦していかなければならない。

補正下着メーカーのスパンクスを創業したサラ・ブレイクリーは、女性として最も若くして自力で億万長者になった実業家の一人として知られている。そんな彼女は、毎晩夕食のときに父親から、「さて、今日はどんな失敗をしたのか話してごらん」と言われたそうだ。(注8)その意図は彼女の自信をくじくことではなく、むしろ子どもたちが限界を押し広げられるように、励ましまそうとしてそう語りかけていたのだ。新しいことや難しいことに挑戦してつまずくのは悪いことではない――それどころか素晴らしいことなのだと。

生涯にわたって挑戦と成長の感覚をもち続ける――それこそがＥＡの究極の目的である。

私は、本書が本当の意味で行動の変化をもたらす道案内になることを願っている。あなたが自分の望む人生を歩めるように、そしてどうにも扱いづらい感情を、エネルギーや独創性、洞察力の源泉に変えられるように、新たな行動指針を獲得してもらえたら幸いである。

では、さっそく始めよう。

2章

# 「思考の罠」にはまるとき

HOOKED

ハリウッド映画の脚本は、観客がはまる仕掛けが命である。関心を引きつけ、ストーリーに躍動感を与え、エピソードを展開する――その基本構造には必ず葛藤という要素がある。いったんはまると目が離せなくなるのは、葛藤がどうやって解消されるのか見届けたいからだ。

私は心理学者として、自分が夢中になった本や映画には必ず葛藤の要素があることを実感している――あるいは少なくとも、その葛藤の重要な部分は主人公の本質に関わっている。売れない役者が仕事をもらうために女性に扮し、女心を理解していく話（『トッツィー』）。純情な娘が責任を背負うことを恐れる話（『プリティ・ブライド』）。映画史上でも指折りの見事な仕掛けがある作品では、すご腕の暗殺者が頭を殴られ、気がつけば銃撃される身となるが、自分が誰で、何を求めているのかわからない（『ボーン・アイデンティティー』）。

ヤシの並木道をオープンカーで飛ばし、映画スターと打ち合わせをすることはないにせよ、私たちもハリウッドの脚本家同様、自分の頭のなかの映画館で上映する作品の脚本を書いている。ただし現実の物語では、手に汗握るようなサスペンスにはまるわけではない。それは自滅的な感情や考え、行動に振り回されることにほかならない。

人の心は意味を生成する装置のようなものだ。私たちは毎日、際限なく押し寄せる知覚情報の意味を解釈しようと苦心する。風景や音、経験、人間関係を一貫性のある物語として体系化する作業を通して、何らかの意味を見出している。

この人物は私。名前はスーザン。いま目覚めたばかりでベッドにいる。飛び乗ってくる小さな生き物は息子のノア。かつてはヨハネスブルグに住んでいたけれど、いまはマサチューセッツに住んでいる。早く起きて面談の準備をしないといけない。それが私の役目だから。私は心理学者で、人の力になれるように相談に乗るのが仕事だ。

物語には重要な目的がある——私たちは物語を自分に言い聞かせることで、経験を整理し、精神的な安定を保っているのだ。

問題なのは、誰もが事実を曲解することである。現実的に一貫性のある物語を語れない人や、現実からかけ離れた物語を語る人は「精神障害者」と見なされる。だが、幻聴や誇大妄想とは無縁の人でも、自分の物語の脚本を書くとなると、事実を勝手に書き換え、しかもそれに気づかないことさえある。

そして私たちは、自分なりに説得力のある物語を、何の疑問もなく受け入れるようになる。まるでそれが純然たる事実であり、事実以外の何ものでもないかのように。

客観的な正確さはともかくとして、それは小学校三年生か、歩行や言語を学ぶより前から頭のなかの黒板に書きつけられた物語かもしれない。私たちはたった一つの文やパラグラフに、自分の人生すべてを表現させている。しかも三〇年か四〇年ものあいだ、一度も検証したことさえない。そんな的外れな脚本が、人の数と同じだけ存在する。

「両親は私が生まれてすぐに離婚した。母がアルコール依存症になったのは私のせいだ」

「私は社交的な家族のなかで一人だけ内向的だから、誰からも愛されない」

例を挙げればきりがない。

誰もがいつも小さな物語を書いている。私もそうだった。数年前、ある同僚から留守番電話にメッセージがあった。気軽な口調で、私が考えたコンセプトを彼の著書のタイトルに借用することにしたと言う（別の言葉では「盗む」とも言う）。彼は私に了解を求めることもなく、淡々と言い分を述べ、「問題ないといいけど」とメッセージを残していた。

なんですって――もちろん大問題に決まってる！　私が自分で使おうとあたためていたコンセプトを流用するなんて。私は軽率にも、ある学会で彼にアイディアをもらした自分を呪った。だが、どうしたらいいというのだろう？　専門家同士が罵倒し合うわけにはいかない。

私は怒りを押し殺し、ありきたりなことをした。夫に電話をかけ、愚痴を言ったのだ。外科医であるアンソニーはそっけなく応えた。「スージー、いまは話せない。これから緊急手術に入るところだ」。私はまたも「不当な扱い」を受けた。しかも今度は自分の夫から！

私の愚痴を聞くより患者の命を救う方が大事なのは当然だ。だが、そんなふうに冷静に考えてみても、湧き上がる怒りを鎮めることはできなかった。夫はどうしてこんなにひどい仕打ちをするのだろう――私が本当に必要としているときに？

その感情は瞬く間に、「あの人は私を一度も助けてくれたことがない」という思いへと姿を変えた。怒りは次第に増幅し、夫が電話をかけてきても無視しようと決めた。私はつまり、「思考の罠」にはまっていたのだ。

後から思えば、留守番電話にメッセージを残した相手と話し合い、心静かに、でもはっきりと、あなたの行為は認められないと伝え、納得のいく解決方法を探す努力をすべきだった。ところが私は二日間も不機嫌なまま、罪のない夫を「一度も助けてくれたことがない」と決めつけ、無視したのだ！　なんともご立派なことだ。

## 日常生活で削られていく心の余力

私たちは、真実とはかけ離れた物語を自分に語ることで、葛藤を抱え、時間を浪費し、家庭内の雰囲気をとげとげしいものにしている。さらに深刻なのは、こうした物語の世界と、自分が本来目指している世界とのあいだに対立が生じることだ。

人は平均して一日当たり約一万六〇〇〇語を口にする。(注1)しかし、内なる声である思考は、ささらに数千語もの言葉を生んでいる。音は立てないがひどくおしゃべりで、休みなく観察や批判、分析を浴びせかけてくる。

こうした声のことを、文学者たちは「信用できない語り手」と呼ぶ――『ロリータ』のハンバート・ハンバートや、『ゴーン・ガール』のエイミー・ダンのような。彼らの状況説明がすべて正しいわけではないように、私たちの内なる語り手も先入観にとらわれて混乱しているかもしれない。あるいは自己正当化や自己欺瞞に陥っていることもある。

さらに厄介なことに、内なる語り手は決して黙らない。頭に浮かぶ考えのすべてに共感しないように努力することはできたとしても、そもそも浮かんでくる考えを封じ込めることなどできるだろうか？

私たちは、途絶えることのないおしゃべりの川から浮かび上がる発言を事実として受け止めるが、そのほとんどは評価と判断が混在し、感情によって強化されている。なかには前向きで役立つものもあるが、後ろ向きで役立たないものも多い。いずれにしても、内なる声は中立的であることも、冷静であることもない。

たとえば、私はいま机に向かって本書を執筆しており、進み具合はどちらかというと遅い。「私は机に向かっている」。これは事実に即した単純な考えだ。「本書を執筆している」もそうだし、「進み具合はどちらかというと遅い」もそうだ。

ここまではいい。問題ない。だが次の段階になると、純粋な事実観察はいとも簡単に主観の領域に移行する。私が自分に語り聞かせる物語にも思考の罠があり、私は浅はかで不毛な考えにとらわれ、漁師にさばかれる寸前の魚のようにもがくことになるのだ。

「進み具合はどちらかというと遅い」の後に頭に浮かびそうなのは、「私は書くのが遅すぎる」というフレーズだろう。これは自己批判的な評価だ。さらに「私は大半の人より書くのが遅い」と思えば、事実に基づいた考えが比較へと変化していることになる。

さらに「私は後れを取っている」となれば、不安の要素が加わる。そして最終的には、手厳しい判断が下される。「締め切りまでに書けると過信していた。どうして自分の能力を正直に認められないんだろう？　もうダメだ」。こうなると、「私は机に向かい、ゆっくりと本を書いている」という事実に基づいた出発点からは大きく逸れている。

事実から意見へ、判断と不安へと、人はいとも簡単に滑り落ちてしまう。このことを実感するために、頭の体操をしてみよう。まずは次のフレーズについて、一つずつ考えてほしい。

あなたの携帯電話
あなたの家
あなたの仕事
あなたの義理の両親
あなたのウエストライン

自由に連想してみると、単に事実に基づいた考えが浮かぶかもしれない。「私は先週、義理の両親と食事をした」とか、「月曜日までに仕上げなければならない案件がある」など。しかし、それだけではない。厄介な意見や評価、比較、心配などがすぐに入り込んでくるのではないか。

私の携帯電話は……**アップグレードしないと。**
私の家は……**いつも散らかっている。**
私の仕事は……**ストレスの元凶だ。**
私の義理の両親は……**子どもたちを甘やかしている。**
私のウエストラインは……**またいつものダイエットが必要だ。**

私はワークショップなどで、参加者につらい状況と、それに伴う考えや感情を匿名で書き出してもらうことがある。第一線で活躍する経営者たちが集まるセッションにおいて、「自分についての物語」のせいで思考がかき乱された最近の経験と、その引き金になった事柄を挙げてもらったので、いくつか紹介しよう。

自分以外の誰かが成功した――**「私は選ばれなかった。どうして私じゃないんだ？」**
がむしゃらに働いている――**「こんな人生は失敗だ。まわりはゴタゴタばかりだし、家族は私が団らんの時間をないがしろにしていると怒っている」**
難しい仕事をしている――**「なんでこんなに時間がかかるんだ？　能力があればもっと手早く片づけられるのに」**
昇進のチャンスを逃した――**「なんてまぬけで情けない奴なんだ。裏切られるのをただ指を**

くわえて見ていた」
新しい仕事を頼まれた――「不安でいっぱいだ。うまくいくわけがない」
人付き合い――「自分は人前ですごく緊張してしまう。洞窟で育ったと思われそうだ」
否定的なフィードバックを受けた――「ああもうクビだ」
昔の友だちと会った――「俺は負け犬だ。みんな人生を謳歌している。しかも稼いでる！」
ダイエットを試みる――「私って最悪！　もう無理。私以外の全員が魅力的に見える」

こんなふうに、中立的な考えがいとも簡単に変化するのはなぜか。
みなさんはこれを読んで何を思い浮かべるだろう(注2)。

メリーさんの（　　　　）。

「ひつじ」という言葉が思い浮かんだのではないだろうか？　考えるまでもなく、自動的に頭に浮かんだはずだ。
思考の罠にはまる仕組みの裏には、このように反射的に応答する人間の性質がある。
同じような状況は日常生活のなかにいくらでもある――上司からの厳しい指摘、ずっと前から苦手に感じていた親戚との付き合い、自分が発表しなければならない会議、恋人とのお金にまつわる議論、子どもの期待外れな成績表、あるいは通勤時の渋滞など。

そんな状況に直面すると、あなたは機械的に反応する。皮肉を言う、心を閉ざして感情を押し殺す、先送りにする、その場から立ち去る、気にやむ、カッとなって叫ぶ、といった具合に。

その反応がまったく功を奏していないなら、あなたは罠にはまっていることになる。「メリーさんの……」と聞いて「ひつじ」を思い浮かべるのと同じくらい明らかだ。餌のついた釣り針が目の前で揺れると、一瞬のためらいもなく飛びついてしまう。

そんな状態になるのは、思考を事実として受け止めるときだ。これは苦手。いつも失敗してしまう。

やがて、そんな思考に陥りそうな状況を避けるようになる。挑戦しようとは思わない。

あるいは、同じことを延々と考え続けるかもしれない。以前、挑戦したときも恥をかいた。

ときには、友人や家族からの親身な助言に従って、そんな思いを遠ざけようと努力してみるかもしれない。そう考えるべきじゃなかった。そんなの非生産的だ。

歯を食いしばり、気が進まないことに無理に立ち向かう人もいる。そう思うこと自体、思考の罠にはまった状態だ。本当は価値があると思っていないのに、行動を駆り立てる。やるしかない。これも経験だと思って好きにならなくちゃダメだ。たとえ自殺行為でも。

内なる声は人を惑わせるだけではなく、疲労の原因にもなる。それはあなたの心の余力が奪われているということだ。ほかにもっと有意義な使い道があるというのに。

# 触覚、聴覚、視覚は、思考と強く結びつく

思考にはこのような「罠にはめる」力に加えて、実は感情と結びつくことでより強固な反応をもたらす性質がいくつもある。

仮にあなたは銀河系の未知の言語を学んでいるとしよう。(注3) 上の二つの図形のうち、片方は「ブーバ」、もう片方は「キキ」と呼ばれている。そして先生から、二つの単語に対応する図形はどちらかと聞かれる。おそらくあなたは、左が「キキ」、右が「ブーバ」と答えるだろう。

この実験を行ったV・S・ラマチャンドランとエドワード・ハバードによると、対象者の九八%がそう答えたという。言語のパターンをまだ習得していない、英語圏以外の地域に生まれた二歳児も同じ選択をした。(注4)ラマチャンドランが勤めるサンディエゴのカリフォルニア大学のキャンパスだけでなく、石の壁に囲まれたエルサレムでも、中央アフリカのタンガニーカ湖のほとりにあるスワヒリ語を話す孤村でも、結果はほとんど変わらなかった。

これは言語や文字体系、文化的背景にかかわらず、脳に組み込まれた世界共通の傾向だ。人はこの無意味なシンボルに接すると瞬間的に聴覚神経が働き、「キキ」には鋭い響きがあり、「ブーバ」はもっとやわらかくて丸みがあると判断する。

形状が音に結びつくのは、この判断を行う角回《かくかい》という脳の領域が、触覚と聴覚、視覚の中枢の交差点に位置することが一つの原因と考えられる。(注5)角回は知覚の融合、音の統合、感受性、イメージ、シンボル、ジェスチャーを扱っており、人間が隠喩を使って思考を操れるのも角回のおかげだ。私たちは「あのシャツはうるさい」などと表現するが、別に派手なアロハシャツが騒音を立てるわけではない(角回に損傷を受けた人は、言葉を支障なく話せてもシンボルを扱うのは苦手だ。角回の大きさが人間の八分の一しかない下等な霊長類もシンボルを理解しづらい)。

知覚を融合させる能力は詩人や作家の芸術的創作の源泉だが、その一方で容易に逃れられない執着の原因にもなる。私たちは『スタートレック』のミスター・スポックのように、感情をいつも中立に保ってはいられない。「私はライバルから妨害されているという考えを有している。実に興味深い」などと言う人はいない。

実際には、考えには視覚的イメージ、シンボル、個人的な解釈、判断、推論、抽象化、動作といった多くの情報が付け加えられる。そのおかげで私たちの精神生活は鮮やかで印象深いものになるが、客観性が失われ、わずらわしい考えに翻弄される——それが事実に即しているかどうかや、有益かどうかに関係なく。

刑事裁判の判事は、陪審員に検視写真を見せても、犯罪現場の写真は許可しないことが多い。混沌として暴力的、血にまみれた光景は感情に強く作用するため、陪審員に求められる論理的で中立的な判断を損なうおそれがあるからだ。検視写真はステンレス台のうえで強い照明のもと撮影され、あくまでも医学的だ。しかし犯罪現場の写真は、被害者を個性のある人間として映し出す——血が飛び散った化粧台に飾られた子どもの写真、履き込まれたランニングシューズ。ほかにも、被害者の苦しみをありありと示すものが写っているかもしれない。

感情を刺激する光景は陪審員の気持ちを「たかぶらせ」、報復を求める心理へと押しやる危険がある。「被害者は私とちっとも変わらない。被告には有力なアリバイがあるけど、こんなひどい暴力は誰かに償わせなければ！」

人間は長い進化の過程で、色彩豊かで、感情と結びついて先鋭化された認知プロセスを身につけた。これはヘビやライオン、近隣の敵対的な部族に狙われるような場面では重要だった。そんなとき先祖たちは、スポックのように「私は脅威にさらされている。いまある選択肢をどう評価すべきか？」などと抽象化して考える余裕はなかっただろう。生存するため、迫りくる危険を直感的に察知し、内分泌系のホルモンが放出されたら反射的に特定の行動をとらなければならなかった。動きを止めるか、闘うか、それとも逃げるか。

私が二〇代のころ、ある友人とその恋人が、自分たちが暮らすアパートで犯罪集団にレイプされ、暴行を受けた。犯人たちはアパートに忍び込み、食事に出かけた二人が戻ってくるのを待ち伏せしていた。凶悪犯罪はヨハネスブルグでは日常茶飯事だったが、この事件が起きてからというもの、私はそれまで以上に神経を尖らせるようになっていた。

ある晩、車で帰宅する途中、かなり危険な地区に迷い込んでしまった。何とか脱出できたものの、誰かにつけられているような不安を感じた。ようやく家に着いたときは不審な気配はなく、私はひとまず家に入り、車の荷物は後で取りに戻ることにした。三〇分ほどしてから車に戻ってみると、何事もなさそうだった。

とそのとき、唸るような声がした。顔を上げると、銃を手にした二人の男が近づいて来る。ここ数時間で味わった恐怖と、友人が襲われた記憶が相まって緊張が高まり、私は一瞬のためらいもなく叫び始めた。下品で乱暴な罵りの言葉が威勢よくついて出た（上品ぶるつもりはないが、ここには書けないほど本当にひどい言葉だった）。

男たちはあっけにとられ、おびえた顔でこちらを見つめた（頭のおかしい逃亡犯のような女を見て、彼らが何を思ったのかは想像するしかない）。彼らは踵《きびす》を返して茂みに飛び込み、大慌てで逃げていった。私は今日に至るまで、脳が知覚を融合してくれたことに感謝している。見る、思い出す、感じる、聞く、反応する——すべてが同時に実行されたのだ。

だがこの重要な能力は、思考の罠にはまる要因でもある。現代社会では、解決しなければならない問題の多くは深刻ではあるものの、漠然としていて、切迫してはいない。「大変、ヘビだ！」というより、「仕事を失うことはないか」「定年までに十分な貯蓄ができるか」「うちの娘はピーターセンの息子に熱をあげすぎだ。成績が下がるのではないか」といった内容だ。

それでも感情と結びつくことで、考えは反射的に強い不安や恐怖、脅威が差し迫っているといった感覚を引き起こす。たとえそれが、「大人になろうとする若いカップル」や「恋する高校生の娘」といった、ありきたりな人生の一場面に関するものであってもだ。

### ◀ ふと浮かんだ考えは、いかにして「思考の罠」へと変わるのか

頭のなかのおしゃべり＋色彩豊かな思考の融合＋感情に訴える効果＝思考の罠

①**始まりは自分の「頭のなかのおしゃべり」を聞いたとき**：この何日か、母親としてジェーンと話をする時間がとれていない。あまりそばにいてあげられない。もっと一緒に過ごさないと。でも、仕事がこんなにあるのに、どうやって時間をつくればいい

いの？　とても手が回らない。ミシェル・スミスは娘さんと過ごす時間をしっかりつくってる。なんていい母親なのかしら。彼女は優先すべきことをはっきりさせている。私は何がいけないんだろう？　まるでダメ。

②**「色彩豊かな思考の融合」によって、おしゃべりは記憶や視覚的イメージ、シンボルと混ざり合う**：うちの娘を見て。どんどん成長してる。私が子どものころは学校から帰ってくると、お母さんがいつもおやつを用意してくれた。いまでもその匂いを思い出す。ジェーンにもお菓子を焼いてあげるべきだった。いまからもう、高校を卒業したら家を出ていってしまうのが目に見える――あのろくでもないピーターセンの息子と！　そして私を憎むんだわ。どうして土曜日なのにクライアントは仕事のメールをしてくるの？　そうだ、いますぐはっきり言ってやろう。**いいえ、ダメなのよ、ジェーン。買い物には連れていけないの。「お母さんは仕事をしないといけない」のどこがわからないっていうの？**

③**「感情に訴える効果」が加わると**：愛するわが子にあんなきつい言葉をぶつけた自分が信じられない。罪悪感でいっぱい。私は娘に憎まれて孤独に死んでいくんだ。仕事は大好きだったけど、いまじゃ嫌い。家族との時間が奪われている。私はどうしようもなく惨めなダメ人間だ。なんて無駄な人生なんだろう。

誰もが人生の意味を解釈するために自分なりの脚本を書いている。そこに「特殊効果」のような彩りを添えるのが感情だ。その効果は、頭のなかで描かれたフィクションであっても発揮される。一七世紀の詩人ジョン・ミルトンはこう表現した。「心には特有の場所があり、そこでは地獄は天国になり、天国は地獄になる」（注6）。より身近でわかりやすい言い回しとして、「願っただけで翼が手に入るなら、豚も空を飛べるだろう」というのがある。心は自分自身の世界を創造するが、肯定やポジティブ思考だけでは問題は解決できない、という意味だ。

今日では、難しい問題に直面したら笑顔のシールを貼りつければ解決するといった風潮があるが、これでは事態を一段と悪化させかねない。私たちが考えるべきは、「主導権はどこにあるのか――考える人物なのか、それとも考えなのか？」という問題だ。

そこで、私たちの考えがどのように生成されるのかひも解いていこう。

## ヒューリスティクスが働くとき

一九二九年、ベルギーの画家ルネ・マグリットが『イメージの裏切り』という油彩画を発表して美術界を挑発した。あなたも見たことがあるだろう。「これはパイプではない（Ceci n'est pas une pipe.）」という言葉の上に、一本のパイプが浮かんでいる絵だ。マグリットはシュルレアリストとして、単に鑑賞者に不条理を突きつけているのではない。人間の情報処理は、脳が短絡的な思考をたどって誤った結論に飛びつく可能性があることを伝えている。

私たちが『イメージの裏切り』に見るのは、絵の具をキャンバスに塗ったもので、確かにパイプに見えるように描かれている。しかし、マグリットが言うようにそれはパイプではない。私たちが認識するパイプという物体を二次元で描いたものだ。それでタバコを吸おうとするなら、キャンバスを切り刻んで本物のパイプに詰めるしかない。

彼は独特の切り口で、イメージはそのモノ自体ではないと伝えている。哲学者アルフレッド・コージブスキーが「地図は領土ではない」と表現しているのと同じことだ。(注7)

人は頭のなかで区分をつくり、そこにモノや経験、さらには人物を当てはめる。あるいは「該当なし」に振り分ける。株式投資を例にとれば、銘柄をリスクの大きさに応じて分類するのは確かに有益だ。投資目標に見合った投資先を選びやすくなる。

しかし、固定的な分類に満足し、慣れてしまうと、私たちは心理学用語でいう「早計な認知的コミットメント」を用いるようになる。考えやモノ、他人、さらには自分に対してまで、習慣に頼った硬直的な反応を示すようになるのだ。手っ取り早い分類と、そこから導かれる即断は「ヒューリスティクス」と呼ばれる。「経験則」と言ってもいい。よく聞かれる警句（「八月のイスタンブールでは戸外のカフェで前菜を食べてはいけない」）には、ヒューリスティクスの例が多い。人種や階級による差別などの偏見、そして「私はダンスなどしない」というように、

自分で制限を設けて楽しみをふいにするのもヒューリスティクスの例だ。(注8)

思考と感情の融合が進化の結果であるように、視界に入ったものを分類箱に投げ込み、直感的に素早く評価するのも進化と関係している。あらゆる選択肢をいつも検討してはいられない(おしゃれなレストランでウェイターからやたらと細かく好みを聞かれたら、「さっさとサラダをもってきて！　マヨネーズでいいから！　おなかがすいてるのよ！」と叫びたくなるだろう)。経験則をいっさい使わずに情報を分析していたら、物事は何も進まない。習慣的なことを、精神的エネルギーを浪費せずに処理できるのは経験則のおかげなのだ。

私たちは見ず知らずの人に接すると、親しくなるか、距離を保つかの判断に即座に取りかかるものだが、このときもヒューリスティクスが働く。実際のところ、人が他人を直感的に評価する能力は非常に優れている。ほとんど何の手がかりもなく、出会ってわずか数秒しか経っていなくても、その評価はかなり正確だ。しかも研究者によると、第一印象というのは、対象となる人物の友人や家族による評価と多くの点で一致する。

数千年前、見知らぬ相手を即座に評価するのは、血縁関係を超えて信頼の絆を築くために必要な能力だった。そしてそれは、村落や社会(つまり文明)の発展に結びついた。

人間にヒューリスティクスによる予測能力(「気持ちのいい笑顔に力強い握手――どうやら好人物のようだ」)が欠けていて、あらゆる表情や会話の内容、情報の切れ端を毎回いちいち読み解かなければいけないとしたら、何とも不毛な人生になるだろう。

だが残念ながら、第一印象はまちがうこともある。公平さと正確さに欠ける偏見に基づくこともあれば、嘘によって惑わされることもあるからだ。しかも第一印象がいったん根づいてしまうと、修正するのは難しい。素早い判断をしたときは、簡単に手に入る情報を過大評価し、表に現れないような細かな点を軽視することが多い。

心理学者ダニエル・カーネマンは著書『ファスト&スロー』(早川書房)のなかで、思考には基本となる二つのタイプがあると述べている。(注9)「システム1」の思考は、素早く、反射的で努力を要さず、連想が働きやすく、暗黙のうちに行われる。したがって内省には向かない。このタイプの思考は感情の影響を受けやすく、習慣的であるため、いとも簡単に私たちを罠にはめてしまう。

これに対して「システム2」の思考は、ゆっくりとしていて慎重だ。より多くの努力と、深い注意力を伴う。また、自分が意識的につくったルールに対して柔軟に対処し、修正する能力も高い。フランクルが述べた刺激と反応のあいだに空間を創造できるのは、システム2の働きのおかげだ。その空間は私たちが人間らしさを表現し、成長するために欠かせない。

私は以前、ニュースキャスターのビル・オライリーが、コメディアンでトーク番組の司会者を務めるデイヴィッド・レターマンと対談するのを見たことがある。保守派の識者であるオライリーはレターマンにある質問を投げかけ、「簡単な質問ですよ!」と答えをせっついた。するとレターマンはこう応じた。「僕には簡単じゃない。思慮深いからね」

これには大きな拍手が巻き起こった。

## 経験や専門性がかえって視野を狭める

速くて直感的なシステム1の思考は、状況によっては強力で正確だ。ベルリンのマックス・プランク人間発達研究所の所長、ゲルト・ギーゲレンツァー博士は、直感的思考に関する研究で知られる社会心理学者だ。その研究はマルコム・グラッドウェルのベストセラー『第1感』（光文社）でも取り上げられているが、直感的反応はそれを経験している本人にとっても謎に満ちていると言う。(注10) はっきりしているのは、直感はある状況におけるシンプルな手がかりに重きを置き、自分なりの条件づけや人生経験（あるいは無自覚や習慣）を通して、不必要だと判断した情報を取り除いているということだ。

直感的反応のなかには訓練とスキルから生まれるものもある。チェスの名人は他人がプレイしているゲームのある局面を一瞥しただけで次の十数手をすぐに言い当てられるし、心臓血管疾患専門の看護師は心臓発作の兆候を敏感に察知する。消防士の場合は、退避すべきギリギリのタイミングを知っている。

しかし、システム1には弱点がある。(注11) ヒューリスティクスが情報や行動の処理を支配したとき、不適切な場面で経験則を当てはめてしまう。そうなると、いつもとは違うことや、新しいチャンスに気づく能力が鈍る。つまり、敏捷性を失ってしまうのだ。

たとえば、平均的な映画ファンは作品を真剣に観ていても、ストーリーや場面のつながりの細部や誤りを見逃してしまうことがある。俳優がアップで映ったときはコーヒーカップを持っていたのに、二秒後のワイドショットでなくなっていても気づかないのだ。

ある研究チームが、つながりに不自然さがある場面を挿入した短い映像を使って実験を行った。(注12)会話をしている二人の人物が交互に映るのだが、片方の人物の服が毎回変わっているといった映像だ。また、ある人物が電話に出ようと立ち上がるとカメラのアングルが変わり、次の場面では別の俳優が演じているというものもある。中心的な人物が入れ替わっているにもかかわらず、実験参加者の三分の二が不自然さに気づかなかった。

さらには、キャンパスで学生を一人ずつ呼び止めて道を尋ねる実験を行った。(注13)学生と実験スタッフが話している最中に、木製のドアを抱えた二人の協力者があいだを通り過ぎる。そのうちの一人が、マジシャンのような早わざで実験スタッフと入れ替わる。視覚的な障害（ドア）がなくなったときには、道を尋ねた人物が入れ替わっているのだ。驚くべきことに、実験対象となった学生の半数が変化に気づかず、何もなかったかのように会話を終えた。

この現象が引き起こした悲劇的な例を紹介しよう。一九九五年一月のある日の未明、ケニー・コンリーという警察官が金網伝いに発砲事件の容疑者を必死で追いかけていた。(注14)コンリーは追跡に集中するあまり、その場で起きていること、つまり同僚の警察官たちが容疑者ではない男性を殴打していることに気づかなかった――実はその男性はおとりの警察官だったというのに。のちにコンリーは法廷で、同僚が暴行されている現場のすぐわきを走り抜けたのに、任務に集中するあまり、まったく気づかなかった、と証言している。

この例が示すように、私たちの頭はいったんデフォルトモードに入ると、相当の柔軟性を発揮しないかぎり抜け出すことができない。専門家は単純な問題を解決する常識的な方法を提示できないというが、専門性には限界があるのだ。

経済学者のソースティン・ヴェブレンはこれを「訓練された無能力」と呼ぶ。人は経験を重ねると自信過剰になり、背後にある状況や関係性（コンテクスト）に注意を払わなくなる。ある分野に詳しくなればなるほど、目の前の具体的な事案を分析するのではなく、蓄えた記憶から既成の解決策を取り出そうとするのだ。

こんな実験もある。精神科の臨床医たちを対象に、あるインタビューの様子を収録した画像を見せて、インタビューの受け手は求職者か精神病患者のいずれかであると伝え、観察してもらう。(注15) そして専門知識を生かして受け手の状態を評価するよう求める。

臨床医たちは、その人物が求職者だと思っているとき、ごく正常でバランスがとれていると評価した。患者だと伝えられた場合には、精神的に苦悩し問題を抱えていると評価した。つまり、目の前にいる生身の相手をじっくりと観察せず、安易に入手できる手がかりを頼りにしていたのだ。彼らは長年の経験のせいで「眠っていても」診断できるほどになっていた。実際には、観察結果からすると、彼らの診断は寝ていた方がましなくらいだったのである。

一般的に、専門家（分野に関係なく技能を高く評価されている人）は自信過剰になりやすい。しかし、ある分野での地位や業績がほかの分野でも通じるわけではない。私はある会議で株式ブローカーたちと会ったことがあるが、彼らは口をそろえて外科医は投資には向かないと言う。外科医は投資についても知り合いの外科医の助言にしか耳を傾けないというのだ（皮肉なことに、そうして型にはめて見る株式ブローカーたちもまた、不合理な経験則に頼っている）。

またCEOたちは、大自然のなかで行うチームビルディング研修でも自分がリードしなければと考える。ロープを伝い降りたりする野外活動では、軍隊で経験を積んでから郵便仕分け室で働いている若者に取り仕切ってもらう方がよさそうだとは思わないのだ。

固定的な思考や行動に固執している人は、目の前の状況に十分に注意を払っていない。コンテクストを無視しているのだ。自分流の分類に従って外界と接しているわけだが、その分類は状況に即しているかどうか疑わしいのである。

火事や飛行機の着陸時の事故では、自分が通った経路を戻って逃げようとするせいで命を落とす例が後を絶たない。(注16) 人はパニックに陥るとほかの出口を探さず、すでに確立されたパターンに頼ってしまう。人間関係の悩みやあつれき、そして人生における多くの困難に対して、反射的に既成の対応を当てはめても解決はできない。感情的に敏捷になるというのは、コンテクスト情報に敏感になり、ありのままの世界に即して対応することだ。

もちろん、頭のなかを駆けめぐる考えや感情を止める必要はない。そんなことをしたら、自分ではなくなってしまう。繰り返しになるが、重要なのは「主導権はどこにあるのか——考える人物なのか、それとも考えなのか？」である。自分の価値観に従って人生をコントロールしているか？　自分にとって大切なものは何なのか？　ただ流されているだけではないか？

自分の人生をコントロールできていないとき、あるいはよく考えたうえでの自分の意志に従わず、知覚的な情報から生まれるはずの幅広い選択肢を考慮せずに行動するとき。私たちの思考が罠にはまるのは、そんなときである。以下に主な要因を四つ紹介する。

## 思考の罠にはまる四つの要因

### ①考えを責める

「恥をかきそうだから、パーティーでは誰とも話さなかった」

「彼女は関心なさそうだったので、プロジェクトに関する情報を共有しなかった」

「彼が家計のことを非難がましく言い立てる気がして、部屋から出てしまった」

「言ったらまぬけに聞こえると思い、言わなかった」

「彼女から行動を起こすべきだと思ったから、自分からは電話しなかった」

どの例も、自分がとった（またはとらなかった）行動の原因として、自分の考えを責めている。考えを責め始めると、最適な選択をするのに必要な空間（フランクルの言う感覚的刺激と反応のあいだの空間）を確保できなくなる。

考えが単独で行動を起こすことはない。繰り返されてきたストーリーが行動を起こすこともない。行動を起こすのは私たちにほかならない。

## ②猿の心

「猿の心」というのは瞑想で使われる言葉で、内なるおしゃべりが、猿が木から木へと飛び移るような様子を表している。たとえば、ケンカした夫か恋人が、怒って家を飛び出していったとしよう。あなたは職場に向かう電車に揺られながら、気づけば頭のなかで自分と話している。「今夜、両親を批判されたらどんなにいやな気持ちになるか言ってやろう」。

先回りして考えをめぐらせているうちに、それは頭のなかで疑似的な会話へと変わる。両親についてまたひどいことを言われたら、彼の弟のダメっぷりをもち出してやろうと心に決める。職場に着くころには、頭のなかで繰り広げた激しい言い合いのせいで疲れ果てている。

猿の心の状態になると、やがて悲観的な考えがふくらんでいく――最悪のシナリオを想像したり、ささいなことを深刻にとらえたり。そうなるとエネルギーが大きく奪われ、時間の無駄でしかない。しかも、架空のドラマを頭のなかで演じているときは、その瞬間を生きていない。公園に咲きほこっている花や、電車のなかの興味深い顔ぶれに気づかないのだ。

また、脳がクリエイティブな発想をするのに欠かせない中立的な空間を与えていないことにもなる――それはそもそも、あなたが言い争っていた問題の解決策まで生み出してくれるかもしれない空間だというのに。

猿の心は、過去を前に押し出し（「彼がしたことはぜったいに許せない」）、未来を引き寄せること（「この会社を辞めて上司にはっきり言ってやる日が待ち遠しい」）に執着している。しかも頭のなかは、「しなくては」「できない」「すべきだ」といった頑なな言葉であふれている（「やせなくちゃ」「失敗できない」「こんふうに感じるべきじゃない」など）。あなたをその瞬間からも、人生で出会うかもしれない素晴らしいものからも遠ざけてしまうのだ。

## ③状況に合わない古い考え

ケヴィンは誰かと深く付き合いたいと切実に願っていた。彼は見たところ、明るくて気さくそうな人物だった。しかし深いところで心を閉ざし、誰も信用せず、女性とも打ち解けられなかった。それゆえ、付き合ってもいつも長続きしなかったのだ。

彼の話では、父親がひどいアルコール依存症で、息子の欠点を見つけてはあざ笑い、殴りつけたという。ときには友だちの前で殴られることもあった。幼いケヴィンは父親につけ込まれないよう、悲しみや弱みを隠すことを学んだ。そしてこう悟った。いちばん身近な相手から攻撃されるのだから、自分の感情からも、周囲のあらゆる人からも距離を置いたほうがいい、と。

確かに子どものころは、それでよかった。おかげで感情にダメージを与えずにすんだし、身体面の安全も保つことができた。だがそれは、あくまで子どものころの話だ。

二〇年後、ケヴィンの不信感は小さすぎる靴のように彼を締めつけていた。彼は依然として子ども時代のトラウマを引きずって毎日を過ごしていた。大人になった彼がもっと前向きな日々を過ごすのに必要なのは感情の敏捷性《エモーショナル・アジリティ》（ＥＡ）だった。かつての不自由きわまりない思考プロセスが、もはや足かせとなっていたのである。

私がコーチングをしているティナはしばらく前に、ある大手金融サービス企業のＣＥＯに昇進するチャンスを逃した。彼女はもともとニューヨークのトレーダーとして、男ばかりの熾烈な環境のなかでキャリアをスタートさせた。立会場では個人的なことを話すのはタブーだと学び、まわりの荒っぽい男たちに負けないくらい強気に振る舞った。これは立会場ではうまくいったし、彼女は仕事が好きだった。

しかし新しい組織では、血の通わない上司は敬遠されることに気づいた。感情と本音をある程度さらけ出す必要があったが、誰かと親しくすることがどうしてもできなかった。彼女もケヴィンと同じく、期限切れになった物語を背負って生きていたのである。自分をそこまで導いてくれたものが、さらに先まで連れていってくれることはなかった。彼女には変化する環境に適応する敏捷性が必要だったのである。

## ④まちがった正義

裁判で正義が得られることはない、運がよければ最善の取引ができるのがせいぜいだ。世間ではそんなふうに思われている。私たちは、人生のさまざまな場面で正義という考えにこだわりすぎている。自分を正当化し、自分が正しいと証明したい欲求を抑えられない。

誰かと数カ月以上付き合ったことがあれば、(とくに配偶者と) 言い争いをしているとき、あぁ、騒ぎが収まった、と感じる瞬間があるだろう。休戦とも言える、ある種の合意に至ったような状態で、とりあえずもう何も言わずにあきらめて、電気を消して寝るのがいちばんだと思える瞬間だ。するとどういうわけか、本当は自分が正しくて、まちがっているのは相手だと証明したくなり、もう一言、口にしてしまう――そしてまたお互いカッとなる。

だが自分の動機の正しさや不当な扱いを受けたことを認めてもらいたいという欲求を野放しにしておくと、人生のうち何年もの時間を無駄にしかねない。多くの家庭でも、世界中の多くの地域でも、長らくいがみ合いすぎて、もともとの不和の原因を思い出せないことがある。そのままでは事態は悪化するばかりだ。家族や友人とのあたたかい結びつきなど、自分が大切にしていることを自分自身から奪っているのだから。南アフリカでは、こうした自滅的な行動を

「気にくわない自分の顔に腹を立てて鼻を切り落とす」と表現する。

古代ギリシャの哲学者でパラドックスの名手として知られるヘラクレイトスは、同じ川に二度入ることはできない、と言った。世界は流動的であり、つねに新しい機会や状況があるという意味だ。それを最大限に生かすには、古いものを壊して新しいものを創造しなければならない。問題を鮮やかに解決するアイディアは、「初心者の気持ち」に立ち返り、先入観のない眼差しで物事に向き合ったときに生まれることが多い。これは、感情の敏捷性《エモーショナル・アジリティ》（ＥＡ）の基礎でもある。

一、二世代前までは、社会のなかで「男がすること」と「女がすること」ははっきりと決まっていた。いまやそんな価値観は薄らいでいるが、私たちはともすれば自分を型にはめ、個としての存在意義を見失いやすい。裕福だ、太っている、オタクだ、スポーツマンだといった具合に、自分を狭く、特定の枠にはめてしまう。

かなり前から、女性が自分を「ジョンソン夫人」と分類するのは可能性を狭める行為だと知られている。だが、「ＣＥＯ」も「男のなかの男」も、「クラスでいちばんの秀才」も、さらには「スーパーボウルのクォーターバック」も同じことだ。物事は変化する。必要なのは、自分も変われると思う柔軟性だ。

ＥＡとは、自分のあらゆる感情に気づいてそれを受け入れること、ひいては厄介な感情からも学習することを意味する。それはまた、条件づけられ、予めプログラムされた認知と感情のプロセス（あなたを思考の罠に陥れているもの）から脱することでもある。現状をはっきりと読み取ってその瞬間を生き、最も効果的に反応し、自分が根底にもっている価値観に即した行動をとるために。

次章以降、感情を敏捷にして、人生を充実させる方法について見ていこう。

3章

# まずは、自由になる

TRYING TO UNHOOK

人間の基本的な感情の数については専門家によって考えが異なるが、本書では、喜び、怒り、悲しみ、恐怖、驚き、侮蔑、嫌悪の七つとしよう。[注1] すでに述べたように、これらの感情が現在も残っているのは、何百万年にもわたる進化を生き延びるのに役立ってきたからだ。しかもそのうちの五つ（怒り、悲しみ、恐怖、侮蔑、嫌悪）は明らかに、感情のスペクトラム上の心地良くない領域にある（「驚き」は心地良い場合もあればそうでない場合もある）。

このように感情の多くが、人生経験のなかでも否定的な側面に関わっている事実は何を意味しているのだろう？　多くの感情が不快であるのに、自然淘汰されない程度に有益であるなら、そんなネガティブな感情にも目的があるのか？　つまりそれらは避けるべきではなく、むしろ有益なものとして（ときに不快に感じることがあっても）受け入れるべきなのだろうか？

答えは、イエス。まさにそのとおり。

ところが大半の人は、すべての感情を受け入れ、うまく折り合って生きる術を学ぼうとしない。否定的な感情と向き合わずにすむように、そういった感情を逸らしたり、隠したりする。なかには、否定的な感情に深く身を沈めては、何とか乗り越えようとする人もいる。あるいはそういった感情は正面から受け止める価値などないと考え、冷笑や皮肉、ブラックユーモアで対処する人もいる（ニーチェは「冗談は感情の碑文である」という趣旨のことを述べている）。テイラー・スウィフトが「シェイク・イット・オフ（気にしない）」と歌うように、否定的な感情を忘れようとする人もいる。しかし、感情を押し殺して「自由」になろうとすると、精神的な健全性が損なわれるおそれがある。

あなたも、必ずしも効果的ではない方法で負の感情と接しているかもしれない。感情を扱う方法にはいろいろあるが、あなたは次の状況でどんなふうに行動するだろうか。

**①上司があなたにとって好ましくない変更を決定した。あなたの反応にいちばん近いのは？**

A　自分の不満や怒りを無視する。それはやがて収まるだろうし、ほかにすべきことがある。

B　上司に言うべきことをじっくりと真剣に考え、「私がこう言うと……」、「彼がこう応じて……」と、頭のなかでセリフを何度もリハーサルする。

C　自分がなぜその決定が気に入らないのかをしばらく考え、それについて上司と話し合う計画を立て、それから仕事に戻る。

**②三歳の息子が床におもちゃを散らかしたままにしている。仕事でへとへとになって帰宅したあなたはそれにつまずき、息子を怒鳴りつける。その後であなたがしそうなことは？**

A　「仕方がない——大変な一日だったのだから」と自分に言い聞かせ、苛立ちを振り払う。

B　息子を怒鳴った自分を一晩中責め、どうしていつもそんな態度をとってしまうのかと悩み、自分は世界で最低の親だと思う。

C　配偶者にその日のことをじっくり聞いてもらい、息子にあんな態度をとったのは上司への不満が原因だったと気づく。息子を抱きしめて謝り、それから寝かしつける。

**③つらい失恋をしたばかりのあなたは？**

A　気を紛らわせようと友だちと飲みに出かける。ひょっとしたら新しい出会いだってあるかも。きっと心の痛みを紛らわせられるだろう。

B　一人で家にこもり、ほかにどうすればよかったのか、自分の恋愛はどうしてうまくいかないのかと考え込む。

C　しばらく動揺する。起きたことを書いたり、友だちに話したりして、そこから学ぶ。

## 感情を封じ込めるタイプ

あなたが主にAを選んだとすれば、感情を瓶に「封じ込めるタイプ」だ。感情を押しやって物事を進め、自由になろうとする。このタイプは、不愉快で心を乱される感情はどこかに追い払った方がいいと考えている。あるいは、明るく快活ではない態度は弱さの証であるとか、まわりの人から疎んじられると思い込んでいる。

封じ込めるタイプは、仕事がいやでたまらなくても、「仕事があるだけマシ」と自分に言い聞かせて、否定的な感情を理屈で遠ざけようとする。恋人との関係に不満があるときは、片づけるべき仕事に没頭するかもしれない。他人の面倒を見るのに追われて途方にくれたときは、自分にも「そのうちいいときがくる」と考え、悲しみやストレスは脇に押しやるだろう。予算削減やリストラ計画に思い悩むチームのリーダーなら、面倒な感情が噴出するのを恐れ、その話題を避けようとするかもしれない。

研究には、人は必ずしも典型的な男女の規範に従って行動するわけではないという重要な警告が添えられているが、私がクライアントに、男性の方が女性よりも感情を封じ込める傾向があると話しても、ほぼ誰も意外だとは思わない。(注2)

私が心理学を学び始めた一九九〇年代には、男女の感情の違いを探る本が数多く出版されていた。人間関係のカウンセラーのジョン・グレイによる『ベスト・パートナーになるために』(三笠書房)は一〇〇〇万部を売り上げた。また、言語学者のデボラ・タネンは、同時期に大ベストセラーになった『わかりあえない理由《わけ》』(講談社)のなかで、男と女ではコミュニケーションを図るための(あるいは避けるための)言葉の使い方が異なることを論じている。

最近では、インターネットで公開された、「問題は釘じゃないの(It's Not About the Nail)」というコメディタッチの動画が、こうした男女の違いを風刺的に描いている。(注3)このビデオでは画面に映し出された若い女性が恋人に不満を訴えかけている。「すごいプレッシャーなの」と彼女は言う。「頭が押さえつけられている感じがするの。しかもずっと。それでもう、いつまでもこのままなんじゃないかって気がするわけ」

そしてカメラが彼女の左側に回り込むと、額に釘が刺さっている様子が映し出される。

男性は淡々とした口調でこう伝える。「それは額に釘が刺さっているからだよ」

「問題は釘じゃないの！」と彼女は言い返す。「すぐに解決しようとするのはやめて。いつもそう。あなたはいつだってそうやって解決しようとするけど、私はただ聞いてほしいの」

男性はため息をついて言い直す。「それはすごくつらそうだ。かわいそうに」

「そうなの。ありがとう」と彼女は言う。そして彼にキスしようとして顔を近づけると、釘がさらに食い込んでしまう。

「痛っ！」

このビデオは文化的な真実を的確に表現している。一般的に、男性は課題に注目してそれを解決しようとするが、女性にはもっと感情的な傾向がある。ビデオに登場する男性の態度は、感情を封じ込めるタイプの典型だ——感情を縛って放り投げ、先に進む。ひたすら行動あるのみ！　彼の恋人の額に釘が刺さっているのは事実だし、彼にしてみれば、それを指摘して解決しようとするのは当然のことだ。

このタイプの問題点は、ややこしい感情を無視しても、それを引き起こしている根本的な原因を解明できない点だ（確かに痛みを引き起こしているのは釘だが、そもそもどうして額に釘が刺さったのだろう？）。深い問題は未解決のままである。

私はこれまでに何度か、仕事や人間関係、その他の状況において、何年もずっと惨めな状態から抜け出せない人々に会ったことがある。前進し、前向きに努力することに集中するあまり、何年も本当の感情に触れたことがなく、そのせいで必要な変化や成長が妨げられてしまうのだ。

このタイプのもう一つの特徴は、前向きに考えようとして、頭から否定的な考えを締め出そうとすることだ。残念ながら、何かをしないように努力すると、頭のなかでは驚くほど膨大な処理能力が必要になる。(注4) また研究によって、考えや感情を最小限に抑えたり、無視したりすると、かえってそれらを増幅させることも知られている。

いまは亡き社会心理学者ダニエル・ウェグナーは、単純ながらも非常に有名な実験を行った。(注5) 実験の参加者はシロクマについて考えないよう指示されるが、誰もが無残な結果に終わった。それどころか指示を解かれても、「シロクマについて考えてはいけない」と指示されなかった対照群よりも、はるかにたくさんシロクマについて考えていた。ダイエット中にチョコレートケーキやフライドポテトを夢見た経験があれば、「考えてはいけない」という回避策には効果がないことは理解できるだろう。

これが感情を封じ込めることの皮肉な点だ。主導権を握ったような感覚が得られるかもしれないが、それは錯覚でしかない。そもそも、主導権を握っているのはあなたの感情だ。そしてさらに、抑えつけた感情は思わぬかたちで必ず表面化する。心理学で「感情の漏れ」と呼ばれるプロセスだ。

たとえば、あなたが兄に腹を立てているとしよう。あなたはその感情を抑えようとする。その後、感謝祭の食事の席でワインを一杯飲んだところで、思わずトゲのある言葉を口にしてしまう。そうなったら最後、ホームドラマによくあるような騒動が待ち受けている。あるいは、職場で昇進できなかった失望を無視したとしよう。ところが数日後には、一〇回目の『アルマゲドン』を観ながら、幼い子どものように叫んでいる自分がいる。これは感情を封じ込める行動に伴う危険な側面だ。

感情の封じ込めはよかれと思ってするのが普通だし、現実的な人にとっては生産的な印象がある。(注6) いやな感情がフッと消えるような気がする。だが本当は、地下に潜ったにすぎない――いつでもまた浮上する可能性がある。封じ込められた圧力のせいで、かえって驚くほどの激しさで噴出するのだ。

また、封じ込めることが人間関係に悪影響を与えることもある。「大ゲンカしたのに、あの人ったら何事もなかったみたいに仕事に行っちゃったの」。封じ込めるタイプの夫に悩まされる妻はそう言う。「どうでもいいと思ってるのよ！」

ある研究では、感情を封じ込めると他人の血圧が上昇することが明らかになっている。(注7) その他人が、感情を封じ込めていることに気づいていなくてもそれは変わらない。離婚弁護士なら、こんなふうに言うかもしれない。「裁判長、依頼人の夫は感情を表現することを拒み、彼女に心臓発作を起こさせようとしています」

## くよくよと思い悩むタイプ

53ページで紹介した三つのシナリオのなかで、主にBを選んだ人は「思い悩むタイプ」だ。感情を封じ込めるタイプが男性に多いのに対し、こちらは女性に多く見られる(注8)。

このタイプは不快な気分にとらわれると、自分の惨めな境遇を嘆き、悩みをじっくり煮込んだ鍋をいつまでもかき混ぜる。そんな状態から抜け出せず、苦痛や失敗、欠点、不安などにとらわれて、気持ちに区切りをつけられない。

思い悩むことは不安とよく似ている。どちらも自分自身に意識が集中しているし、現在ではなく別の瞬間に固執するのも同じだ。しかし不安は将来を見ているのに対して、思い悩むことは過去に向かっている――したがって不安よりもさらに不毛な状態だ。このタイプは判断力を失い、モグラ塚は大きな山となり、ちょっとしたことさえ大罪に変わってしまう。

とはいえ、思い悩むタイプには封じ込めるタイプよりも勝っているところが一つある。問題を解決しようと努力している点で、少なくとも「自分の気持ちを感じている」――つまり、自分の感情に気づいているのだ。しかし、このタイプは「感情の漏れ」の危険はないが、感情に溺れるリスクを抱えている。思い悩むタイプは、瓶に閉じ込められた圧力で力を増すことはないが、別の意味で力が増す。ぐるぐると回りながら進路上のエネルギーを吸収するハリケーンのように、感情がパワーを増していくのだ。

心理学者のブラッド・ブッシュマンはある実験で、学生たちに自分の力を最大限に発揮してレポートを書くよう指示した。(注9) その後、その成果に対して「ほかの学生」からの酷評が伝えられる。実は「ほかの学生」の正体はブッシュマンで、批判の言葉は誰に対しても同じだった――「こんなにひどいレポートは読んだことがない」。

この評価の狙いは実験参加者を激怒させることだった。ブッシュマンは続いて彼らに、しばらくサンドバッグを殴らせた。一つ目のグループには、自分の怒りについて考えながら(つまりくよくよ思い悩みながら)殴るように指示した。ジャブやアッパーカットに力が入るように「批判した学生」の偽の写真まで用意した。二つ目のグループには、サンドバッグを殴りながら体力をつけることを考えて気を紛らわせる(つまり感情を封じ込める)よう指示した。そして三つ目の対照群に対しては、ブッシュマンはコンピュータを直しているふりをして、彼らを何分間か静かに座らせておいた。

サンドバッグを殴り終えると、学生たちは空気笛を手渡され、隣にいる相手に向けて鳴らすよう指示される――攻撃性を測定するための目安だ。どのグループも怒りは収まっていなかったが、対照群は笛を鳴らす回数がいちばん少なく、攻撃性が最も低かった。封じ込めるグループはやや攻撃性が高くなった(笛をより多く鳴らした)。思い悩むグループには最も強い怒りが見られ、隣の相手に対する笛の鳴らし方もけたたましく、とくに攻撃的だった。

思い悩むタイプも、封じ込めるタイプと同じく、普通はよかれと思ってそうしている。不快な感情についてあれこれ考えれば、問題解決のために努力しているという満足感も得られる。私たちは自分の不幸に対処し、困難な状況を乗り越えたいと心から願っている。だからこそじっくり考えるのだ——そして考えて、考えて、考えすぎてしまう。最終的に、苦痛の根本にある問題の解決には少しも近づいていない。

そうやって考えすぎると、「どうして自分はいつもこんなふうに反応してしまうんだろう」「なんでもっとうまく立ち振る舞えないんだ」と自分を責めることも多くなる。これは封じ込めと同じく膨大な知的エネルギーを必要とする。疲弊するうえに非生産的でもあるのだ。

また、思い悩む行動は他人を巻き添えにする。友人と会って、自分の父は妻に先立たれてから金銭感覚がずさんになったと散々嘆いたとすれば、それは「共同で思い悩む」状態をつくっていることになる。あるいは同僚をつかまえて、上司のものの言い方が酷すぎるとしょっちゅう不満を漏らすのも同じだ。そうやって不満を発散すれば気分が良くなると思うかもしれないが、前進も解決もしない。(注10)父親への不満を増幅させたり、上司への怒りが増して仕事に集中できなくなったりするのがおちだ。

感情を封じ込めるタイプが、自分を愛してくれる人たちにどんな影響をもたらすかについてはすでに述べた。同じように、思い悩むタイプと接するのも要注意だ。なぜなら、彼らは自分の切実で重苦しい感情を他人に押しつけがちだからだ。彼らはまわりの人に本音を話したがるが、いくら親しい間柄にあっても、相手はそのうち共感するのに疲れてしまう。恐怖や不安、葛藤について聞かされ続けたらいやになるのも当然だ。

しかも、思い悩むタイプの人は自分のことで頭がいっぱいで、他人の気持ちに配慮する余裕がない。[注11] そのため、寄り添ってくれていた相手から見捨てられることも多く、不満と孤独感の両方が残ることになる。

また、思い悩むタイプは、惨めさを惨めに思う不安の連鎖に陥りやすい。自分が不安を抱えていることに不安を感じてしまうのだ。

思考のスタイルについてはシステム1とシステム2があると説明したが、ネガティブな思考の内容もタイプ1とタイプ2に分類できる。[注12] タイプ1はごく一般的な不安で、たとえば重要なプロジェクトや極端な忙しさ、前の晩のケンカ、子育ての悩みといった日常的な障害に対処するときの思考だ。「私はXについて心配している」「Yのことを考えると悲しい」といった率直な思考である。

タイプ2の思考は、鏡がはりめぐらされた頭のなかの家に入り、思考について役に立たない思考を重ねるときに生じる。「心配しすぎる自分が心配だ」とか「ストレスを感じることがストレスになっている」といった例が挙げられる。ただでさえ複雑な感情があるのに、そんな感情を抱くことに罪悪感を加えている。「Xについて心配したり、Yを悲しんだりするだけではなく、そんなふうに感じる資格もない」と。私たちは自分の怒りに怒り、不安を不安に思い、不幸であることを不幸に思っている。

まるで流砂のようだ。(注13) 自分の感情から逃れようとするほど、深みにはまっていく。

## 無意識の対処法に気づく

感情を封じ込めたり、くよくよ考えたりすることで前進している錯覚が得られたとしても、どちらの戦略も健康や幸せを引き寄せはしない。(注14) 頭痛のときに鎮痛剤を飲むようなものだ。薬が効いている何時間かは痛みから解放されるが、そもそもの原因が睡眠不足や首筋の凝り、こじらせてしまった風邪であるなら、薬が切れたらすぐに痛みがぶり返すだろう。

封じ込めることと思い悩むことは、私たちが心からよかれと思って手を伸ばす短期的な鎮痛剤だ。だが苦痛の源泉に向き合わなければ、根本的な対策を講じることはできない。

たとえば、たくさんの本を手に持って体の前に腕を真っすぐ伸ばしてみよう。きっと何分かはそうしていられる。だが二分……三分……一〇分が経過すると、腕は震えてくるにちがいない。感情を封じ込めるのはこれに似ている。重い荷物を体から遠ざけておこうとすると疲れ果ててしまう。疲労のあまり落としてしまうかもしれない。

だが、本が壊れそうなくらい強く抱えれば、腕の筋肉は震え始めるだろう。(注15)この体勢では腕と手はこわばっている。ほかに何もできない。これは思い悩んでいる状態と似ている。

どちらの状態も自分のまわりのあるがままの世界と関わっていない。子どもたちを抱きしめたり、同僚に寄り添ったり、新しいものを生み出したり、あるいはただ、刈りたての草の香りを楽しんだりすることができなくなっている。熱意をもってオープンな姿勢で物事に臨むのではなく、規則や過去の経験に基づく閉鎖的な物語、客観的でない判断が幅を利かせ、問題解決力や意思決定力が低下している状態だ。(注16)硬直的な姿勢のままでは、生きるうえで避けられないストレスに立ち向かうべきときに、機敏ではいられない。

四六時中でなければ、思い悩んだり、封じ込めたり、あるいはその二つを身軽に行き来したりしても深刻な害はない(そもそも本書はそんなふうに機敏であることを勧めている)。ときにはそういった対処法が最善の解になることもある。もしあなたが司法試験の前の晩に恋人から突然捨てられたとしたら、苦痛を脇に追いやって目の前の課題に集中すべきだ(本当にそんな目にあった人には同情するが)。

ただし、この対処法を基準とするのは逆効果だ。思考の罠にはまって逃れられなくなるのだ。思い悩むことや、封じ込めることは人生の早い段階で学習する。あなたが親なら、少し立ち止まって子どもたちとの会話を振り返ってみることをお勧めしたい。

心理学では、感情についての(そして男性と女性が感情にどう反応すべきかについての)暗黙のルールを「表示規則」と呼ぶ。(注17) たとえば「お兄ちゃんなんだから泣かないの」とか、「こういうときに不機嫌になっちゃいけないの。自分の部屋に行って、にっこりできるようになったら戻ってらっしゃい」といったものだ。私は父を埋葬した日のことを忘れない。親戚や友人が、そのとき一二歳だった弟に、母と姉と私の面倒をしっかりと見ないといけないのだから、泣いてはダメだと諭したのだ。

私たちは思考に関するルールを身近な大人たちから学び、それを自分の子どもたちに無意識に伝えている。(注18) たとえば、男の子には課題について尋ね（「今日は学校で何をしたの？」「試合はどうだった？」「勝ったの？」）、女の子には感情について質問する傾向が顕著だ（「どんな気分だった？」「楽しかった？」）。子どもたちは暗黙のルールをすぐに身につける。詳しくは10章で検討するが、それは必ずしも彼らの役に立つとはかぎらない。

## 幸福を求めるがゆえの落とし穴

思い悩んでも、感情を封じ込めても、解決にはならない。もう一つよく見られるのが「いつでも笑顔でいる」という対処法だが、これもやはり生産的ではない。

スマイリーフェイス（ニコニコマーク）は映画の脚本ではフォレスト・ガンプが生みの親と

されているが、もちろん実話ではない。その由来はともかく、黄色い円にニッコリ笑う口のライン、黒丸の目からなる単純なマークが誕生して五〇年以上が過ぎた。「良い一日を」という文字の入ったスマイリーフェイスは、バッジやTシャツ、マグカップをはじめ、さまざまな商品に描かれている。それは星条旗と同じくらいアメリカ国民に浸透した（なぜなら、「幸福の追求」こそが独立宣言の中心的な理念なのだから）。

デジタル時代になってスマイリーフェイスは顔文字や絵文字にもなった（ちなみに最近になって気づいたことがある。昔ながらのやり方で顔文字「:)」を入力しようとすると、私のコンピュータは勝手に絵文字☺に変換してくれるのだ）。現代の消費文化ではマーケターたちが、消費者が自覚さえしていない欲望を満たそうと躍起になっている。そんな社会がさらに進歩し（いや後退なのだろうか）、スマイリーフェイスが象徴する幸福感はある種の価値観を私たちに植えつけようとする。笑顔でいることこそ私たちが生きる理由である、と。

だが、どうだろう。私たちが生きているのは幸福のためなのだろうか？　幸福は私たちにとって良いものなのか？

それは状況次第だ。

いまから一五年以上前になるが、カリフォルニア大学バークレー校の研究者リーアン・ハーカーとダッチャー・ケルトナーが、近くにあるミルズ・カレッジという女子大学の卒業生の追跡調査を行った。(注19)二人は一九五八年から六〇年にかけての卒業アルバムの写真を詳細に分析した。幸福論をテーマとする研究者にはよく知られているが、心からの笑顔とつくり笑いでは使われる筋肉が違う。ハーカーとケルトナーは、卒業生たちの表情から大頬頬骨筋と眼輪筋が使われているかどうか観察した。

人は歯を見せて心から明るく笑うと眼尻にしわができ、大頬骨筋と眼輪筋の両方が使われる。しかし眼輪筋は自発的に縮むことはないため、つくり笑いをしたときは、目の近くのこの小さな筋肉は動かない。ハーカーとケルトナーは、筋肉の動きは写真撮影時に学生の気分がどれくらい前向きだったのかを判断するきわめて有力な手がかりになると推測した。

三〇年後、卒業アルバムの撮影時に晴れやかで自然な笑顔を見せた学生は、あまり自然でない笑顔を見せた学生よりもずっと有意義な人生を送っていた。心から笑っていた女性たちは、充実した結婚生活を送り、幸福感が大きく、満ち足りていた。なるほど、そうだろう。

私たちは自由に選べるなら、いつもほがらかでいたいと思うだろうし、心地良い心理状態には実際に利点がある。「前向き」な感情が大きくなると、うつ病や不安神経症、境界性パーソナリティ障害など、さまざまな精神的疾患のリスクが低下するのだ。

また、前向きな感情は、充実した人生を生きる原動力でもある。判断力を向上させ、病気のリスクを低下させ、長生きできるよう後押ししてくれる。新しい情報や機会に関心を向けさせ、思考や行動の幅を広げる手助けにもなる。前向きな感情は、望ましい結果と協力関係を導くのに欠かせない社会的、物的、認知的資源の構築に役立っている。(注20)

これらを踏まえると、健康な暮らしを営むには、幸福度は食料や日光と同じくらい重要な要素であるように思えるだろう。だが肥満や皮膚がんが社会問題になっているように、望ましいものを過剰に摂取するのも問題だ。また数々の研究が示すように、幸福感が過剰であったり、望ましくない種類の幸福感を抱いたりしている人は、不適切な状況で、不適切な幸福を求める可能性がある。(注21)

もちろん、いつでも憂うつな気分で過ごす方がいいと言うつもりはない。しかし、幸福の追求をより広い視野で捉え、「後ろ向き」な感情を寛容に受け入れられるようになってほしい。実のところ、それを「後ろ向き」なものとして論じるのは、(ときに面倒なものであっても)利点のある感情を否定することになり、誤解を広めるばかりだ。私はこの誤解を解けるなら喜ばしく思う(喜びすぎは禁物だが)。

人はあまり浮かれると、重大な脅威や危険に目配りができなくなる。度を越した幸福感は命取りになると言っても過言ではない。そのせいで危険な行動をとることもある。飲みすぎ(「五杯目は私のおごりだ!」)、食べすぎ(「ママ、ケーキをもっと!」)、避妊を怠る(「きっと大丈夫!」)、薬に手を出す(「パーティーの時間だ!」)など。自由奔放で浮かれた状態になり、冷静な感情が相対的に抑制されると、精神疾患の危険な兆候である、躁《そう》状態を招くこともあるのだ。(注22)

幸福度が高い人の行動は硬直的になる傾向も見られる。気分は脳の情報処理の仕方に影響を与える。人生が順調で気分が良く、安全で慣れ親しんだ環境にいるときは、難しい問題について真剣に考える必要などない。非常に前向きな人がそれほどではない人に比べて独創的でない場合があるが、これは過度の幸福感によって説明できる（注23）。

幸福な人をステレオタイプで語るつもりはないが、「すべてが順調！」という気分のときは、すぐに結論に飛びつき、型にはまった考え方をしやすい。幸せな人は早い段階で入手した情報を過度に重視し、後から入手した詳細な情報を無視したり、過小評価したりしやすくなるのだ（注24）。

これはよく「ハロー効果」というかたちで現れる。パーティーで出会ったばかりの外見のいい男性のことを、服装がおしゃれで面白い冗談を言うからというだけで、勝手に親切な人だと思い込むのはその一例だ。あるいは、眼鏡をかけてブリーフケースを持っている中年男性の方が、ショッキングピンクのはやりのブランドのショートパンツ姿の二二歳のブロンドより知的であるとか、信頼できると思うのも同じことだ。

一般的にネガティブだと捉えられる感情は、慎重かつ秩序のある認知プロセスを促す（注25）。早急な結論にはあまり頼らず、重要性の高い詳細情報に注意を向ける（そうね、彼は格好いいし、私に興味があるみたいだけど、結婚指輪をしている手を後ろに隠してるのはどうして？）。小説の世界では、名探偵はみな気むずかしい性格だ。高校の卒業式では、同級生のなかでも際立って楽天的な生徒が総代に選ばれることはあまりない。

ネガティブな気分は、注意深く、柔軟な思考を促す。それは事実を多角的な視点から観察し、創造的に検証する姿勢につながる。私たちは少し動揺したときの方が、集中力を高めて深く考えるものだ。気分が後ろ向きな人は疑い深く、騙されにくい。

反対に幸福感でいっぱいの人は安易な答えを受け入れ、つくり笑いを信じてしまうかもしれない（細い口髭の下に真っ白な歯をのぞかせた微笑は、大頬骨筋だけが使われているのか？　それとも眼輪筋も使われているのか？）。万事が順調なときは、表面に現れる事実に疑問を投げかける気にはならない。だから幸せな人は立ち止まることなく、流されてしまうのだ。

## 期待は、ともすると不満に変わる

逆説的ではあるが、ひたすら幸福を求めるのは幸福の本質とは根本的に相容れない。幸福というのは自分が心から欲する活動に取り組んだ結果として得られるのであり、どこか別のところから付帯的にやってくることはない。たとえ幸福になりたいという一途な動機で何かをしても、それだけでは幸福になれないのだ。

幸福の追求は期待を生み、それはやがて「期待はともすると不満に変わる」という言葉を裏づけることになる。休暇や家族の活動が思ったほどに楽しくないと感じるのはそのせいだ。期待が大きいと失望を避けるのはなかなか難しい。

ある研究では、参加者に幸福感の効用を称賛する偽物の新聞記事を読ませ、対照群には幸福感についてまったく触れていない記事を読ませた。[注26]その後幸せな内容か悲しい内容の短い映画をランダムに選び、両方のグループに鑑賞してもらった。記事を読んで幸福を重視するように仕向けられていたグループは、「幸せな映画」を観た後で、同じ映画を観た対照群の人たちよりも幸福感が低かった。幸福感を重視しすぎて「こうあるべき」という期待がふくらみ、失望をもたらしたのだ。

別の実験では、参加者にストラヴィンスキーの『春の祭典』を聴いてもらった。[注27]不協和音に満ちていて聴きづらく、一九一三年の初演時には騒動が起きたという作品だ。一部の参加者には、この曲を聴いているあいだ「できるだけ幸せな気持ちを感じるように」と指示が出た。鑑賞後、彼らの幸福感は、その指示が出されなかった対照群に比べて低かった。

幸福の積極的な追求は孤立にもつながる。[注28]ある研究では、自分が生きる目的や人生の目標において幸福であることを重視しているほど、自分は孤独だと答える比率が高かった。

幸福の定義は文化によって異なり、幸せのあり方も人によってそれぞれだ。北米では、幸福は個人の目標達成（喜びを含む）という観点から定義される傾向があるが、東アジアでは社会的な調和と関連している。中国系アメリカ人が満足感を好むのに対し、ヨーロッパ系アメリカ人は刺激を好む。日本の文化の中心には罪の意識と結びついた忠義があるが、アメリカの文化は誇りや怒りといった、社会との結びつきではなく個人としての感情を体現している。

ある文化的背景のもとで幸せになるには、あなたの感情がその文化における幸福の定義とど

れだけ同調しているかが一つの重要な鍵になる。(注29)

つまり、幸福の追求もまた、すでに述べた感情の封じ込めや思い悩むことと同じくらい自滅的な行為になりかねないということだ。これらの対処法はすべて、ネガティブな感情に対する嫌悪感、そして少しでもネガティブなものを避けようとする気持ちから生じているのである。

### ◀「ネガティブな感情」の効用(注30)

憂うつな気分でいるのは楽しいことではないし、ネガティブな感情にいつも悩まされているのは健康的ではないが、悲しみや怒り、罪悪感、恐怖といった感情の効用について考えてみよう。

**議論を組み立てるのに役立つ。**(注31)具体的かつ的確な情報を入手し、現実の文脈に即した検討をする傾向が高まり、判断ミスや見落としが減る。いずれも専門的な分野において主張の説得性を高めるため、文章を書く仕事をする人や、講演者にとってはとくに重要な要件である。

**記憶力が向上する。**ある研究によると、買い物客は人生がそよ風のように感じられる心地良い晴れの日より、陽気な気分にはなれない寒くてどんよりした日の方が、店内の状況をよく記憶しているという[注32]。また、人は機嫌があまり良くないときは、無意識に自分の記憶に間違った情報を付け加えて記憶をあいまいにする傾向が低くなることもわかっている。

**粘り強くなる。** 最高の気分に浸っているとき、もう少し頑張ろうなどと思うだろうか？　学力試験では、憂うつな気分のときの方が、楽しい気分のときよりも多くの問題に答えようとする（そして正答率も高い[注33]）。ということは、受験シーズンには、進学を控えた子どもを少しくらい怖気づかせるのも名案かもしれない（試験前の学生の心理状態を考えれば、そんな必要もないかもしれないが）。

**丁重さと礼儀正しさが増す。** 気分がさえないときは、慎重で思慮深くなり、社会的模倣（無意識に相手のしぐさや言葉をまねる行動）を行う傾向が高まる[注34]。その結果、人間関係が良好になる。反対に気分が良いときは、普段より自己主張が強くなる。自分にばかり意識が向かい、他人の提案や意図を軽視することにつながりやすい。

**道義的意識が高まる。** ネガティブな気分の人は公平さに対する意識が高まり、同義的に問題のある申し入れをきっぱりと断ることができる[注35]。

**確証バイアスに陥りにくくなる。** ある政治的見解の形成に関する研究によれば、腹を立てている人は自分の意見と対立する記事をより多く読むので、確証バイアス（自分の信念を裏づける情報を求める傾向）に陥ることが少なかった[注36]。しかも、反対意見を検証したうえで自ら考えを改める積極性もみられた。どうやら、怒りは「反対意見を論破してやろう」という気持ちを生むが、皮肉にも説得されるための扉を開けていることにもなる。他人の意見を検証しようという意欲は、柔軟性にもつながるようだ。

## ありのままの感情を受け止める

実際より幸せなふりをするのは何の得にもならないし、もっと「心から」幸せになろうと自分を鼓舞するのは自滅的である。かなわない期待をかき立てても意味がないし、つくり笑いや、あらゆる楽しみを手に入れたいという強い願いは、ネガティブな感情の利点を奪うことにもなるからだ。

一般的に私たちが深い内省の機会を得るのは、自信をくじかれたときだ。そのときは痛みを伴うかもしれないが、普段は覆い隠されているが重要な意味をもつ人生の機微のようなものが浮かび上がる。ギリシャの悲劇作家、ロマン派の詩人、そして壮大な作品を残した一九世紀のロシアの小説家たちが、感情のなかでもとくに暗い面に人間の本質を見出してきた。高名な詩人ジョン・ミルトンは「沈思の人」という作品のなかで、「神聖きわまりない憂うつよ、万歳」

と書いている。

ありのままの感情は、いわばメッセンジャーとして自分自身について教えてくれる欠かせない存在であり、自分の人生の方向性について重要な気づきを与えてくれることがある。ある「怒りの問題」を抱えて私のところにやってきたクライアントの例で説明しよう。

私たちは彼の感情を分析し、整理する作業に協力して取り組んだ。やがて彼は、自分がそれほど深刻な怒りを抱えているわけではないのかもしれないと気づいた。それより、妻からほとんど不可能な要求を突きつけられるのが重荷になっていた。彼は自分の感情を押し殺したり、修正しようとしたりするのではなく、受け入れて理解し、結婚生活を改善した。しぶしぶと要求を受け入れるのではなく、望ましい行動は何なのかという視点でうまく線引きする術を学ぶことでそれを実現したのだ。

怒り（憤怒）と並び、嫉妬も「七つの大罪」の一つだ。だが実は、嫉妬は自己改善へと私たちを駆り立てる強い動機づけにもなる。ある研究では、優秀な学生に対して嫉妬心を表した学生の方が、称賛の気持ちを表した学生よりも強い意欲があることがわかった(注37)。嫉妬した学生は学業に打ち込むようになり、さまざまな言語的課題でより良い成績を収めたのだ。

それ以外の「ネガティブ」な感情についても、いくつもの肯定すべき理由がある。恥ずかしさや罪悪感は融和の精神を育み、協力を促す(注38)。悲しみは、何かがうまくいっていないことを自分自身に知らせる合図である——自分の居場所をつくり、仲間に受け入れてもらう方法を探しているといったことだ。偽りの陽気さというベールで悲しみを覆ってしまうと、方向性を示してくれる指針や、さらには救いの手を得る機会まで逃すかもしれない。(注39)

本書冒頭53ページの設問には、いずれにも選択肢「C」があった。感情を封じ込めるのでも思い悩むのでもなく、その瞬間に身を置き、自分のあらゆる感情に対して好奇心と寛容さをもって柔軟に向き合うアプローチである。

次に、この「とらわれた状態から自由になる」方法について考えていこう。心身ともに健全であり、幸福度の高い生き方へと移行するため、実際に役立つ方法をお伝えしたい。

4章

## ステップ❶

# 向き合う

SHOWING UP

一九七五年、壮大なスペースアドベンチャーの構想に着手していた若き映画監督が、ストーリーを軌道に乗せられず苦心していた。そこで彼は大学生のときに読んだジョーゼフ・キャンベルの『千の顔をもつ英雄』を手に取った。一九四九年に出版された古典だが、そのなかでキャンベルは心理学者カール・ユングが提唱した概念を掘り下げている。(注1)人は人間関係や人生経験についてある普遍的な精神的モデルを無意識に共有している、というものだ。

キャンベルとユングによれば、文明が誕生して以来、人類はその精神的モデルを神話に織込んできた。古代の物語の多くは、家族や恐怖、成功、失敗といった時代を超越するテーマを扱い、「元型《アーキタイプ》」と呼ばれる典型的な要素を共有している。元型には英雄や指導者、探求者といった主要人物のほか、物語を展開させる魔法の剣や、底に秘密が隠された湖や水たまりといった小道具が含まれる。

アーサー王伝説、ハリー・ポッター、オンライン・ロールプレイングゲームなど、ジャンルを問わず元型は重要な役割を担っている。この事実は、世界中の人々が似たような物語に心を奪われ、また、文化的な背景にかかわらず似たような神話が生まれる理由を示すものだ。

創作の壁に突き当たっていた映画監督は元型の概念を利用し、脚本を伝説的な主人公による探求というモチーフを強く押し出す内容に書き直した。監督の名はジョージ・ルーカス。彼が撮った『スター・ウォーズ』は、やがて空前の大ヒット作になった。

しかし、神話には映画を大ヒットさせる以外にも効果がある。本や映画(さらに言えば哲学者や文学の教授、心理学者など）が誕生するよりずっと前から、普遍的な物語は生きるうえでの重要な教訓を伝える手段だった。神話から神話へと受け継がれた教訓の一つに、自分が恐れるものを避けてはいけないという考えがある。そして主人公は暗く不気味な場所（沼、洞窟、デス・スター）へと赴き、待ち受ける何かと対峙せざるを得ない状況へと追い込まれる。

現代に生きる私たちも、気がつけば暗がりの淵に立っている――しかもその闇が自分の内側に存在するとなれば、恐ろしさは計り知れない。そこには無数の悪魔がはびこっているかもしれないし、片隅に小悪魔が隠れているだけかもしれない。それが象徴するものが深刻なトラウマや恐怖であっても、わずかな不快感であっても、私たちは思考の罠にはまってしまう。

もちろん、私たちの物語に壮大なエピソードなどあまりない。ハリウッド映画はもとより、B級ホラー映画に提供できそうな出来事もめったにない。おばあちゃんがおじいちゃんを切り刻んでカナッペにして食卓に並べた、などという恐ろしい記憶に苛まれることはないだろう。

私たちの内面に潜む悪魔は、不安や自信喪失、失敗に対する恐怖といった、ありふれた感情の残骸にすぎない。たとえば、高校生のころ自分のボーイフレンドにちょっかいを出した妹をいまだに許せないかもしれない。あるいは、新しい上司から過小評価されたと感じているかもしれない。そんな日常的な感傷は『オプラ・ウィンフリー・ショー』で涙を誘うにも値しないが、あなたをがんじがらめにして、無益な行動に駆り立てるには十分なのである。

では、私たちはライトセーバーを持った誰かを遣わして、悪者を一掃し、デス・スターを爆破してもらうわけにはいかないのだろうか？　もちろん、そうはいかない。

おかしな話だが、『ババドック』という本格的なホラー映画は、少なくとも比喩的な意味で、有効な解決策の一つを示している。内容はシングルマザーが息子の絵本から飛び出してきた闇の怪物に苦しめられるというものだ。実はその怪物は、彼女の母親としての感情と、息子に対する憤りの象徴であることがやがて明らかになる。彼女の夫は、息子の出産のために彼女を車に乗せて病院に向かう途中、交通事故で死亡した。そのせいで彼女の潜在意識には息子を責める気持ちがあったのだ。怪物は悲しみの表れでもある。

やがて彼女は（ネタバレ注意！）、不快な感情を象徴する恐ろしい怪物の力をそぐことに成功する。その方法とは、ババドックと戦うのではなく、地下に住まわせ、エサを与えて世話をすることだった。つまり怪物に人生を支配されるのではなく、手なずけ、折り合いをつける術を身につけたのだ。映画としては風変わりな結末だろう（主人公は怪物を打ち負かすべきでは？）。しかし感情というものの本質を考えれば、きわめて的確な対処法と言える。

あらゆる物語の主人公の旅路がそうであるように、私たちにとって充実した人生に向けた歩みは「向き合う」ことから始まる。しかしこれは苦難の元凶である悪魔やババドック、あるいは小悪魔を一網打尽にやっつけるという意味ではない。必要なのは、誠実かつオープンな気持ちで、それらと向き合い、理解し、共存することだ。意識的に接し、向き合えば、凶暴な怪物さえ後ずさりするにちがいない。恐ろしい怪物と向き合って名前をつけてやるだけで、その攻撃的な力を奪い取ることができる。綱を手放せば、綱引きを終わりにできるのだ。

## 人生の満足度は何に左右されるのか

人生の満足度を決めるのは何か。生きていくうえで、不安や悲しみ、後悔は避けられない。しかし長年にわたる心理学の研究によれば、そういった経験の数や深刻さよりも、困難な状況に対していかに向き合うかによって人生の満足度は左右される。感情を封じ込め、あるいは思い悩んだあげく、感情に行動が支配されるのを許すのか。それとも好奇心と寛容さをもって、慈悲深く向き合うのか。どんな失敗も後悔も、気に入らない髪型も拒絶することなく。

向き合うこととは、意志の力を奮い立たせて相手を打ち負かそうと構えることではない。自分を苦しめるものを直視し、こんなふうに言うだけでいい。「よしわかった。お前はそこにいる。私はここにいる。だったら話し合おう。私には過去の経験も自分の感情もぜんぶ収められる大きな器がある。だから自分という存在に関することは何でも受け入れられるし、自分の感情のせいで打ちひしがれ、尻込みすることはない」

ナチスの死の収容所から生還したフランクルと同じく、イタリアのユダヤ人作家プリーモ・レーヴィも第二次世界大戦で過酷な経験をした。(注2) 彼は終戦後、思いもよらない苦悩を経験した。

レーヴィを含め、憔悴しきってイタリアへ戻った生還者たちは、同胞からいったい何が起きたのかと聞かれた。ところが、生還者たちが慎重に経験を伝えようとすると、人々は背を向けて立ち去っていったという——彼らの言葉に耳を傾け、受け入れることができなかったのだ。

化学者として教育を受けていたレーヴィは、塗装工場で労働者として働き始めた。だが、経験したことの断片的な記憶を鉄道の切符や古い紙切れに書きつけると、苦しみが和らぐことに気づいた。そこで日が暮れると工場の寮でタイプを打つようになった。やがて原稿がたまり、最初の著書『これが人間か——アウシュヴィッツは終わらない』（朝日新聞出版）が完成した。レーヴィは自分の感情や経験を他人に伝えるだけでなく、自分自身にも気づかせることがきわめて有意義だと悟ったのだ。

長所も短所も含めてありのままの自分を理解し、受け入れるには、世の中で愛されている主人公の共通点を思い出してほしい。彼らは決して「完璧ではない」。完璧さなどというものは、表面的で、非現実的で、退屈きわまりない。だからこそ、思わず感情移入したくなる登場人物には影の部分があり、悪役にさえ共感できる人間性が垣間見られるものだ。

魅力あふれる映画では、主人公と悪役それぞれの光と影の要素が複雑に絡み合い、いつしか融和する。現実の世界で人生を充実したものにできるかどうかは、自分の欠点や影の部分といかに共存し、そこから学ぶかによって決まる。そして光と影を融和し、学習する道のりの第一歩が、自分の感情と向き合うことなのだ。

イギリスの研究者たちが数千人を対象に行った調査によると、充実した人生の鍵となる「幸福を呼ぶ習慣」として科学的に認められているもののうち、総合的な満足感と最も強い相関関係にあるのが自己受容だという(注3)。しかも、これが最も疎かにされていた。調査の協力者たちは、他人に力を貸すことが得意だと答えているが、自分自身への寛容さについては、約半数が一〇点中五点以下だと回答した。自己受容について満点をつけた協力者は五%にすぎなかった。

## 自分の弱さや過ちを許せるか

正確な出典は確認できないが、南アフリカで過ごした子ども時代に聞いた言い伝えがある。ある部族では、誰かが望ましくない行動をとったり、まちがったことをしたりすると、その人物は村の中心に一人で立たされる決まりになっていた(注4)。それから村人全員がまわりに集まる。男も女も子どもたちも一人ひとり言葉を投げかけ、思い知らせる。といっても悪い点をあげつらうのではない。その代わり、その人の「良い」ところを一つ残らず丁寧に挙げていくのだ。

本当の話かどうかは定かでないが、この言い伝えはたった一つの(あるいは二つの、さらには二〇〇〇の)優しい言葉がどれほどの力を発揮するか雄弁に物語っている。

これはまた、一九四六年の名画『素晴らしき哉、人生!』のモチーフとも重なる。ベドフォード・フォールズの住人たちが、失意の主人公ジョージ・ベイリーに、小さな町の銀行家としての彼のささやかな存在が、友人や隣人に大きな影響をもたらしたことを思い起こさせていく。

私たちはあまりにもよく自己批判に陥るが、自分自身に対しても、南アフリカやベドフォード・フォールズの住人のような思いやりと支援の気持ちをもって接したらどうだろう。これは欠点を控えめに捉えるのとは違う。また、欠点を克服するために苦悩することでも、その存在を否定することでもない。自分にとって価値があり、生産的な方向に進めるように、自分の誤りや不完全なところを許すことにほかならない。

向き合うには勇気がいる。自分の内面を直視したとき、何が明らかになるのか想像すると恐ろしいものだ。人間関係を危うくするような事実が表面化したら？　理想的ではないにせよ、慣れ親しんだ現在の生き方に疑問を抱くことになったら？

向き合うと言っても、行動を一新する必要はない。過去に関する情報とコンテクストを方程式に投入し、その本質を理解し、物事をうまく運ぶための解を導き出すことが目的だ。

また自分の考えについて、それが客観的な事実であると誤解せず、あるがままに受け入れることが肝心だ（思い悩むタイプの人はとくに注意が必要だ。頭のなかで疑わしい発言が繰り返されるのを聞いていれば、それが事実であると信じてしまう可能性が高い）。向き合うことは、思考の罠から解放されるプロセスの第一歩にほかならない。

私の母国で人種隔離が廃止されたのは、一九九四年にネルソン・マンデラが黒人初の大統領に選ばれたときだった。マンデラの大きな功績の一つは、制度化された憎悪がもたらした傷の修復に努め、ほかの多くの国に先んじて復讐の連鎖を断ち切ったことだ。痛ましい過去と向き合うにあたり、政府は真実和解委員会を設置した。人々は委員会に出席し、自分がしたことやされたことを告白した。目には目を、懲罰、非難の応酬ではなく、傷を癒やし、公平で民主的な社会を再構築し、前に進むことを目指したのである。

だが真実と和解をもってしても、世界に完全な秩序をもたらすことはできない。この世界が理想的な場所になることはないだろう。唯一の良策は、受け入れる習慣を身につけることだ。

実際には簡単ではないが、目の前にある事実を受け入れないかぎり、自分やまわりの状況は変えられない。受容は変化の必要条件なのだ。現状の世界がそのままであることを許容しなければならない。なぜなら、この世界の現状をコントロールしようという試みをやめたとき、初めて調和が可能になるからだ。嫌いなものは嫌いなままでいい。まずは反目し合うのをやめること。戦いが終われば、変化を起こすことができる。

戦いの比喩をさらに用いるなら、爆撃のさなかに町の再建はできない。戦いを終わりにし、平和を実現するしかない。私たちの内面の世界も同じだ。目の前にある現実と争うのをやめたとき、建設的で実りある努力へと移ることができる。

私はクライアントに対して、自分に寛容で優しくなるため、子ども時代を振り返るように助言する。両親や経済的環境、個性、体質などは自分では選べない。これまでも配られた手札で勝負してきたのだと気づけば、自分に対してもっとあたたかく、寛容な目を向けられるようになる。あなたはずっと、与えられた状況のなかで最善を尽くしてきたのではないか。そうすることで今日までやってこられたのだ。

次のステップとして、子どものころの自分を思い描いてみよう。子どものあなたは傷ついていて、大人になった現在のあなたのもとに駆け寄ってくる。あなたはその子をあざ笑い、説明を要求し、自業自得だと責めるだろうか？　「だから言ったでしょ？」と。そんなことはないだろう。きっと何はともあれ、動揺しているその子を腕に抱き、慰めるにちがいない。

自分はもう大人だからといって、同じように優しくしない理由があるだろうか？

## 罪悪感と羞恥心を分けて考える

苦難の時期であればなおさら、自分を思いやるのは重要だ。恋人と別れたり、失業したり、昇進を逃したりすると、人はすぐに自分を叱り、責め、罰してしまう。頭のなかで「ああすべきだった、こうすべきだった、こうできたのに」「自分はどうしてダメなのか」という言葉がうずを巻き始める。それは卑屈な妖精か何かのように、つきまとって離れない。

離婚経験者を対象とした研究によると、離婚というつらい経験をしたばかりの時期に自分を許せた人は、「自分には魅力が足りなかった」などと自分の「落ち度」を責める人とちがって、九カ月後には傷が癒えていたという（注5）。

つらい時期に自分の感情と向き合うときは、罪悪感と羞恥心を区別しなければならない。罪悪感とは、自分の失敗や過ちを自覚した結果として生まれる、心の重荷や後悔の感情だ。少しも楽しくないが、ほかの感情と同じく、罪悪感にも目的がある。罪悪感があるからこそ、私たちは過ちや悪事を繰り返さずにいられる。罪悪感の欠如は、反社会的人物の最大の特徴の一つだ。

罪悪感が過ちと関係しているのに対して、羞恥心の性質はまるで異なる。羞恥心は嫌悪感とも関係し、個人の存在そのものに意識が向いている。自分を悪いことをした人間ではなく、悪い人間と捉えるのだ。羞恥心の強い人が、自分は惨めで価値のない存在だと考えやすいのはそのせいだろう。だから羞恥心を感じたとしても、それを修正するような行動にはつながりにくい。

それどころか、羞恥心がある人は身構えた反応を示しやすい。非難を逃れ、責任を回避しようとするせいだ。他人に責任を押しつけようとする傾向もある。犯罪心理に関する調査によれば、収監中に羞恥心をみせた囚人は、罪悪感を示した囚人に比べて再犯率が高かった(注6)。

二つの感情の最大の違いは何か？　それは自分への思いやりだ。確かに、あなたは過ちを犯した。悪いことをしたと感じているし、そう感じるのは当然だ。ひょっとすると、その過ちは本当にひどいものだったかもしれない。

だがそうだとしても、そのせいであなたが救いようのない悪党になるわけではない。あなたは過ちを正し、謝罪し、社会に借りを返すことができる。それは花を贈ることかもしれないし、服役することかもしれない。過ちから学ぶ努力をすれば向上できる。自分への思いやりは、羞

恥心を防ぐ手段になる。(注7)

あなたがもし、自分に対する思いやりは甘えでしかないと考えるとしたら、次のことを心にとどめてもらいたい。

## 自分を思いやることは、決して甘えではない

自分を思いやるのは、甘えではなく、むしろ自分を第三者の視点から見つめることである。現実を否定するのではなく、自分の挑戦と失敗を人であることの一部として認めるような、俯瞰的で寛容な見方だ。

ある実験では模擬的な就職面接が行われ、研究者たちが面接を受けに来た相手に自分の最大の弱点を説明するよう求めた。(注8) 自分に対する思いやりが強い人が、そうでない人に比べて短所を小さく見る傾向はなかったが、面接に対して感じる不安や脅威はずっと小さかった。

実際、自分を思いやることは自分を欺くこととは相容れない。まずは自分がどんな人間で、何を感じているのかという事実に向き合わないかぎり、本当に自分を思いやることはできないはずだ。思いやりが足りないと、失敗の可能性を否定しようとして虚勢を張り、自信過剰に陥りやすくなる。また思いやりがないと、自分に対してだけではなく、世の中に対しても容赦ない目を向けるため、失敗の可能性を考えただけで尻込みしてしまう。

たとえば、優秀で勤勉な女子学生が高校をトップの成績で卒業し、誰もが憧れる最高峰の大

学に合格したとする。いざ進学すると、誰もが自分と同じくらい優秀で努力家だ。それどころか、同級生の一部は有名高校の出身で、成績はずば抜けていて、教養も家柄も自分より勝っている。彼女がそれまでのように自分を「まれにみる天才」とか、「クラスきっての秀才」などと一面的にしか捉えていなかったら、自己意識は傷ついてしまうだろう。

しかし彼女はきっと、まわりのエリートたちに後れを取るまいと努力するうち、自分を俯瞰的に見つめる必要があり、そのためには柔軟性と感情の敏捷性《エモーショナル・アジリティ》（ＥＡ）が必要だと気づくはずだ。小魚の自分が、より大きく生存競争の激しい池で奮闘している事実を直視すれば、思いやりの気持ちが必要だと理解できる。

自分への思いやりは、自己を再定義し、同時に失敗する自由を与えてくれる。また、独創性を発揮するのに欠かせない、リスクをとる余裕も与えてくれる。

## 自分への思いやりは、競争力を高める

私たちは工業化社会の要請に従って、テクノロジーを駆使して自分の限界に挑戦している。特定の職業分野（法律、医療、投資銀行、実業界、テクノロジー全般）では、そういった熾烈さは職務記述書の大前提だ。だが、そこまで競争が激しくない職業の人でもプレッシャーを感じている。

まわりから後れを取らないように、もっと速く走り、懸命に働き、夜更かしし、多くのタス

クを同時に処理している。まさに終わりのない鉄人レースのような生き方が期待されている。そんななかで自分を思いやる姿など見せたら、野心に欠けているか、競争相手よりも成功への執着が弱いと見なされかねない。

この社会には、競争力を保つには自分に厳しくあるべきだという誤解がある。だが、自分の失敗を容認できる人の方が、実は向上心がさらに強いこともある。(注9) 自分を思いやる人も、自己批判が強い人と同じく高い目標を持っているのだ。両者の違いは、思いやりのある人は目標を達成できなくても(それは避けられない)、くじけないところにある。

また、自分への思いやりが競争力を高めることもある。思いやりがあればこそ、健康的な食事、運動、十分な睡眠、厳しい時期のストレス管理にも関心が向かうからだ。自分への思いやりは免疫システムを強化して病気を防ぐ効果まである。(注10) さらには社会的なつながりを広げ、物事に前向きに取り組むよう後押ししてくれる。こういった効果はすべて、絶えず前進し、最良の自分でいるために役立つことばかりなのだ。

## 他人と比較するから不幸になる

ポストモダンの消費社会において、広告業界の関心事はいかに多くのスマートフォンや炭酸飲料を売るかにあり、残念ながら、消費者の心身の健康はないがしろにされている。マーケター の仕事は、消費者に満たされない気持ちを抱かせ、購買意欲をかき立てることだ。その商品が本当に必要か、役に立つかは関係ない。

消費者が自分を受け入れ、思いやっていたのでは商品は動かない。そこで重要となる戦略が、自分を誰かと比べなさいという絶え間ない誘いだ――その結果、私たちは自分が満ち足りていないと思い知らされる。

かつての社会には大家族が存在し、そこには励ましや支援があり、小さな村ごとの安定した社会構造があった。ところが工業化社会の市民である私たちは、いちばん近い親族からも何百キロ、何千キロと離れ、没個性的で疎外感のある都市に住む。そこに次々と投下されるのが、自分がまだ所有していないクールなハイテク機器や、きらびやかな商品のイメージだ。

フォトショップで修正されたゴージャスな男女の写真は、願っても絶対に届かない理想像の基準を提示する。そして誰もが豪華なディナーの写真や、休暇中の魅力的な自分の写真をSNSに投稿する。それはすなわち、誰もがつねに自分と他人を比べていることでもある。比較の対象は資産家やセレブばかりではない。中学生のころはばかにしていたのに、いまではランボルギーニを乗り回している同級生など、ごく普通の友人や知人も対象になる。

人は自分より魅力や財力、権力のある人々を前にすると、自己イメージを矮小化するという研究報告があるが、これは誰にとっても心あたりがあるだろう。いわゆる「対比効果」である。

たとえば、あなたはアイオワ州西部のオカボジ湖ほとりの実家で、ランズエンドのタンクトップタイプの水着で日光浴をしたら、最高の気分に浸ることができる。ところが、リオデジャネイロのビーチや、ロサンゼルスのベニスビーチの遊歩道を歩いているとき、まわりがTバックのビキニ姿のモデルばかりだったらどうだろう。自尊心には少し酷かもしれない。

また女性にとっては聞き捨てならない話だが、男性はセクシーな雑誌の折り込み写真を見た後では、妻や恋人に対する愛情の自己評価が低くなるという。

建売住宅のわが家での暮らしに満足し、特別な支援が必要な子どもたちを教える夫を誇りに思っていても、昔の恋人に偶然再会したらそうでもなくなることがある。その彼が心臓外科医になっていて、国境なき医師団に志願し、初めての小説を出版したばかりだと知ったとしたら。

自己受容が大きな打撃を受けるのは、たいていは比較を始めたときだ。ある研究では、容姿や頭脳、経済力について、自分と他人を比べる時間が少ない若い男女は、自己非難や罪悪感、後悔の念が小さかった。(注11)

また、社会的な比較によって気持ちが沈むのは、自分が劣った立場にあるときだけではない。前述の調査の一環として、研究者たちは警察官に自分とガードマンを比較するように求めた。意外にも、警察官の方が立派な職業だと信じて疑わない人は、自意識や人生の満足度といった心の健康を示す指標が低かった。

どうやら他人と比較をすると、たとえ自分が勝者だと信じていても、思考の罠にはまってしまうらしい。自分の存在価値を保つには、自分がいかに優れているかを誰かに承認してもらう必要があると考えるのだ。

それは勝ち目のないゲームでしかない。自分よりも、もっと速い車や引きしまったお腹、大きな家をもっている人物は必ず存在するのだから。トム・ブレイディにジェニファー・ローレンス、ノーベル賞受賞科学者、ベストセラー作家、二五歳の億万長者。自分の価値は比較すべき「商品の特徴」によって決まると考えるなら、みじめになることまちがいなしだ。

## 自分自身に集中する

そこで、あなたの感情の敏捷性《エモーショナル・アジリティ》(EA)を養うため、こうアドバイスしたい——自分のことに集中しなさい。これは学校で聞いた言葉ではないだろうか？　テスト中にカンニングをしてはいけないと教師が生徒に釘を刺すときの決まり文句だ。だが、これにはもう一つ狙いがある——あなたが後悔しないようにすることだ。

高校時代に戻ってみよう。あなたはテストを受けている。先をとがらせた指定の鉛筆を用意し、頭には知識をたっぷり詰め込んだ。一週間ずっと勉強してきて自信満々に問題を解いている。ところがふと、通路を挟んだ左前に座っている生徒が目に入り、ある問題に自分と違う答えを書いているのに気づいた。授業でいつも手を挙げる、すごく頭のいい生徒だ。あなたは急に心配になる。「彼が正しいのか、私がまちがっているのか。答えは『マグナ・カルタ』だと思ったけど、彼は物知りだ。もしかすると、答えは本当に『バガヴァッド・ギーター』なのかも」。

するとなにが起きるだろう？　あなたは自分の答えを書き直し、まちがえてしまう。結局、左の席の学生は自分より賢いわけでも、知識があるわけでもなかったのだ。

自分のことに集中するのがより重要になるのは、レベルが完全に違う相手と自分を比べたくなるときだ。自分より一、二段階上のレベルの人に目を向けるのはいい刺激になるかもしれない。だが正真正銘のスーパースターや、類まれな天才と比較して自己評価するのは破滅的だ。私たちは最終的な結果にばかり注目し、そこに至る過程をあまり考慮しないからだ。

たとえば、あなたが室内楽団の一員だとしよう。あくまでも趣味として楽しんでいる。第一バイオリンが自分より少し上手だという事実は、腕を磨くうえで励みになる。もっと練習すれば同じくらいになれるかもしれない。ところがジョシュア・ベルのような巨匠を基準にしたら、おかしくなってしまうだけだろう。

生まれもった才能はもちろんだが、ベルは四歳からレッスンを受けていた。彼は家の引き出しの取っ手に輪ゴムを張り、母親がピアノで弾いた曲を再現した。それを見た母親がバイオリンを習わせることにしたという。レッスンを受けるようになってから二〇年間、彼が部屋にこもって練習した時間はどれくらいになるだろう？　あなたにはそれほど厳しい鍛錬を積む覚悟があるのか？　彼が延々と音階練習をしていたあいだできなかった多くのことを考えてみよう。また、仮に自分も同じくらい鍛錬できたはずだと思ったとしても、そのチャンスは与えられなかったのだから、自分を責める必要があるだろうか？

自分をジョシュア・ベルやマーク・ザッカーバーグ、マイケル・ジョーダン、メリル・ストリープ級の成功者と比べるのは、泳ぎ方を覚えた自分をイルカと比べるようなものだ。つまり結論は、あなたはありのあるままの自分であれ、ということだ。血眼になって努力し、ほかの誰かの劣化版になるのではなく。

## 内なる批判の声に振り回されるな

「内なる批判者」という言葉はよく聞くが、私たちの内面には検察官や、死刑判決もいとわない厳しい裁判官がいる。寛容な気持ちがあれば自分は成長していると思えるような場面でも（「そうだな、チームには入れなかったけど前進はしている」）、自分に対して「偽物」「詐欺師」「負け犬」といった刺々しい言葉をぶつけて、厳しく罰してしまう。

もしあなたの子どもが学校で落ちこぼれたり、クッキーを食べすぎたりしたらどうするだろう？　きっと家庭教師を探したり、クッキーの代わりにリンゴを切っておいたり、家族みんなでハイキングに出かけようと提案したりするのではないか。ところが、大人になった自分が仕事で苦境に立たされたり、体重が増えたりすると、自分を厳しく非難してしまう。

だがそんなことをしても、自分を変えることはできない。

人は不安になると、信頼する誰かに助けを求める。なぜか？　あたたかさや優しさに触れると安心するし、自分は大切な存在で、苦境は必ず乗り越えられると勇気づけられるからだ。

では自分自身に対しては、どうしてそんな愛情深い友だちになれないのだろうか？　同じような寛容さを自分に向けることはできないのか？

また私たちは、他人から行動や成果を批判されたとき、たとえずっと多くの称賛を受けていたとしても、批判ばかりを深刻に受け止めてしまう。批判を浴びせかけてくる他人は辛辣で偏見に満ちていて、不親切で自己愛が強く、利己的であるか、根っからの意地悪かもしれない。だから、第三者による否定的な評価にはさほど客観性がないことを心にとどめておかなければいけない。（注12）その評価を事実として受け入れる必要はないし、ましてやそのせいで自己評価が左右されることがあってはならない。

もっとも、批判に何らかの事実が含まれているとかなり厄介だ。私たちは「事実」を突きつけられると、それがどんなに恣意的でも、断片的なものでも、重視してしまうからだ。

あなたは小さいころ、ドッジボールをするたびに同級生から運動音痴だと言われたかもしれない。それが事実だとしても、スポーツが苦手なのは、ほかの子にボールを投げつけるよりも絵を描いたり、本を読んだり、プログラムを書いたりするのが好きだったせいかもしれない。あるいは、ゲームに参加せずにぜんそくの友だちと一緒にいる方が、四年生の体育の授業でヒーローになるより大切だったのかもしれない。

あなたにとって大切な事実は何だろう？　あなたの物語はあなたのものだ。それを所有するのは自分であって、所有されてはいけない。そして、思いやりの気持ちをもって向き合うことが欠かせない。

義理の母はあなたを衝動的だと言うが、フットワークが軽いということではないか。夫から何でもコントロールしたがると言われたとき、それを文字通り受け取るか、几帳面さの表れと考えるかはあなた次第だ。奥さんからお腹の贅肉のことを指摘されたとしても、それがどうした――もう五〇歳なのだから！　少しくらい脂肪がついているのは当然だ。

要は、他人の評価が自分にとって役立つかどうかが重要である。コレステロール値が高く、階段で息切れするなら、ジムに通うのがいいだろう。ストレス性の頭痛がひどくて、洗濯物を畳むのが連日深夜に及ぶなら、几帳面であろうとする気持ちを少し抑えるべきかもしれない。人生で何を重視するかを決めるのは、くれぐれも自分でなくてはならない。

自分にとって意味のある寛容さを育むのは、自分を欺くこととは違う。自分について嫌いな面も含めて深く理解し、まわりの世界にしっかりと耳を傾けよう。しかし、現実の世界をあるがままに受け止めていても、あなたがそれにどう応じるかはかなり選択の幅がある。

## 無理にコントロールしようとしない

私たちは人生ができるだけ輝かしく、苦難がないことを願っている。しかし人生には苦難がつきものであり、悲しみは人生の約束事の一つである。やがて若さは失われ、健康も損なわれる。愛する人たちとの別れがある。人生の美しさは、はかなさと切り離すことができない。

そんな人生を有意義なものにするには、心のなかに喜びと痛みの両方を受け入れる場所をつくり、居心地の悪い状態であっても不快でないと感じられるようになるしかない。これは感情を「良い」「悪い」ではなく、単なる「状態」として捉えることを意味する。

私たちの社会には、内面的な葛藤が生じたら何らかの対処をすべきだという根強い思い込みがある。その葛藤と格闘し、修正し、コントロールし、強靭な意志の力を発揮して前向きな気持ちを保つべきだと。だが本当にすべきことは、このうえなくシンプルで明白だ——つまり何もしないこと。あわてて出口に駆け寄るのではなく、心のなかの経験を招き入れ、息を吹き込み、その輪郭がどこにあるのか知る必要がある。

タバコをやめようと決心したら、しばらくは無性にタバコが欲しくなる。これは心理学的にも自然な現象だ。それなのになぜ自分を責める必要があるだろう？　欲求を抑えなければと思うほど、その欲求は抑えられない衝動になる。だから綱引きの綱を放して、オープンに受け入れることが最善の方法なのだ。

あなたは欲求を選ぶことも、コントロールすることもできない。選べるとすれば、そのタバコに火をつけるか、デザートをお代わりするか、バーで会ったばかりの相手と帰宅するかということだ。感情の敏捷性《エモーショナル・アジリティ》（ＥＡ）があれば、衝動と格闘してエネルギーを無駄にすることはない。自分にとって価値あることに結びつく決断をするだけでいいのだから。

ある研究では、禁煙プログラムの参加者たちにこんな指示が出された――体がタバコを強く欲しても、タバコについて考えや感情が湧き起こっても、それをコントロールしようとせず、自由に行き来させること。(注13)

このプログラムでは自動車で旅するイメージを用いて、禁煙までの道のりを説明した。参加者はドライバーで、自分が重要だと考える目的地――つまり禁煙――に向かっている。後部座席にはドライバーのあらゆる考えや感情が乗っていて、高校時代の悪友のように振る舞っている。「やれよ！　ほら――一服だけならいいじゃないか！」とか、「おまえにはぜったい無理だって、意気地なし！」と騒いでいる。プログラムの参加者は手に負えない「乗客」を乗せたまま、目的地だけをしっかりと見据えて運転する。

彼らはいわば「寛容な」グループだ――自分の欲求にオープンな心で向き合い、それを積極的に受け入れるが、屈しないことを学んだグループである。このグループと、国立がん研究所が推奨する標準的な禁煙プログラムに参加したグループの比較が行われた。結果はもちろん、寛容な「ドライバー」のグループの方が禁煙の成功率が二倍以上も高かった。

私たちは困難な状況でもがき苦しんでいると、自らの手で事態をさらに悪化させてしまうことがある。自分が受けた痛みを、もっと激しい苦悩へと変えてしまうのだ。たとえば、四〇代半ばで流産したテリーザは、医師たちからもう自然妊娠も体外受精もできないだろうと告げられた。年齢的に最後のチャンスだった。それだけでも動揺せずにはいられない。

ところがテリーザは、傷口に塩を塗るかのように自分に言い聞かせた。「乗り越えなくては。これまでにも流産を経験した女性はたくさんいる。この年になって妊娠を望んだ私が悪かったんだ」。そして彼女は、人生を豊かにするものがほかにもあると思い至らなかった自分を厳しく責めた。もちろん、そんなふうに自分を責めても何の意味もない。

テリーザに必要なのは、「向き合う」ことだった。自分の悲しみと失望にしっかりと対峙することである。悲しみの深さを認識し、失ったわが子に別れを告げ、この世に存在しなかった命の思い出に感謝する。そのうえで自分が感じるあらゆる感情をかみしめるのだ。

これは不幸を振り切って、わが子を産めなかった人生に満足するという意味ではない。痛みに向き合ってそれを認め、悲しみのあらゆる段階を経ることで、経験をたどり、そこから学び、その先の世界へと踏み出すのだ。悲しみに身をすくめ、閉じこもっているのではなく。

## 感情を言葉で表現することの重要性

だが、このような冷静さを保つには、繊細な感情を表現する語彙など、感情にまつわるいくつかの基礎知識が欠かせない。

赤ちゃんが泣き叫ぶのは、それ以外の方法で不満を表現できないからだ。空腹や疲労、オムツがぬれたことなど、あらゆる不快さが言葉にならない叫び声になる（親なら意味を理解できるが、アパートの隣人にはわからない）。私たちは長い時間をかけて、子どもたちに要求や不満を明らかにさせ、それを言葉で伝える術を教えていく。「言葉を使いましょうね」と言って。

残念ながら、大人になっても相変わらず、言葉を使って自分の経験や感情を明らかにし、理解することができない人がたくさんいる。言葉によって意味を細かく区別しなければ、身のまわりの出来事をうまく処理できるまでに理解するのは不可能だ。

単に感情を表すラベルをつけるだけでも大きな効果がある。大海原のように延々と広がる悲痛な感情さえ、呼び名をつければはっきりとした輪郭に囲まれた経験として扱えるようになる。

もうだいぶ前になるが、私のクライアントに企業の経営幹部の地位にあったトーマスという男性がいた。いつものように忙しい一日が始まろうとしていたある朝、彼は何の前触れもなくけいれん発作に襲われた。過去に発作の経験はなかった。いくつかの検査の結果、医師らは再発の危険性はきわめて低いと判断した。

ところが、トーマスは強迫観念にとりつかれてしまった。いつまた発作が起きるかと思うと身がすくみ、やがて日常生活が困難になった。当時私が働いていた診療所に送られてきたとき、彼はすでにホームレスになっていた。発作に対する恐怖から出勤できなくなったのだ。そのせいで仕事を失い、妻に見捨てられ、路上生活をするまでになったのである。

私はトーマスに会うたびに、少しずつ表現を変えながら「どんな気分ですか？」というありふれた質問をした。だが、どんなに会話のきっかけをつくろうとしても、彼は「ちょっと厄介だ」としか言わなかった。私は大いに興味をそそられた。ほとんど混乱した状態で路上生活を送っているのに、自分のそんな状況について「ちょっと厄介だ」としか表現できないのだ。

週に一度の面談では、彼の母親のことを話すようになった。彼がまだ連絡を取っている唯一の相手だった。ほとんどすべての人から見放されても母親だけは気にかけてくれ、彼は彼女が暮らす老人ホームをよく訪ねていた。あるとき、お母さんの調子はどうかと尋ねると、こんな答えが返ってきた。「ちょっと厄介でね。死んだんだ」

トーマスが自分の感情を区別できない事実を目の当たりにして、私は「失感情言語化症《アレキシサイミア》」と呼ばれる状態なのだと気づいた。(注14)これは文字通り、「気分を表す言葉をもたない」状態だ。この状態にある人にとっては、自分の感覚を言葉にするのが難しく、「ストレスがある」といった、漠然とした白か黒かの分類に依存するしかない。たとえば気分については「いい」か「あまり良くない」のどちらかしか言葉がない。まるで、映画『モンティ・パイソン・アンド・ホーリー・

グレイル』に登場する黒騎士のようだ。彼は手足を失うたびに「ちょっとしたかすり傷だ！」とか「ただの軽傷だ！」と言って平然としている。

言葉には信じられないほどの力がある。失言による離婚は数知れず、数々の戦争さえ起きてきた。ストレスと怒りは違うし、失望や不安とも異なる。自分の感情に適切なラベルをつけられないと、支援が必要な状況でもそのためのコミュニケーションがままならない。

もし私がクライアントから「ストレスがある」と相談され、それを文字通りに受け止めたら、優先事項をリストアップしてみましょうとか、仕事をもっと人に任せるようにしましょうと助言するかもしれない。しかし「ストレスがある」という言葉の裏に、たとえば「私のキャリアはもっと満ち足りたものになると信じていたのに、人生に失望している」という本音が隠れているなら、対応はまったくちがってくる。そういう葛藤を抱えていることが明らかなら、優先事項をリストアップするとか、仕事を他人に任せるといった助言はまるで効果がない。

失感情言語化症は一種の気質と捉えられるが、何百万人もが苦しんでいる問題だ。しかもその代償は大きい。感情にラベルをつけられないと、精神的健康に支障をきたし、仕事や人間関係がうまくいかず、さまざまな病気の原因にもなる。(注15) 頭痛や腰痛といった身体的な症状が現れることも多い。感情が言葉ではなく、肉体によって表現されているかのようだ。

また、自分の感情を言葉で明確に伝えられないと、はっきりと表に現れる感情が怒りだけになってしまうケースも多い。その怒りが拳で壁に穴を開けるとか、ときにはもっと自虐的な行動として現れることもある。

繊細な言葉で感情を表現できるようになれば、状況を根本的に変えられる可能性が広がる。感情のあらゆる領域を自覚できれば（たとえば寂しさ、退屈、哀れみ、孤独、緊張がどう違うのかが理解できれば）、何でも白か黒かでしか見られない人より、日常生活の浮き沈みがあってもうまく対処できるのである。(注16)

## その感情は何を知らせているのか？

感情に適切なラベルをつけると、それは有益な情報を提供してくれる。もう少し先に褒美が待っていることや危険があることを知らせ、苦しみのある方角を示してくれる。関わるべき状況と避けるべき状況を区別してくれる。感情は障害ではなく、自分にとって最も大切なものが何かを知り、前向きな変化への意欲にもつながる道しるべの役割を果たしているのだ。

私はクライアントとの面談のために外国に出張することも多い。その旅先でよく経験する感覚がある。眺めのいい快適なホテルに滞在し、ルームサービスで夕食をとっていると、自分で「罪悪感」とラベルを貼った感情が忍び寄ってくる。子どもたち（ノアとソフィー）の近くにいないことに後ろめたさ感じるのだ。夫のアンソニーが私のいない家で過ごしていることにも罪悪感がある。これはもちろん、心地良いものではないが、繰り返し湧き起こる感覚だ。

私はかつてある考えにとらわれていた――自分は悪い母親だ、愛する人たちを置き去りにしている、と。だがやがて、向き合うことを学んだ。それが罪悪感だと自覚するだけでなく、その感情が大いに有益だと知ったのだ。罪悪感は自分にとっての優先順位を決め、ときおり自分の行動を微調整するのに役立っている。そもそも、自分が気にかけていないことに罪悪感など抱かないのだから。

自分の感情から何かを学ぶには、「それは何を知らせているのか?」と自問するといい。その感情の目的が何なのかを問いかけるということだ。それはあなたに何を伝えているのか? それで何がわかるのか? どんな役に立つのか? 悲しみや苛立ち、喜びの裏には何が隠れているのか?

私が出張中に感じる後ろめたさは、子どもたちと離れていることを寂しく思い、自分が家族を大切にしているのだと知らせている。私の人生は家族と過ごす時間を増やせば良い方向に進むことに気づかせてくれる。罪悪感はいわば、私が愛する人たちと、私の求める人生の方向を指し示す点滅ライトにほかならない。

怒りについても同じことが言える。怒りは、自分にとって大切な何かが脅かされていると知らせているのかもしれない。(注17) あなたはこれまでに、上司の前で同僚からアイディアをこき下ろされて頭にきたことはないだろうか? 表面的には、それは単なる怒りでしかない。だが掘り下げてみると、何かの合図になっていることがある。あなたがチームワークを大事にしていることや、自分で思っていたより仕事に不安を感じていることを知らせている可能性がある。

怒りは楽しいものではないが、それによってもたらされる自覚は、積極的な対応策につながるかもしれない。(注18)新しい仕事を探したり、上司と勤務評定について話し合う時間を設けたりといった前向きな変化を指し示す点滅ライトになるかもしれない。

気が重くなるような感情を排除し、承認や正当化によって抑え込むのをやめると、貴重な教訓が得られる。自己不信や自己批判、怒りや後悔は、あなたが最も見たくない、暗く陰うつな、悪魔が住んでいるかもしれない場所に光を照らす。そこには傷つきやすさや弱さが隠れている。こうした感情と向き合うことは、落とし穴を予期し、危機に備えるのに有効なのだ。

もしあなたが内なる感情と外界に向かう行動の選択肢を区別し、その両方に向き合うことができれば、人生はさらに意義深いものになるし、いまよりも毎日を気持ちよく過ごせるようになるだろう。また、重要な決断をするときは広い視野から考えられるようになる。

大切なのは、誠実に自分の経験と向き合い、それをほかでもない自分自身の物語に組み込むことだ。この物語は、私たちがいまいる場所を理解し、自分が目指す場所をさらによく知る力としても役に立つことだろう。

5章

# ステップ❷
# 距離を置く

STEPPING OUT

テキサス大学の著名な教授ジェームズ・ペネベイカーは、一九七〇年代初めに大学を卒業し、まもなく結婚した。三年が過ぎたころ、夫婦はお互いの関係に疑問を感じるようになり、ペネベイカーはうろたえて不安を募らせ、ひどく落ち込んだ。食欲はなくなり酒量が増え、タバコも吸うようになった。そんな状態を恥ずかしく思い、次第に人付き合いを避けるようになった。

停滞感を感じるようになってから一カ月ほど過ぎたある朝、ペネベイカーはベッドから出ると、タイプライターの前に座った。しばらくそれを見つめてから、結婚生活や両親のこと、性、仕事、さらには死について、正直な気持ちを自由に書き始めた。

何日か書いていると、興味深い変化が起きた。憂うつな気分が晴れ、解放感がもたらされた。そして妻に対する深い愛情が戻ってきた。(注1) だが、それだけではなかった。生まれて初めて、人生における目的と可能性を意識するようになったのだ。(注2)

ペネベイカーは危機を乗り越えた自身の経験をきっかけに、その後四〇年にわたって、書くという行為と感情処理の関係を研究することになる。彼が繰り返し行った実験では、実験参加者を二つのグループに分け、一方には感情的に大きな影響を受けた出来事について、もう一方には日常的なこと(たとえば自分の靴や、通りを行き交う車など)について書くように指示した。期間は両グループとも同じ――三日間、一日に約二〇分ずつ書いてもらった。

「感情的に大きな影響を受けたことを書く」グループでは、信頼していた家族からの性的虐待、最悪の失敗、深い絆を結んでいた人との破局、病気や死による痛ましい別れにまつわる記述が見られた。ある女性は、一〇歳のときの出来事に由来する深い罪悪感について書いた。彼女が床におもちゃを置きっぱなしにしたせいで祖母が転倒し、ついには亡くなってしまったという。また、ある男性は、九歳のときの夏の暑い夜を振り返った。父親に家の外に連れていかれ、子どもをもったことは人生最大の過ちだった、だから家を出ていくと静かに告げられた。

ペネベイカーは、感情的に負担の大きい出来事について書いた人々は、心身の健康が著しく向上したことを確認した。(注3) 幸福感が高まり、憂うつな気分や不安が和らぐ効果が認められたのだ。実験から数カ月間が経過した時点でも、血圧が下がり、免疫機能が高まり、通院回数が少なくなった。また、人間関係が豊かになり、記憶力が高まり、仕事の成果が上がったという。

私はこの研究を知り、ティーンエージャーだった自分が父のがんについて日記に書いた経験と重ね合わせた。闘病生活の末に父が亡くなってから、私の人生は痛ましいほど変わり、父のそばにずっといられなかったことや、言えずにいたことがたくさんあって悔やんでいたが、書くことでその気持ちを認識できた。

また、後悔していないことや、自分ができる限りのことをした様子についても書いた。書くことによって、それが心地良いかどうかは別として、自分のあらゆる感情を受け止められるようになった。それは深い自己理解へとつながり、「私には立ち直る力がある」という何よりも重要な気づきを得ることができた。あまりうれしくない部分も含めて、自分のすべてを抱いて生きていけると思えるようになったのだ。

それでも私は、ペネベイカーの研究報告については、話ができすぎているようで懐疑的だった。一日二〇分書くという作業をたった三日間続けるだけで、どうしてそんなに前向きな効果が続くのだろう？　私はその後もペネベイカーの研究をノートに書きとめていた。

それから何年か過ぎて、感情をテーマとする研究で博士号の取得を目指していたとき、彼と食事をする機会に恵まれた。私たちは活発に意見を交わし、それを機に彼の研究をさらに深く掘り下げることにした。(注4)

そのなかに、ペネベイカーがダラスのコンピュータ会社で行った事例があった。(注5)この会社は年齢が高いエンジニアを百人ほど解雇したが、その多くが五〇歳以上で、大学を卒業してからずっとこの会社で働いてきた人だった。ほかの仕事の経験もなく、放り出された彼らは動揺し、戸惑うばかりだった。自分の得意分野で二度と働けないという厳しい現実が目の前に迫っていた。解雇から四カ月が過ぎても、誰一人として再就職先が見つかっていなかった。

ペネベイカーの研究チームは、自分の経験について書くことは、リストラの対象になったエンジニアにも役立つのではないかと考えた。エンジニアたちは再就職の見込みが高まるなら何でもしようと意気込み、実験に参加した。一つ目のグループは解雇された経験を書いた。彼らは屈辱や疎外感、怒りといった感情と向き合った。また、つらい経験が健康や結婚生活、家計にも影響を及ぼしていること、将来への深刻な不安についても記述した。比較対照される二つ目のグループの人々は時間管理について書き、三つ目のグループは何も書かなかった。

書き始める前の段階では、どのグループも意欲や職探しの努力という点では差が見られなかった。ところが文章を書いた後の変化の差は驚くべきものだった。感情的な負担となる物事について自分の気持ちと向き合ったエンジニアたちは、ほんの数カ月後、対照グループよりも実に三倍もの比率で再就職していたのだ。書くことは自分の経験を処理するのに役立つだけでなく、落ち込んで無気力になった状態から意味のある行動へと踏み出す力にもなっていた。

この研究を土台として、さらに数千人（子どもや高齢者、学生や専門家、健康な人、病人など）を対象に実験が重ねられた結果、向き合い、感情を言葉で表現することは、ストレスや不安、喪失感に対処するきわめて有効な方法だと断言できる（手書きやキーボード操作が苦手なら、書く以外の方法でもいい。ボイスレコーダーに語りかけても、同じ効果を得られる(注6)）。

しかし感情の敏捷性《エモーショナル・アジリティ》（EA）を身につけるには、自分の感情に向き合った後に、欠かせない次のプロセスが待っている——つまり、そこから「距離を置く」必要がある。

長年にわたる分析により、感情を言葉で表現する人々には、思い悩む人や封じ込める人、大声を上げて感情をぶちまける人にはない進歩があることが確認されている。なかでもとくに大きな効果があった人々は、「私は学んだ」「私は気づいた」「その理由は〜だ」「いまになってわかった」「私は理解した」といった表現を使って、自分の内面に対する見方を深めていた(注7)。書くという行為を通して、考える自分と考えのあいだに、そして感情を抱く自分と感情のあいだに距離を置き、それによって新たな視点を獲得し、解放され、前進していたのだ。

ただし、誤解しないでもらいたい。彼らは裏切りや喪失感、失業、重病などに直面した状態を楽しむ術を身につけたわけではない。衝動と行動が絡み合った状態を解きほぐし、自分の経験を大きなコンテクストに照らして理解することで、苦難を乗り越えて前進できるようになったのだ。他人からすれば過酷に見える状況でも、彼らは降りかかった災難を自分の核となる価値観と向き合うチャンスへと変える術を身につけたのである。

### ▸ ペネベイカーによる記述のルール

タイマーを二〇分にセットする。ノートを開くか、パソコンに向かう。タイマーをスタートさせ、先週、先月、または昨年に経験した感情的な出来事について書く。句読点や文章のうまさ、一貫性などは気にしない。好奇心をもって、評価を加えず、ただ心に任せて書き進める。誰かに読ませるのではなく、自分のためだけに書く。これを数日続ける。

それが終わったら、書きとどめた紙を捨てるか（または瓶に詰めて海に流す）、文書を保存せずに終了する。もし望むならブログを始めてもいいし、出版エージェントを探してもいい。好きなように取り組んでかまわない。

大切なのは、考えがあなたから離れてページに移ることだ。そうすれば、あなたは「距離を置く」という段階に移り、自分の経験の全体像を客観的に理解する準備が整ったことになる。

## 外から眺める感覚とは

かつてコメディアンとしてテレビで人気を博したC・W・メトカーフは、大企業を顧客とする「ユーモア・コンサルタント」だ（この肩書を冗談だと思った人は、大企業で働いたことがないのだろう）。彼の舞台は単なるコメディショーではなく、企業人生で避けて通れない、人員削減や事業拡大などから生じるストレスへの対処法を教えてくれる。

私がとくに気に入っているのは、椅子を「自分の仕事」に見立てたパフォーマンスだ。来る日も来る日も、どこからどう見ても、自分の仕事はどうしようもなくひどい、と面白おかしくまくし立てる。一息ついて、少し離れたところにある椅子を指さし、「僕の仕事は本当に最悪だ」と嘆く。そして最後に言う。「よかった、僕はこっちにいるじゃないか」

実は誰もが、自分の経験から距離を置き、客観的に眺める感覚を知っているはずだ。私も何年か前、完全にがんじがらめになった自分に気づいた経験がある。電話料金の請求書が一度ならずまちがっていたため、顧客サービスセンターに苦情の電話をかけたときのことだ。まちがいを訂正するために無駄にした時間と、すみやかに訂正に応じられない会社の無能さについて、私は怒り心頭でまくし立てていた。

ところが、なぜか自分でも説明できないが、ある時点でそんな怒りからすっと抜け出した。まるで幽体離脱のように。魂が天井まで上昇し、そこから景色を見下ろしているような感覚だった。新たな視点に立ってみて、自分の怒りの正体に気づくことができた。それはまちがった相手に向けられた、やみくもな怒りだった。

私は顧客サービスの女性が気の毒になってきた――私のような面倒な顧客の話を一日中聞いているなんて！　そして、彼女を責めても何の解決にならないと思い至った。私は頭を切り替えて彼女に謝り、建設的で協力的な問題解決ができる空間へと移行した。

つまり私は、距離を置いたのだ――刺激と反応のあいだに空間をつくったとも言える。その過程で、思いやりの気持ちも取り戻していた。いったん距離を置くことで、自分の考え、感情、主張に流されるのではなく、自分の価値観に基づいた行動を選択できる。コンテクストに敏感になり、行動をいま目の前にある状況に役立つよう切り替えられるのだ。

「正義だ！」「仕返しだ！」「こんな扱いを受けるなんて許せない！」といった衝動に身を任せても、何の解決にもならない。

そうやって距離を置いてみれば、それまで視界に入らなかったものが見えてくる（あなたも「やみくもな」怒りをぶちまけてはいないだろうか？）。

ここで上の線画を見てみよう。[注8] 何に見えるだろう？

もちろん、アルファベットの最初の三文字だ。だがそれ以外にも可能性はないだろうか。

私たちは思考の罠にはまると、たった一つの見方や答え、行動様式にとらわれてしまうものだ。自分の考えや感情、言い分に引きずり込まれ、知らぬ間に行動が制限され、柔軟性を失っている。そして後になって「自分は何を考えていたのだろう？」と思うことがよくある。そこから距離を置いて初めて、もっと違った角度から状況を見られたのではないかと気づくのだ。

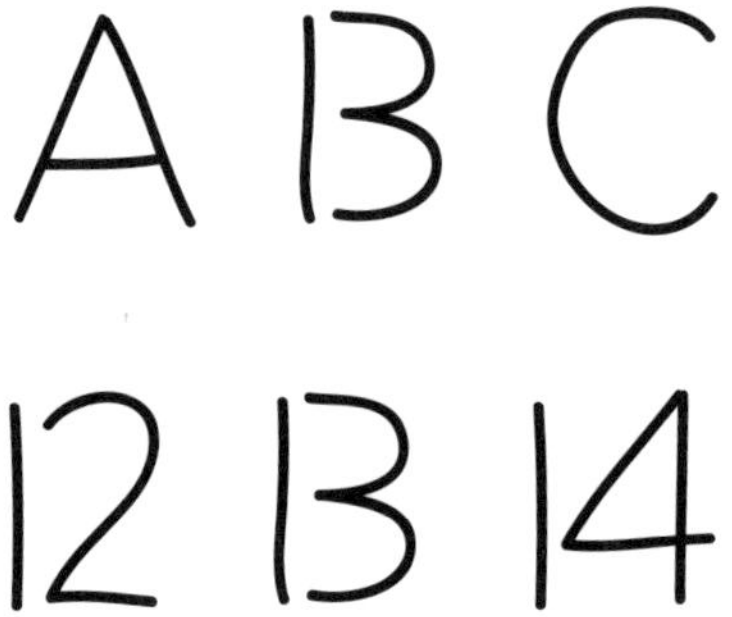

真ん中の線は、どう見ても「B」にしか見えない。そこで、上の線画を見てほしい。

この例は、同じものを異なる視点から見ると何が起きるかを示している。コンテクストに敏感になり、より多くの可能性を考慮すると、違った行動を選択できるようになる。つまり敏捷性が高まるのである。

先に私が電話の相手に怒りをぶつけたとき、何とか距離を置くことができたが、この能力は意識的に養える。実際、自分の意志に沿って人生を有意義に過ごし、本当の豊かさを手に入れるには、高い場所からの視点を持つことが必要だ。

それは「メタビュー」とも呼ばれ、あなたの視野を広げ、コンテクストに敏感になるように促してくれる。この能力を高めれば、自分自身の感情についても、他人の感情についても、いろいろな見方ができるようになる。また、それは自分を省みるうえでも欠かせない要素だ。

メタビューがとくに役立つのは失敗したときだ。私たちはちょっとした失敗でも思い悩んだり、封じ込めたりして自分を苦しめることがある。一〇年、二〇年、あるいは四〇年経ってからも夜中に目を覚まし、中学時代にしでかした失敗を振り返ったりするのだ。

失敗とは多くの場合、物事が計画通りに進まないことを言う。私たちは失態を演じると、正しい選択や行動ができなかったと自分を責める。そこには、予め決められた道があるという前提が存在する——ある状態で静止した世界で舵取りをまちがえたという考えだ。しかし、一九世紀ドイツの有名な陸軍元帥ヘルムート・フォン・モルトケ（大モルトケ）は、よくこんな趣旨の言葉を口にした——「いかなる戦闘計画も、いざ敵を前にすれば修正を余儀なくされる」。

これが最善だとどんなに強く確信しても、世界は流動的であり、予測はつねにあてにならない。戦争にかぎらず、将来を見通すことはできない。つまり、結果的に最善ではない決断をすることは避けられないのだ。

しかし、失敗を別の角度から捉えることもできる。たとえば「良い」失敗からは、「知らない飼い犬には駆け寄ってはいけない」といった教訓が得られるだろう。そんなふうに考えることで、学ぶべき教訓や成長の可能性が見つかるのだ。そういう知識を得るには、自分の失敗を多角的に分析する能力を養わなくてはいけない。

## 注目を集めるマインドフルネス

はるか昔から、僧侶や神秘主義者たちは、瞑想をはじめとする修行によって、考えとその持ち主、衝動と行動が混ざり合った状態を断ち切り、固定観念や、ゆがめられた解釈に陥らないように精神を解放してきた。

一九六〇年代後半、この手の修行が西洋人のあいだで流行したとき、キャッチフレーズは「いま、ここ」だった。根底にあるのは、精神は鍛錬しないかぎりすぐに散漫になるという考えだった。まるでのこぎりを引くように、過去の記憶を「押し」たかと思うと、未来についての予想を「引き寄せ」、時を行ったり来たりしてしまうのだ。私たちが感情の敏捷性《エモーショナル・アジリティ》（ＥＡ）を発揮して目の前のことに対処するには、現在に完全に身を置くこと、つまり「いま」に完全に波長を合わせるしかない。

ビートルズにビーチ・ボーイズ、ミア・ファローがインドを訪れ、思想家マハリシのもとで瞑想を学んでからというもの、行動科学と認知科学の分野において、東洋からやってきたこの漠然とした営みを解明する研究が行われてきた。(注9) その多くが注目してきたのは、意識的に、評価を差し挟むことなく注意を払う技術、「マインドフルネス」である。

最近、ハーバードの研究者たちがマインドフルネスの効果を検証する実験を行った（注10）。ストレスの軽減を目的とする八週間の瞑想プログラムの参加者一六人について、プログラムの開始前と終了後に脳のスキャンを行ったのだ。その結果、脳のストレスに関わる領域だけでなく、記憶や自己意識、共感に関わる領域にも変化が起きることが明らかになった。

どうやら、マインドフルネスの訓練をすると、脳内のネットワークの結びつきが向上し、集中力が高まるようだ。それに伴い、人間関係や健康、寿命はもちろん、記憶力や創造力、気分なども向上するという。漫然とプログラムに参加するのではなく、周囲で起きていることを軽視せず、しっかりと注意を払うことで、私たちはもっと柔軟になり、洞察力を深められる（注11）。

マインドフルネス研究の第一人者でハーバード大学心理学教授のエレン・ランガーは、「マインドフルに」演奏する音楽家の公演は、聴衆からの評価が高いことを明らかにしている（注12）。また、マインドフルに雑誌を売るセールスマンは、より多くの購読者を獲得している。マインドフルにプレゼンを行う女性は力強く、成功している印象が強くなるという。聴衆が抱きがちな、女性に対する偏見を打ち負かす効果があるのだ。聴衆が最も心を打たれるのは、発表者がその瞬間に完全に身を投じ、相手に向き合っているときだ。一方、自分が聴衆の立場であれば、マインドフルに参加することで、気が散ったり、早まった判断を下したりすることを防ぎ、メッセージを深く理解できるようになる。

だが残念なことに、マインドフルネスという言葉はビジネス界を中心に流行語になり、いまでは少しばかり反感も生まれている（たとえば、『初心者のためのマインドフル・リーダーシップ』などというタイトルの本があったら、度を越している）。そしてもちろん、自分の行動のすべてにおいて、いかなるときも意識的にその瞬間に注意を払う必要などない。マインドフルにリサイクルをしたり、髪をとかしたりする必要はない――それがあなたにとって本当に重要なことでないかぎりは（123ページ「もっとマインドフルになるための方法」を参照）。

また多くの人々にとって、マインドフルネスという言葉はヒンドゥー教の僧院を思わせる大げさな響きをまとっているように感じられる。そこで、本質を理解するために、まずはその対極にある「マインドレス」について考えてみよう。

マインドレスとは、思考の罠にはまる道へと直結している。いわば無意識に自動操縦している状態だ。その場にきちんと存在していない。それでいて、確立されたルールや、たいして検討してもいない決まりごとに頼り切っている。たとえばこんなときだ。

ある人の名前を聞いたばかりなのに思い出せない。
カードクレジットをゴミ箱に入れ、食べ物の包み紙をバッグに捨てる。
家を出たときにドアの鍵をかけたか思い出せない。
心ここにあらずの状態で、どこかにぶつかったり、何かを壊したりする。
次に何が起きるのか思うあまり、いますべきことを忘れてしまう。

いくつか前に挙げた例のなかで、「クレジット」と「カード」という言葉が入れ替わっていたことに気づかない。

空腹なわけでも、のどが渇いているわけでもないのに、飲んだり食べたりしている。「どこから来たかわからない」感情を抱いている。

反対に、居心地の悪い感情や考えに絡め取られず、それらに気づく状態がマインドフルネスだ。自分の怒りについてマインドフルなときは、より細やかな感性で集中し、気持ちが明晰な状態でそれを観察できる。(注13) 場合によっては、怒りの本当の原因が見つかることもある。その「怒り」が、実は悲しみや恐怖だと気づくこともあるだろう。

## 自分の内面と向き合う方法

しかし、本格的なマインドフルネスと結びついた冷静な気づき――そこにしっかりと存在している状態――は、誰もが簡単に得られるわけではない。

一七世紀の数学者で哲学者のブレーズ・パスカルは、「あらゆる人間の不幸は、静かな部屋に一人で座っていられないことから生まれる」という名言を残している。ハーバード大学とヴァージニア大学の研究者たちは、これを検証した。(注14) 心理学者ティモシー・ウィルソンらが、実験参加者に約一〇分間、考えることだけを伴侶に一人で座っているよう指示したところ、ほとんどの参加者はいてもたってもいられなかった。何人かは、ただ座っているよりも、自分に軽い電気ショックを与える選択肢に飛びついたほどだった。

これは、自分の内面と向き合うことが、どれほど居心地の悪い経験になるかを物語っている。自分の内面に「自我」が存在することを認識していない人もいるだろう。自我とは私たちの欲求や態度とは別に存在する。SNSでの振る舞い、経歴、地位、私たちが何を所有し、どんなことを知っていて、誰を愛し、何をしているのかということ以上のものである。

マインドフルネスは、私たちがこの内面的本質を快く受け入れ、自己を高めるための戒律（古代ギリシャのデルポイの神託にもある通り、「汝自身を知れ」という教え）に従うことを後押ししてくれる。

神託を読むには、殻に閉じこもっていては始まらない。マインドフルネスは自分が考えをもっている状態を眺めることを促し、感情の敏捷性《エモーショナル・アジリティ》（EA）を高められるよう導いてくれる。ただ注意を払うだけで、影のなかから自我を引き出すことができる。すると単に習慣に従うのではなく、考えと行動のあいだに空間が生まれ、意思をもった行動ができるようになるのだ。

だがマインドフルネスは、自分が「何かを聞いている」ことを知り、「何かを見ている」ことに気づき、さらには「感情を抱いている」ことに気づけばいいというものではない。大切なのは、それをバランスよく冷静に、寛容さと好奇心をもって、評価を加えずに行うことだ。そうすれば、私たちは新たに流動的な領域をつくれるようにもなる。結果的に、マインドフルネスという精神状態は、私たちが世界をさまざまな視点から眺め、より高いレベルで自分を受け入れ、寛容さと自分への思いやりが増した状態で前に進むことを可能にしてくれる。

### ◀ もっとマインドフルになるための方法

**まずは呼吸から。** まる一分間、何もせず呼吸に集中する。ゆっくりと息を吸い、ゆっくりと吐き出す。吸うときも吐くときも、数を四つ数える。きっと、心はさまよい出そうとするだろう。そのことを感じ取ったら、後は自然の流れに任せる。「うまくできない」と自分を責めてはいけない。頭に考えが浮かんだときは、そのつど呼吸に意識を戻すように心がける。これがすべてだ。勝ち負けはない。このプロセスに携わることが大切だ。

**マインドフルに観察する。** 目の前にあるもの（花、虫、自分の足の親指など）を一つ選び、それを一分間見つめる。真剣に見つめ、まるで自分が火星からやってきたばかりで、それを生まれて初めて見るようなつもりで見る。そのさまざまな側面や特徴を探し出して認識するように努力する。色や質感、動きなどに注目する。

**日課を見直す。**コーヒーをいれたり、歯を磨いたりと、毎日していて、当たり前だと思っていることを選ぶ。次にそれをするとき、一つひとつの工程や動作、目に見えるものの一つひとつ、音、手触り、香りなどのあらゆる要素に注目する。全力で意識を傾けること。

**真剣に聴く。**静かなジャズやクラシック音楽などから曲を一つ選び、まるで自分が洞窟で育ち、生まれて初めて音楽を聴くつもりになって真剣に耳を傾ける（できればヘッドホンを使う）。評価はしない。リズムや旋律、構造など、さまざまな側面を識別するように努める。

マインドフルネスになる努力をすると、最終的には知性や、さらには感情を超えたタイプの考えや経験に到達するだろう。イギリスの詩人アンドルー・マーヴェルは、庭に出て「緑の木陰で緑の考え」を得たいと願ったが、あなたもそんな心境になるかもしれない。(注15) あるいは、考えがすっかり消える可能性もある。緑をただ深く味わうのだ。そんなとき、頭は合理的であろうとすることをやめ、問題解決やインデックスをつける機械であることをやめる。そして計算機よりも、スポンジに近いものになるのだ。実感してみてほしい。

そのような落ち着いた受容力はおのずと好奇心と結びつき、この二つが揃うと素晴らしいことが起きる可能性がある。

私はよく、娘のソフィーを寝かせるときに『はろるどとむらさきのくれよん』（文化出版局）を読み聞かせている。[注16]好奇心いっぱいの四歳の男の子が、クレヨンで絵を描いていろいろなものをつくり出す愉快な物語だ。月に行きたいと思ったら、空に道を描いてそこへ行く。リンゴの木を描いたら、今度はリンゴの実を守る竜を描く。竜が怖くなったら、自分の頭上に水面を描く。迷子になったときは、家に帰る道を見つけるため窓を描く。

ハロルドは自分がどこに向かっているのかも、行く手に何があるのかも知らないが、紫のクレヨンを何度も使い、可能性を描いていく。ハロルドが抱くような好奇心は一つの決断だ。

私たちは好奇心をもって自分の内と外の世界を探ろうと決めたときから、もっと柔軟にほかの決断を下せるようになる。自分の反応に意図的に空間を設け、自分にとって大切なことや、自分が願うことに基づいた選択を行えるようになるのだ。

私はこの物語を娘に読み聞かせるたびに、ハロルドが感情を抑えようとしないことに心を引かれる。彼は怖くなっても逃げ出さない。それどころか、自分の恐怖を眺めたうえで、クリエイティブな解決策を見つけて前に進むのだ。頭上に水面を描いて竜から隠れたり、窓をつくって外へ出たり。四歳の架空の男の子からは、誰もが大切なことを学び取れるだろう。

## 自分を客観視するトレーニング

大手会計事務所のパートナーであるソーニャは、助けを求めて私のところにやってきた。MBAを取得し、実績を積み上げてきたのに、自分を詐欺師のように感じていた。日々能力を証明しようと奮闘しているが、自分をさらけ出すのが恐ろしくて、うまく話すことができなかった。心理学では、この恐怖を「インポスター（ペテン師）症候群」と呼んでいる。

彼女は、自分がいまの地位には値しないという恐ろしい「事実」に、いつか誰かが気づくにちがいないと思って人生を送っていた。業績についてマイナスの評価を受けたことが一度もないのに、ストレスや満たされない思い、不安を抱えていたのだ。

彼女は本書ですでに論じた、「考えを責める」ことでがんじがらめになっていた。「私は偽物だ」という恐怖を事実と見なしていたのだ。本当は引き受けたいプロジェクトに手を挙げられず、自分の才能や技量を狭い視野で捉えていた。まるで望遠鏡を反対に構えて自分を見ているかのように。ところが、自分の経験にマインドフルな好奇心を向けることを学ぶと、がんじがらめの状態から離れ、望遠鏡の向きを変えて広い視野を手に入れることができたのだ。

ソーニャはこんなふうに考えられるようになった。「なるほど、私には自分が負け犬だという思いがある。そんなことはわかってる。私のなかの『傷ついた子ども』が声を上げている。でも、私にはたくさんの考えがある。いいことも悪いことも含めて、そのすべてを認めて受け入れる。でも私には、自分が望む人生を送るのに役立つ考えにのみ従う権利がある」

私は企業の管理職研修で、一見たわいない遊びのように見えるエクササイズをよく行っている。まずは参加者全員に、自分についての最も深い懸念を付箋に書いてもらう。仕事や人間関係、生活にもち込んでいる表面下のサブテキストのことだ。たとえば、「私は退屈な人間だ」とか「私は人から好かれない」「私は詐欺師だ」「私は悪い人間だ」というような思いである。

書いた言葉を自分の胸に貼ってもらい、音楽を流し、パーティーに来ているつもりになる。みんなでお互いに握手をして、しっかりと相手の目を見つめ、「どうも、私は退屈な人間です。どうぞよろしく」などと、書いたことを名前代わりにして自己紹介する（ちなみに、私のラベルは「退屈な人間」だ。私は昔から退屈なやつだった。少なくとも自分ではそう思っていた）。

この経験はきわめて効果的だ。管理職たちからは終了後に必ずこう言われる。自分について思い込んでいた不快な「事実」はあまりにも大きな支配力をもっていたが、それを和らげることができた、と。また、何年も経ってから、考えをただの考えと見られるようになって心からほっとした、とメールをくれることもある。彼らは自分が恐れているものに名前をつけ、それを笑えるようになった。そうすることで、本来の自分でいるための空間をつくり出す。つまり、距離を置くことができたのである。

もっと簡単な方法もある。あなたの名前を表す文字をじっと見てみるだけでいい。いつも目にしているため、表現や解釈を飛び越えて、すぐに「私のこと」を表すものと理解できる。だが、そのまま記号をじっくり見ていると、それぞれの形が浮き上がってくるだろう。なかにはかなり面白い姿のものもある（私が見ているのは小文字のd）。

あるいは、「牛乳」という単純な言葉を声に出して言ってみよう。(注17) そして今度は、三〇秒間繰り返し言ってみよう。そのうちに、ある変化に気づくはずだ。最初は言葉の意味を意識していたはずだ。白くて、シリアルにかけたり、コーヒーに入れたり、子どものころにはオレオを浸したもの。ところが、繰り返し言っていると変化が起きる。いつもの「牛乳」に対するイメージは消えて、それがどんな響きの音か、意識し始めるのだ。自分の口はどんなふうに動いているのか――そうして牛乳という言葉が、ただの言葉に変わる。

今度は、自分のいちばん嫌いなところか、日々苦労していることについて実験してみよう。「私は太っている」「誰からも愛されない」「プレゼンで大失敗しそうだ」といった心のつぶやきからどれかを選び、一〇回言ってみよう。次は反対から言ったり、言葉の順番を変えて言ってみたりする。するとその音が変わるのに気づくだろう。

最初は意味のある刺激的なものとして大きな影響力を持っていたが、だんだん遠く離れた、力のない、少し滑稽なものへと変わる。こうなるとあなたはもう、絡め取られることはなく、後ろ向きな考えから世界を眺める状態ではなくなる。むしろ、外からそれを見ている。あなたは考えとその持ち主のあいだに空間をつくったのだ。望遠鏡をひっくり返したのである。

こうやってできた余地と一息つける空間は、選択という素晴らしい贈り物をもたらしてくれる。あなたは、考えを従うべき指示や苦悩すべき対象としてではなく、ただの考えとして（それが考えの本来の姿だ）経験し始める。

自分は偽物だという考えを抱いていても、気づいたうえであえて脇に置く選択ができる。あなたにとっては、いま出席している会議に貢献することの方が大事だからだ。あるいは、今朝の夫婦ゲンカは向こうから和解を切り出すべきだと考え、それを正当化していても、自分から電話をかけることができる。プリンを食べたくて仕方ないとき、「食べたい！」という思いに気づいたら、あえてプリンに手を伸ばさない選択ができるだろう。

これは封じ込めることとは違う。あなたは考えや感情、欲求を無視したり、否定したり、抑え込もうとしたりしていないからだ。むしろ、考えなどに支配されず、それとそれがもたらす情報に好奇心をもって目を向けている。

組織のなかで昇進すると、やがて部下をもち、報告を受けることになる。管理職になったあなたは、実行に移す報告と脇にやる報告を決めなくてはならない。しかし考えや感情は、必ずしも事実を語るわけではない。自分に都合よく変化するものだ。そのため部下からの報告書は、行動を導くゆるぎない事実ではなく、審判を下すべき意見表明として扱う必要がある。考えや感情はあくまでも情報であって、あなたに対する指令ではない。そしてその情報には、指針とすべきものと観察すべき状況として扱うもの、ゴミ箱行きの無意味なものがある。

感情の敏捷性《エモーショナル・アジリティ》（ＥＡ）とは、いくつもの厄介な考えや感情を抱きながらも、自分が心から望む生き方に役立つ行動にこぎつけることを意味する。距離を置き、とらわれた状態から解放されるとはそういうことだ。

言葉の使い方次第で、距離を置けるようになることもある。二〇一〇年の夏、バスケットボール界のスーパースターであるレブロン・ジェームズは、難しい決断を迫られていた。それは大きな批判を浴びることにもなったが、ＮＢＡファイナル連覇をもたらした決断でもあった。生まれ故郷オハイオ州クリーブランドの地元チームで、彼のキャリアをゼロから育ててくれたクリーブランド・キャバリアーズに残るべきか？　それとも、さらなる成長が待ち受けているマイアミ・ヒートに加入するため、フロリダに移るべきか？

彼はフロリダ行きを決めた直後、自らの思考のプロセスをこう説明している。「私が絶対に避けたかったのは、感情的な決断をすることだった。私はレブロン・ジェームズにとってベストなことをしたかったし、レブロン・ジェームズを満足させることをしたかった」(注18)

注目すべきは、最初は「私」という一人称を使っているのに、決断の理由を説明するときは三人称の「レブロン・ジェームズ」に切り替えている点だ。彼を中傷する人々は、この言葉をエゴの象徴と見なした（その名声を考えれば、エゴが膨らんでも不思議はない）。だが、その後の出来事（マイアミで華々しい成功を収めた後に、クリーブランドでプレイするため戻って来たこと）

を見れば、彼が移籍の決断にきわめて大きな葛藤を抱いていたことがうかがえる。彼はきっと、自分の感情と向き合うために、高度な言語的戦略を用いていたのだろう。

研究によると、三人称をこんなふうに使うのは、ストレス（または不安や不満、悲しみ）を遠ざける効果的なテクニックであり、自分の反応をコントロールするのに役立つという。[注19] また、大きなストレスを伴う状況を、脅威ではなく挑戦と捉えることにもつながる。

## ◀ 距離を置くためのテクニック[注20]

**①プロセスを考える。** 自分の置かれた状況を長期的な視点から、継続的な成長過程にあるものとして捉える。過去の経験に由来する頑なな見解（「人前で話すのが苦手」「スポーツはまるでダメだ」）は、しょせんただの見解である。自分の運命ではない。

**②矛盾を突き詰める。** 禅においては、「片手を叩いた音とはどんなものか？」といったパラドックスについて思索する。あなたの日常生活にもじっくり考えるべきパラドックスがあるだろう。故郷や家族、自分の体に対して愛憎の念を抱いていないか。あるいは、人間関係が壊れたことについて、自分は犠牲者だと思うと同時に、責任があるとも感じているかもしれない。表面的には矛盾するように思えることを認めて受

け入れれば、不確実性に対する寛容さを養えるだろう。

**③笑う。**ユーモアはあなたの視線を新たな可能性へと向けてくれるので、距離を置く訓練としてはうってつけだ。自分の心の痛みを覆い隠す（封じ込める）ためにユーモアを使うのはいけないが、自分自身や置かれている状況について何かしら滑稽なところを見つけることは、それを受け入れ、距離を置く手助けになるだろう。

**④視点を変える。**自分の問題を他人の視点から考えてみる——たとえば、かかりつけの歯科医でもいいし、あなたの子どもでも、さらには犬でもいい。

**⑤声に出して言う。**思考の罠にはまってしまったら、その考えや感情をあるがままのもの（一つの考えまたは感情）として捉えること。それには、「私は……という考えを抱いている」「私は……と感じている」と言葉で表現してみるといい。自分の考えや感情に込められた意見を受け入れることはもちろん、その助言に従う義務などないことを忘れてはならない（私は距離を置く手段としてこの方法をいちばんよく使う。出張中の飛行機のなかでも、誰かとの会話がこじれたときでも実践できる）。

**⑥三人称で自分に語りかける。**レブロン・ジェームズの例のように、この手法を用いれば、自己中心的な見方から抜け出し、自分の反応をコントロールできるようになる。

## 思い込みから自分を解き放つ

包容力のある、オープンで広い視野があれば、私たちは考えや感情を軽やかに抱き、過去の出来事に縛られることも、新しい経験に先入観で臨むこともなくなるだろう。つまり、自分を解き放つことができるのだ。

モニカはデイビッドという男性と結婚している。二人は深く愛し合っているが、モニカには一つ不満がある。夫は仕事から帰ってくると、毎日コートを床に脱ぎ捨てる。ささいな不満に聞こえるかもしれないが、ある程度長いあいだ誰かと付き合ったことがあれば心あたりがあるだろう。歯磨き粉のキャップをしめない、朝のコーヒーを音を立てて飲む——こういったささいな苛立ちでも、それが負の連鎖を生み出し、そこにとらわれてしまう。

問題は、ひとたびそのサイクルに陥ると、一つの面がすべてを支配するようになることだ。相手は自分と別の存在なのに、自分の認識や、相手に対する自分の期待という枠組みを通してしか理解しようとしなくなる。

モニカは私にこう訴えた。「毎日言わなきゃいけないんです。『デイビッド、お願いだからコートを床に脱ぎ捨てないでくれる?』って。なのに毎日そうする！　彼によると、すごく疲れているし、私に会いたくて仕方ないから、コートをかけるのを忘れてしまうんだそうです」

モニカは夫の説明を受け入れようとしたが、それでも苛立ちは収まらなかった。彼も相変わらず、コートを床に脱ぎ捨てた。彼女は無視しようと努力した。そしてコートが廊下に落ちているときは、頑としてその上を歩いた。ときには、コートをかけることもあった——ただし、デイビッドが彼女の手間を思い知るよう、これ見よがしに。

こうなると、床のコートは単に床に落ちているコートではなくなる。彼女にとっての大事な問題を、デイビッドがまじめに取り合ってくれないという「事実」の象徴になっている。デイビッドが彼女を無視し、ないがしろにしている動かぬ証拠となったのだ。コートそのものは大した問題ではないが、口論になるたびにコートのことがもち出された。

デイビッドの誕生日が近くなったある日、モニカはこのゲームを変える視点を見つけた。それができたのは、自分の考え(「彼は私を軽んじている」という解釈)から距離を置いたからだった。彼女はささいな苛立ちと、そこから生じる強い感情のあいだに空間を設けたことになる。彼女は前に進み、意識的に決断した。例のコートに織り込んだ主観の糸を取り除き、デイビッドのやさしい気持ちだけを受け入れることにしたのだ。

デイビッドが床にコートを脱ぎ捨てることで彼が何をしているのか、また何をしていないのかにとらわれるのをやめ、誕生日の贈り物をすることにした。その贈り物とは、これが自分の愛するデイビッドの一部なのだと認め、プライドが傷つけられたという感覚や怒りを抱かずに、愛情を込めてコートを拾うことだった。彼女は綱を放し、綱引きするのをやめたのである。彼女は私に言った。「いやいやそうしたわけじゃなかった。負けたと思ったわけでもない。私は彼を愛しているのだから、心から優しい気持ちで、納得したうえで、思いやりをもってそうしたんです。万が一デイビッドの身に何か起きたら、私はきっと、彼とあのコートを私の人生に取り戻すために、すべてを差し出すことでしょう」

私は友だちのリチャードから、妻のゲイルに対する不満について一五年前から実践しているエクササイズの話を聞いた。リチャードは自宅で仕事をしていて、ゲイルはひどい通勤ラッシュに耐えて働いていたので、彼が主夫役を引き受け、買い物や食事の支度など毎日の家事をこなしていた。やがてゲイルは料理をしなくなり、リチャードは料理の腕をかなり上げた。それでも、来客があるときはとくにそうだが、週末にはゲイルにも手伝ってもらいたいと思っていた――二人で食事の用意をした方がもっと楽しいからだ。

だが、彼女は絶対に手伝わなかった。リチャードは怒りと不満を募らせていった。自分はゲイルに利用されているのだろうか？　どうして召使いのように扱われるのか？　シンデレラか何かだと思っているのだろうか？

そしてある日、来客のためにラム肉のタジンをつくっていたとき、彼は啓示を受けた。ゲイルは自分を愛してくれているし、彼女が身勝手な人間ではないのはわかっている。彼女は料理好きではないが、とっておきの食器を取り出してテーブルをセットし、花を飾るのを楽しんでいる。それだってディナーパーティーでは大切な仕事だ。彼女が料理を手伝わないことをそれ以外の意味に解釈するのは、あくまでも彼の選択だし、妻との関係に役立つものでもない。

彼は、不公平という感覚をすべて手放すことにした。同時に、妻が野菜を切ったり、グレービーソースをかき混ぜたりしてくれるのではないかという期待も。こうして気づきを受け入れたことで、彼は大きな安堵感と、内面的に自由になったという深い感覚を手に入れた。そしてそれは、ゲイルとの関係をより良くするための、新たな情熱とエネルギーをもたらした。

何を解き放つかは人それぞれだ。それは過去の経験かもしれない。期待や誰かとの関係を解き放つこともある。それは他人を許すという意味になることもある。あるいは、許す相手が自分自身のこともあるだろう。

「解き放つ」という言葉を口にするだけでも、希望と安堵の感覚を手にするには十分だ。[注21]だがこの言葉には、すべてを失うのではないかという不安をもたらす可能性もある――絶望的な状況に身を任せることになるのではないかと。しかし、一つを手放したとしても、それ以外のものはすべて残っている。たった一つの小さな感情の流木にしがみついていたら、自分が世界というダイナミックなシステムの一部なのだと感じることはできない。

これまで望遠鏡をひっくり返し、広い視野を得ることの大切さについて語ってきたが、それを文字通り体現しているのは宇宙飛行士だろう。彼らは「オーバービュー・エフェクト（概観効果）」という言葉を口にする。遠く宇宙空間に飛び出して地球の全貌を眺めたときに経験する意識の変化のことだ。すべての人間とさまざまな問題を抱く地球が、暗闇のなかに浮かぶ小さな青いビーチボールのように見える。まさに「距離を置く」という感覚の極致と言えるだろう。

なかでも、オーバービュー・エフェクトをとくに深く経験したのはエドガー・ミッチェルだ。彼はアポロ一四号の月着陸船のパイロットとして、一九七一年に人類で六番目に月面を歩いた。彼は啓示的な瞬間について語っている。「いざ帰還しようというとき、二四万マイルの彼方から無数の星や、私がやってきた惑星を眺めていると、この宇宙はなんと知的で、愛情にあふれ、調和に満ちた空間なのかという思いが湧いた(注22)」

こんな神秘的なビジョンは誰もが得られるわけではない。しかし「解き放つ」ことで、感情を軽やかに受け止められるようになり、そうなれば心は広がる。これは運命におとなしく従うという意味ではない。頑なな心のレンズによって物事の本質がかすんだり、歪んだりするのを避けながら、ありのままの姿に向き合おうとする態度にほかならない。

# 6章

## ステップ❸
## 理由を考えながら歩む

WALKING YOUR WHY

映画監督のトム・シャドヤックは、ジム・キャリーを『エース・ベンチュラ』で初主演に抜擢して以来、『ライアーライアー』『ブルース・オールマイティ』と大ヒット作を連発した。(注1)また、エディ・マーフィやロビン・ウィリアムズ、モーガン・フリーマン、スティーヴ・カレルともタッグを組んできた。

二〇〇〇年代初頭にはシャドヤック作品の興行収入は二〇億ドルを突破し、個人資産も五〇〇〇万ドル以上になった。ロサンゼルスに一六〇〇平米ほどの邸宅と何台もの高級車を所有し、プライベートジェットで移動した。一般的な基準からすれば、映画業界という熾烈な競争の世界で成功を収めていたが、彼自身の基準からするとそうではなかった。

彼はこう書いている。「生活は快適だったが幸福感が増すことはなかった。良くも悪くもないというより、むしろ居心地が悪かった。多くの人の窮状を考えたら――食事や医療など、日々の生活に事欠く人たちがいる――自分の生き方が正しいとは思えなかった。お金というのは、誰かがやってきて与えてくれるものじゃない。自分の仕事に対する報酬を請求しなければならない。ここで意識せざるを得ないのは、自分の仕事はほかの仕事よりも経済的価値が高いということだ。料理人や修理人、管理人よりも価値がある、と。しかし、どうもしっくりこない。経済学的にはそうだろうが、私の心が素直に受け入れられないんだ(注2)」

シャドヤックは自分の「価値」が社会的に認められているとしても、自分にとって大事なものはほかにあると気づいた。そこで邸宅を売り、もっと小さな家に移り住んだ。質素ではないが、自分にふさわしいと思える家だ。飛行機はエコノミークラスを利用し、近所を移動するときは自転車に乗るようになった。映画製作では自分の好みを重視するようになり、信頼できる団体への寄付も始めた。物欲を断ったわけではない。自分の人生に収まるようふるまいにかけ、本当に大事なことにより多くの時間とエネルギーを注ぐようにしたのだ。

また、何かを選択するときは、純粋に自分のためになる道を選んだ。彼はインタビューでこう語っている。「私は他人を評価できないし、私と他人の進む道はちがっている。すべてを放棄したわけじゃない。ただ自分の思いを満たしただけだ(注3)」

シャドヤックは確固たる信念に基づいて人生を再構築した。もはや、いつ何が起きても揺るぐことはないだろう。「世の中の成功モデルは外的なものにすぎない——キャリアではこういう地位につかないといけないとか、財産はいくら必要だとか。私が思うに、本当の豊かさとは内在的なものだ。愛であったり、思いやりであったり、コミュニティであったり」

彼は同業者の一部からはおかしくなったと思われ、面と向かってそう言われたこともあった。逆に決断を称賛されることもあった。だが、どちらの反応も彼にはどうでもよかった。別のインタビューでライフスタイルを変えてからの方が幸せかと聞かれると、「もちろん」と答えた(注4)。自分にとって正しい行動をとっているとわかっていたのだ。そしてそのことが、批判や称賛をものともせず、わが道を進む勇気を彼にもたらしていた(注5)。

簡潔に言えば、彼は「理由を考えながら歩んで」いたのだ。

「理由を考えながら歩む」とは、自分自身の価値観に従って生きる術だ。自分が大切に思い、生きる意味や満足感を与えてくれる信念や行動に従って生きることで、感情の敏捷性《エモーショナル・アジリティ》（EA）を養うのに欠かせない。価値観は他人から押しつけられるものでもなく、大切にすべきだと考えるものでもない。あなたが心の底から大切だと信じるものでなくてはならない。

## 他人の行動は「感染」する

自分が大切だと思うものを知り、それを拠り所にして行動するのは簡単ではない。私たちは何が大切で、何が自分を立派に見せるのかについて、文化や広告、しつけ、宗教教育、家族、友人、同僚などからつねにメッセージを浴びている。プライベートジェットや大邸宅とは無縁でも、誰もがシャドヤックと同じように文化的な圧力を感じている。

隣の奥さんが自分より高級なトヨタに乗っているとか、家で安いコーヒーをいれずにスターバックスで五ドルのコーヒーを買っているとか。彼女はあなたより素敵な休暇を楽しみ、家事をもっと手伝ってもらっているかもしれない。あるいは、あなたより仕事が充実していたり、結婚生活がうまくいっていたり、親として立派に見えたりすることもあるだろう。

あらゆることが比較の対象だ。シャドヤックは以前、ハリウッドで自分が選んだと思っていた道を歩んでいたが、やがてそれが「自分の」選択ではないと気づいた。私たちもまた、誰もが日々の生活を乗り切るため、現実から目をそらしてひたすら前進しようとしている。

指針が必要なときは、まわりの人がどうしているか見渡して、充実した人生の見本とされることなら何でも無批判に受け入れる。大学を出てマイホームを買い、子どもを育てるといったことだ。しかし本当は、それが誰にでも当てはまるわけではない。それなのに、自分にとって大切なことを探すより、まわりに合わせる方が手っ取り早いからそうしてしまうのだ。

私たちは気づかぬうちに、他人の行動や選択から影響を受けている。いわゆる「社会的感染」であり、研究によれば、ある種の行動は、かぜやインフルエンザのように他人から感染する可能性があるという。[注6] 肥満の人と接する機会が増えれば、あなたが肥満になるリスクも高まる。離婚の決断はきわめて個人的なものに思われるが、友人の誰かが離婚すると、あなたが離婚する確率も高まるそうだ。

しかも行動の感染はウイルスと違い、出会ったことのない人のあいだでも起きる。ある研究によれば、直接の友人ではなく、友人の友人が離婚した場合でも離婚率が高くなるという。[注7] そう、あなたの人生は、見知らぬ他人からも影響を受けることがあるのだ。

これはもっと小さな決断にも当てはまる。スタンフォード大学のマーケティング学教授が飛行機の乗客二五万人を調査したところ、機内販売の利用率は隣の席の乗客が利用すると、実に三〇%も高くなることがわかった。[注8] 逃げ場のない空間に閉じ込められたとき、乗客は本来求めていなかったつまらない映画やスナックにも飛びついてしまう。

こういった意思決定は無意識に行われている。衝動と行動のあいだに、あるいは考えとその持ち主のあいだに空間がなく、本能が働くのだ。ときにはそれでも害はない（機内でもう一本映画を観ても命の危険はない）。場合によってはメリットもある。友だちがみんな定期的に運動していたら、自分もソファから離れる時間が増えるかもしれないのだから。

しかし、深く考えず無意識な決断ばかりしていると、いつしか他人の人生を生きているような気分になるだろう。自分の価値観とは合わない人生だ（たいして食べたくない機内食のせいで体重が増え、本を読むつもりだった時間が失われる）。ロックバンドのトーキング・ヘッズの歌詞のようだ。「そして自問する／ええっと……僕はどうしてこうなっているんだろう？」

「流れに身を任せる」だけでは仕事や人生は目的を失い、人間関係は公私問わず希薄で不確かなものになる。待ち受けているのは、意思を欠いた人生だ。むろん目標達成などおぼつかない。

自分が望む生き方に見合った決断を推し進めるには、自分の価値観を見きわめ、それを道しるべにするしかない。そうでなければ、無為に過ごしていることになる。私たちはそうやって時間を無駄にしている――ネットサーフィンをして、受け取ったメッセージを転送し、リアリティ番組を何時間も見続ける。それで結局は満たされない気分を味わうのだ。

こんなふうにはっきりとした意思がない状態は、恋人選びや休暇の過ごし方など、あらゆる選択（あるいは選択しないこと）に現れる（そもそも、誰もが人と同じ選択をしたらどうなるだろう。

私のお気に入りのプチホテルは大混雑で予約できなくなってしまう）。

自分の価値観を知らずにいる弊害は、無意識な決断だけではない。熟慮の末の意図的な選択のように見えても、自分にとってためにならない選択をしてしまうリスクもある。たとえば、本当は家族との時間を大切にしたいのに、長時間通勤がそれを削ることに気づかず、職場から二時間も離れた場所に家を買う決断をするような場合だ。

私たちはこういった非生産的な決断に多大なエネルギーを注いでいる。本来なら、目標達成のために使うべきエネルギーが浪費されているのだ。

はっきりした価値観をもたずに決断し、人付き合いをこなしていくのは、非常に骨の折れる作業だ。信念のない状態で向き合う社会は混沌としているし、感じ取った期待に合わせて自分の感情を操作せざるをえない――本当は行きたい場所があるのに、またテーマパークに行くはめになっても喜んでいるふりをする、といったように。

## 将来の自分を意識してみる

心理学者たちが二〇代前半の若者の協力を得て、未来の自分に向けて、現在の自分についての手紙を書くという実験を行った。（注9）若者を二つのグループに分け、一方には三カ月後の「近い

「自分」を思い描き、もう一方には二〇年後の「遠い自分」に思いを馳せるように指示した。加えてこんな指示もした。「そのときに自分がどんな人間になっているか考えること……そしていまの自分自身について書いてください。自分にとってどんなことが大切なのか、また自分の人生をどんなふうにとらえているのか」。

これは自分にとって何が大切なのかを考え、それを言葉で表現するという作業だ。

手紙を書き終えると、両グループに対してこんなアンケートが行われた。仮に三つの違法行為があるとする——盗品とわかっているコンピュータの購入、保険金詐欺、違法コンテンツのダウンロード。自分がこれらに手を染める可能性はどのくらいあるか？ 遠い自分に手紙を書いたグループでは、近い自分に手紙を書いたグループよりも、三つのいかがわしい行為のいずれかに手を染めそうだと答えた割合が著しく低かった。

自分自身に対して手紙を書くという単純なことが、なぜ行動についての意識を変えるのだろう。手紙を書くことで、「自己の継続性」と呼ばれる感覚が形成されたからだ。遠い将来の自分と、将来の自分が抱いているはずの価値観とが結びつくことで、自分には確固たる信念と道徳的基盤があることを意識できたのだ。そういった信念や基盤は、人生においていろいろな状況が変わっても揺らぐことはない。

対照的に、わずか三カ月先の自分を考えるように指示された若者たちは、将来の自分を抽象的な他人のようにとらえていた（これがよくある状況であることは研究によっても証明されている）。

そしてアンケートでも、まるで他人事のように答えを選んでいた。二〇年後の自分といまの自分にほとんど関連性を見出せないなら、盗品を購入しようが、保険会社を騙そうが、気にする必要があるだろうか？　さらに言えば、タバコを吸おうと、退職金を浪費しようと、クレジットカードの負債で首が回らなくなっても気にするだろうか？

自己の継続性の構築には、誤った選択を遠ざけ、望ましい選択を促すという両面の効果がある。別の実験では、大学生の年齢の被験者に対して、思いがけず一〇〇〇ドルを手に入れたとして、それを四つの使い道に分けるよう指示が出された。(注10)四つの使い道とは、「特別な人のために何か素敵なものを買う」「退職年金に拠出する」「愉快で豪華なイベントを企画する」「当座預金口座に預ける」である。

ただし、被験者には架空の収入を分ける前にバーチャル・リアリティ（VR）を経験してもらった。半分には現在の自分のデジタルアバターを、もう半分には七〇歳になった自分を想定したアバターを見せた。もう予想がつくと思うが、年を取ったアバターを見たグループの方が、架空の収入のなかから二倍もの額を退職年金に割り当てた。長期的な視点に立つ時間を設けたことで、長期的に有効な行動が促されたのである。

ジェフ・キニーは児童書のベストセラー『グレッグのダメ日記』の作者だ（シリーズは四五カ国語に訳され、一億五〇〇〇万部を売り上げている）。彼は作品の大ヒットを心から喜んでいるし、シリーズを続けるつもりだが、このたった一つの創造を生涯の拠り所にするつもりはない。

『ニューヨーク・タイムズ』にこう語っている。「人生のすべてが『グレッグ』になったら、あまり充実した人生とは言えないだろう。僕は『グレッグ』の枕カバーをデザインして残りの人生を過ごしたいとは思わない」(注11)

キニーは将来の自己とつながることで、進むべき道を自分の価値観に合ったものにしようと行動を起こした。自分が住む町にカフェを併設した書店をつくり、ときどき漫画の描き方を教えている。レジを担当したり、カフェに立ったりもする。彼にとって大事なのは、これまでに多くを与えてくれた世の中にお返しすること。そして、それが正しいと感じている。「この書店がたった一人の子どもの人生を変える力になってくれたら、それだけで幸せだ」と言う。

キニーとシャドヤックの例は大きな真実を伝えている――自分の価値観を知り、ふだんからそれに従って生きていれば、自分という存在に対しても満ち足りた気持ちになるだろう。他人と比べる必要などない。なぜならあなたはすでに成功しているのだから――自分自身の定義に従って。シャドヤックにとっての成功は愛とコミュニティに満たされた日々を過ごすこと。キニーの場合はお返しをすること。二人とも自らの基準に従って大きな成功を手にしている。

## 価値観を見きわめるための質問

「価値観」という言葉にはお説教めいた、日曜学校を思わせるニュアンスが漂う。抑圧的で手厳しく、判断を押しつける感じがする。よく正しい（または誤った）価値観という表現を耳にするが、本当のところどんな意味なのだろう。意義のある価値観とは、誰が決めるのか？

そもそも正しいとか、まちがっているという柔軟性のない概念が、役に立つとは思えない。感情の敏捷性《エモーショナル・アジリティ》（ＥＡ）を論じる本にはふさわしくない！　私は価値観を、人を支配するための規則ではなく、目的意識のある行動の特質だと考えている。[注12]　そしてその特質は、人生の多くの側面に当てはめられるものだ。

価値観は普遍的ではない。ある人にとって正しいものが、ほかの人にとってもそうとはかぎらない。だが、自分にとって大切なことを見きわめれば、継続性というかけがえのない源泉がもたらされる。仕事上の成功、創造性、絆、誠実さ、利他主義など例を挙げればきりがないが、価値観はいわば、あなたを揺るぎのないものに保つ心理的なバックボーンになってくれる。

しかも一つに絞る必要はない。私の同僚は価値観を「多面体のダイヤモンド」になぞらえ、こんなふうに言う。「ある面を自分の正面に向けるとほかの面はそっぽを向く――だけどそこにあることに変わりはなく、全体の一部であり、プリズムを通して見ることができる」[注13]

価値観の特徴をほかにもいくつか紹介しよう。

自由に選ばれるものであり、あなたに課せられたものではない。

ゴールではない。固定されているわけではなく現在進行形。
あなたを束縛するのではなく、導いてくれる。
静的ではなく、動的である。
自分が望む生き方に近づけてくれる。
社会的比較から解放してくれる。
心の健康に欠かせない自己受容を育む。

だが価値観の最大の特徴は、実利的なところだ。人生を歩んでいくうえで、その人生がどんなものであろうと、正しい方向を向いていられるように助けてくれる。

作家のエリザベス・ギルバートは、旅行記『食べて、祈って、恋をして』（武田ランダムハウスジャパン）の執筆中に、自分自身やこの作品、書くという仕事そのものに疑問を抱く瞬間が何度もあった。[注14]「頭のなかでは、こんなの最悪、という強烈な言葉が繰り返し響いていた」と彼女は振り返る。彼女は思い悩み、自分を作家にした世の中を恨んだ。ところがしばらくすると、心のなかで延々と繰り返していた否定的な自己評価から、ある価値観のおかげで抜け出すことができた。それは自分でも気づかずにいたものだった。

「私が気づいたのは、要はこういうこと——私は社会に対して素晴らしい作品を書くと約束したことは一度もない。約束したのは、ただ書くということだけ。そこで私は誓った通り、執筆に没頭して最後までやり遂げた」

彼女にとって最も重要なのは、書くことで創造する人間になるという信条だ。その信条を見きわめ、忠実に従ったことで、作品を書き上げることができた。後は誰もが知るように、出版史に残る大ベストセラーが誕生した。


価値観を見きわめる手始めとして、ここでいくつか自問してみよう。


心の底で、何が大切だと思っているのか？

どんな人間関係を築きたいと思っているのか？

どんな人生にしたいのか？

たいていの時間、自分はどんな気持ちでいるか？　とくに生き生きとした気持ちになるのはどんな状況か？

奇跡が起きて人生からあらゆるストレスが一気に消えたら、人生はどんなふうになり、自分はどんなことに挑戦するだろうか？


これらの問いに対する答えは、人生の指針を見つける第一歩として役に立つ。はっきりと自覚していなくても、その多くはおそらくすでにあなたのなかにある。たとえば、よく助言や知識を求められる分野はないだろうか？　ある活動や仕事のプロジェクトに取り組んでいると、とくに活力を感じることはないだろうか？　最も自分らしく感じるときはあるか？
問いかけるといっても、何かが正しいか、まちがっているかは問題ではない。それが自分の望む生き方とどう関係しているかだ。自分が何を心から大切にしているのか知れば、それ以外のことから自由になれる。

もし良い親になるのが大事だと思っているなら、「良い親」の一般的な理想像に合わせるのではなく、ほかの誰でもなく、自分にとってそれがどんなものなのかを理解する方がはるかに重要だ。世の中にはいろいろなタイプの親がいる。自分が住んでいる地域や友人関係を見渡しても、これが唯一のあるべき姿というものはない。

子育てについて自問するなら、こんな例が考えられる。「子どもといるときは周囲からどんなふうに見てもらいたいか？　自分を観察するとしたら、どんなところに注目するか？　行動には一貫性があるか？　自分の行動は、良き親であることの核をなす信念と一致しているか？」

もちろん、子育ては一例にすぎない。このような問いは日常生活のあらゆる場面に応用できる。手始めとしてお勧めするのは、毎晩寝る前に次の質問に対する答えを書くことだ。「今日を振り返って、自分がしたことのなかで本当に時間をかける価値のあることは何だったか？」これは、ある一日の行動を良かったこととそうでなかったことに分けるための問いではない。自分にとって何が大切かを知るのが目的だ。

何週間か過ぎてもこの問いに対して書くことが浮かばなければ、切り口を変え、毎朝起きたときにこう自問してみよう。「今日がこの世で過ごす最後の日だとしたら、それにふさわしい日にするにはどうすべきか？」。奥さんとの絆を重視しているのに、彼女が仕事から帰ったときに出迎えていないなら、何はさておき、帰宅と同時にあたたかく抱きしめようと思うかもしれない。何か新しいことをするたびに、時間をかけてすべき価値があったかどうかを判断すれば、自分の価値観に見合った行動や経験のリストがすぐにできあがるだろう。

## 集団の論理に流されないために

二四歳のジョセフ・ダービー兵長はアメリカ陸軍の予備兵だった。(注15)イラク戦争が始まってまもなく招集され、いままでは悪名高いアブグレイブ刑務所に配属された。被収容者に対して身体的・性的虐待を行っていた場所だ。虐待は日常の光景となり、兵士が次々と加担するなか、ダービーは見て見ぬふりをしていた。同僚の看守から虐待の写真を収めたCDを渡されたときでさえ、調子を合わせていた。

「初めのうちは面白かった」と彼はあるインタビューで答えている。だが、虐待をさらに目の当たりにするうちに、それが「自分の信念や戦争のルールについて教えられてきたあらゆることに反している」という思いが募った。(注16)彼は何日か苦悶したのち、上官にCDを差し出した。

これは写真に写っている大勢の兵士たちが起訴される事態へと発展した。

軍の文化では、服従と忠誠の精神が重視される。また、大きなストレスを伴う環境では、結束力の強い部隊のメンバーは危険な集団思考の犠牲となり、本来ならまちがっていると糾弾するはずの、非人道的で野蛮な行動に走るおそれがある。アブグレイブで行われた残虐行為は、集団の論理による強制力が働く現象の典型例にほかならない。

集団行動という引力に逆らうには大きな力が必要だが、ダービーは自分のなかに宿る信念に従うことで重要な決断ができた。自分の価値観を貫くことによって、集団の行動から自由になっただけでなく、虐待を公にする勇気を出すことができたのだ。それでも内部告発が露見するのは恐ろしく、しばらくは枕の下に銃を忍ばせて寝るほどだった。

結果は世界を揺るがすものとなったが、ダービーの選択はむしろ非常に単純だった。彼には容認できる行為について確固たる自己意識があったため、情報提供は当然の決断だったのだ。

本当の自分、そして自分が大切だと信じている何かと結びついたとき、あなたの感情と行動には隔たりがなくなる。そうなると多くの後悔を抱えることも、後からあれこれ思い悩むこともなく、自分の人生を生きられるようになる。

ダービーのような緊迫した状況はめったにないにせよ、それでも誰もが選択を迫られている。生活費のためにクレジット・デフォルト・スワップを売るべきか？　どこに住むのか？　子どもの教育はどうするか？　もっと小さな選択もある。食事をつくるべきか、それともピザをとるか？　歩いて行くか、車で行くか？　ギリシャが欧州連合に加盟するよりはるか前、アリストテレスは友人に諭した。「人間のありようは習慣的な行いによって決まる」

だからこそ、充足に向かう変化を手にするには、自分の価値観をはっきりと理解しなければならない。単にそれが望ましいという話ではない。研究によれば、個人の価値観には意志の力や根気を高め、私たちを有害な社会的感染から守る効果がある。

また価値観は、私たちを無意識のステレオタイプや思い込みから守ってくれる。そういったものに縛られていると、気づかないうちに、難題に立ち向かう力に悪影響がもたらされる。

たとえば、あなたが大学一年の女子学生で、医師になる夢があるとしよう。しかし、事あるごとに「女の子は科学が苦手だ」と言われて育ってきたとする。そして入学して最初の生物の試験でひどい成績をとるなど、一つ失敗をしたとしよう。するとあなたは生物の授業を取るのをやめ、夢をあきらめてしまう可能性が高くなる。

だが、自分にとって何が大切なのかわかっていれば、そうはならない。ある重要な研究によれば、「マイノリティの学生たちは恵まれた立場の学生よりも勉強ができない」という危険な文化的メッセージにさらされているが、自分の価値観を自覚することで、こうした悪影響を退ける効果がある。(注17)

この研究では、アフリカ系とラテン系アメリカ人の中学生に、一〇分間ほど考えてから、自分にとって最も大切なことを書き出してもらった。内容はダンスや家族、政治など人それぞれだが、この単純な課題の効果は驚くほど大きかった。自分の外にある世界や人々との結びつきに意識を集中した結果、白人のクラスメイトとの学力の差がほぼ埋まるほど成績を伸ばすことができたのだ。多くの場合、この効果は高校生になるまで続いた。それは自分の核となる価値観をたった一〇分考えた結果だ。

また、物理学の入門講座を受講した女子大学生に対しても、同様の研究が行われている——性別と科学的能力について疑念が生まれやすい典型的な状況だ(注18)。無作為に選ばれて価値観を確認する課題に取り組んだ学生は、物理の試験でも普段の授業でも、課題に取り組まなかった学生たちより好成績を収めた。自分にとって大切なことを考えた結果、女性の能力に対する文化的疑念にとらわれることなく、本来の能力を解き放つことができたのだ。

私たちがこの地球上に存在できる期間は限られている。だからこそ、自分にとって意味のあることにつながるように、その時間を賢く使う努力をすべきだろう。また、多くの研究からも、自分の価値観をはっきりと自覚することは、より大きな幸福感につながるほか、健康を増進し、夫婦の絆を深め、学業や仕事上の成果の向上にもつながることもわかっている。

ある研究では、被験者たちは核となる価値観をたった一つ確認しただけで、健康を害する習慣を積極的に改めた(そして健康上の問題を解消したいという気持ちをより強く表した)。また、他者の文化的な世界観についてもより寛容になったという(注19)。

私たちは選択をするとき、他人から何が正しいとか、まちがっているとか、大切だとか、クールだとか言われて誘導されるのではなく、自分が正しいと自覚していることを拠り所にすると、たいていの状況において前向きに取り組む力が高まる。見せかけや社会的比較にとらわれることなく、力強く前に進んでいくことができるのだ。

## 自分の価値観を貫く勇気

価値観を知ることは、「理由を考えながら歩む」プロセスの半分にすぎない。いくら自覚しても、実践しなければ意味がない。それには勇気がいるが、怖いもの知らずになろうとしてはいけない。価値観を案内役に、自分にとって大切なことを目指し、恐怖に真っすぐ踏み込んでいくべきだ。勇気とは恐怖を感じないことではなく、恐怖のなかを歩むことである。

ポーランドに暮らしていたイレーナ・センドラーは七歳のとき、医師だった父親からこう言われた。「おぼれている人に出会ったら、飛び込んで助けなくてはいけない」[注20]。第二次世界大戦中にナチスが侵攻したとき、彼女は揺るぎない価値観に従い、近隣のユダヤ人をかくまい、食事を与えた。

戦争が激しさを増すと、センドラーは同じ考えの友人たちと協力して何千通もの書類を偽造し、ユダヤ人家族を悲惨なワルシャワ・ゲットーから逃がす手助けをした。さらには、チフス調査のソーシャルワーカーという立場を利用し、子どもたちを密かに連れ出すようになった。それは恐怖に満ちた行動だったが、彼女はひるまなかった。ゲシュタポに捕らえられて死刑を宣告されたときでさえも。むしろ安堵感を覚えたと、彼女はのちに吐露している。自ら選んだ道だが、つねに恐怖がつきまとう——そこから自由になれると思ったのだ。

やがて、ある看守の手引きを得て彼女は収容所から脱出した。そのまま身を隠すこともできたはずだが、戦争が終わるまで自らの価値観を貫いた。このうえない危険を冒してユダヤ人の救出にまい進したのだ。救った子どもの数は二万一五〇〇人を下らない。

彼女は最後まであきらめなかった。身を潜めて逃げる方がはるかに簡単で安全だったろう。それでもセンドラーは、行動を伴わない価値観は本来の自分の生き方ではなく、ただの願望にすぎないと知っていたのだ。

センドラーのように生死に関わることではなく、「もう寝るべきか、それともあと一時間ネットフリックスを楽しむか」といった平凡なことでも、私たちは必ずや「選択点」と呼ばれる人生の分岐点に差しかかる。(注21) ただしこれは、「靴は黒と茶色のどちらにするか?」「ラテとカプチーノのどっちがいいか?」といった選択とは違う。

選択点ではいつでも、「理由を考えながら歩む」機会が与えられる。あなたは自分の価値観に「近づく」方向に進み、理想とする人物に近い行動をとるのか、それとも価値観から「遠ざかり」、それに反する行動をとるのか? 価値観に「近づく」行動を選ぶ機会が増えれば、人生はそれだけ生き生きとして、充実し、意義あるものになるだろう。だが難しい考えや感情、状況にとらわれたときは、自分の価値観から遠ざかりやすくなる。(注22)

あなたが人間関係を重視し、結婚したいと願っているなら、インターネットでデートする相手を見つけたり、料理やロッククライミングの教室に参加したり、興味を分かち合う相手が見つかりそうな読書会に参加したりして、その価値観を行動に移すことができるだろう。自分は内気だから、あるいは神経質だからそんなことできないと尻込みしていたら、みすみす価値観から遠ざかることになるし、それは自分の信念に真っ向から反することにもなる。

たとえば、もっと健康になりたいと思うなら、食事を変えるとか、ジムに通うとか、エレベーターではなく階段を使うだけでも第一歩になる。もちろん、頭のなかで思うだけではダメだ。実行しなければならない――もしくは「理由を考えながら歩む」と言うべきか。

自転車に乗ってバランスを保てるのは、動いているときだけだ。価値観についても同じことが言える。

## 対立する目標で板挟みになったとき

あなたはこれまでに、二つの選択肢のあいだで板挟みになったことがどれぐらいあるだろうか。仕事か家庭か？　自分と他人、どちらの面倒を見るのか？　精神的なものか世俗的なものか？　あるいは、こう言い換えることもできる。価値観が複数あり、それぞれに近づこうとすると反対の方向に引き裂かれるなら、どうすればいいのか？

鍵となるのは、これらの選択肢を優劣ではなく、対等だが異質なものと考えることだ。すると決断の理由を見つけるのはすべて自分次第ということになる。どれか一つが優れているから決断するのではなく、とにかく決断するしかないからだ。賢明な決断をするには、自分を十分に理解していなければならない。

哲学者のルース・チャンはこう言っている。「選択は個々の人間のありようが特別であることを称える機会だ……我々は自分が特別な存在になる理由をつくり出す力をもっている(注23)」

私たちが価値観の対立だと思っているのは、実は目標の相違であったり（価値観は目標ではないことも重要だ）、時間管理の問題であったり、計画や行動の方針に従うことの難しさであったりすることが多い。また、人間は二つの場所には同時にいられない。多くの人が向き合う最大の問題の一つは、仕事と生活のバランスだ。私もそうだが、仕事と子どもやパートナーと過ごす時間とのあいだには、つねに綱引きが存在する。

だが、その選択が実は、仕事と家庭のどちらかを選ぶことではなかったらどうだろう？　対立して引き裂かれることではなく、両方に十分に力を注ぐことだとしたら？

たとえば、あなたはこう考えているとしよう。「私にとって大切なのは、愛情深い親であることだ。その愛情を子どもたちとの触れ合いに注ごう」。そしてさらに、「私は仕事で高い生産性を発揮することを重視している。だから毎日それを実践しよう」。これは次のように言うのとはまったく違う。「私にとって大切なのは愛情深い親であることだ。だから毎日何としても五時にはオフィスを出よう」。最初の考え方をすれば対立は解消され、人生における可能性が広がるだろう。

価値観は行動の量ではなく質と関係しているため、価値観を具体化するのにかける時間の長さは、必ずしもその重要性を反映しているわけではない。また、大切な人と過ごす貴重な時間や、仕事中の限られた時間に深いかかわりをもつことを制限するわけでもない。プロジェクトを仕上げるために一日一二時間働かないといけないとしても、妻や夫に一言メールやメッセージを送るといった簡単なことをするだけで、愛情深いパートナーでありたいという価値観を守れるはずだ（心理学では「社会的間食」と呼ばれる行動）。

出張を避けられないこともあるが、家を離れていても、子どもたちが寝る時間に合わせて毎晩電話をかけ、心を込めて話をすることはできる。このような価値観を守るには、あまり遅くならずに帰宅できるように職場ではもう少し力を入れ、効率よく働く必要があるかもしれない。全米大学バスケットトーナメントの賭けを取り仕切ることや、会社のソフトボールクラブでピッチャーを務めるのをあきらめないといけないかもしれない。だが、あなたがどれだけ家庭生活を重視しているかという観点から考えれば、どちらを選ぶべきかは簡単に決められる。

もっと複雑な状況もある。仕事の都合で息子の誕生日と出張がどうしても重なるときは、子どもとの絆をどんなに大切にしていても、家にいるのは無理だろう（子どもを養うことも大切なのだから）。だが、愛情深い親であることを重視しているなら、愛情を表すほかの方法を見つけられるはずだ。出張前に誕生日パーティーをしたり、当日に特別なものを届けたり、ビデオ通話でパーティーに顔を出したりもできるだろう。

私たちは誰もが状況に応じて異なる価値領域に生きているが、そのうちの一つに身を置いても、それ以外の価値観を軽視することにはならない。

難しい選択をするのは、実は自分を解放することにもつながる。本当の自分がどんな人間なのかはっきりさせる力になり、誰もが秘めている自分の人生を築く力を証明できるからだ。選ばなかった道をあきらめることに伴う痛みを積極的に受け入れられれば、自分の決断を尊重し、心に何の曇りもなく前に進むことができるだろう。

実際、価値観は窮屈なものでも、制約を課すものでもない。それどころか、継続的な支えとなり、本来なら自分に認めなかったような自由をもたらしてくれる。また、自分の価値観を知ることで、新しい経験に対して柔軟でオープンにもなれる。私たちは自分の価値観をうまく利用して、意識的で満足感のある自分に「近づく」行動に集中し、悩んでばかりで非生産的な自分から「遠ざかる」行動を減らすことができるはずだ。

ただし、価値観を体現したからといって（つまり理由を考えながら歩んでも）、人生の困難が消えるわけではない。信念がどんなに強固でも、明確な決断をしたとしても、誰もがジレンマに直面する。価値観に近づくことは、必ずしも楽しいわけでも、簡単なわけでもない。少なくともその時点では。

たとえば、社交が苦手なのに友だちからパーティーに招待されたら、いちばん簡単なのは断ることかもしれない。だが、あなたが友情を心から重視しているなら、イエスと言うはずだ。パーティー会場に着いてしばらくは居心地の悪い思いをするだろう――家にこもっていたときよりは。だがそれは、意味のある人生を送るための入場料のようなものだ。

エリザベス・ギルバートは自分の執筆に集中するようになってからも、創作の過程は相変わらずつらく厳しいものだと気がついた。ダービー兵長とイレーナ・センドラーは、信念に忠実であることは、人生を楽にするどころか、さらに厳しいものにする道を歩むことになると思い知った。私は著名な霊長類学者ジェーン・グドールと、深遠なやり取りをしたときのことを思い出さずにはいられない(注24)。彼女は動物の保護活動に献身してきた輝かしい経歴のなかで、よく涙を流した時期があったという。

のちにある友人とそのことについて話したとき、どうしてそんなに悲しく思ったのかと聞かれたそうだ。「それで私は、自分でも本当にびっくりするようなことを言ったの。それまで一度も思い浮かばなかったことを」とグドールは私に言った。「『自分が利己的になる権利を手放してしまったことが身にしみて、それで泣いていたんだと思う』って。おかしいでしょ?」

私の同僚はジレンマについてこんなふうに語っている。「心はこう言ってる。『価値観に従ってこれをすれば、選択をした後に後悔することも、葛藤することもないと思っていたのに』。ところが選択するしかないことに変わりはないんだ」(注25)

選択には喪失がつきものだ。選ばなかった道をあきらめるのだから、どんなときもある程度の痛みや悲しみ、さらには後悔を伴う。自分がなぜそうしているのかは理解できる（「自分がしたことのなかで本当に時間をかける価値のあることは何だったか？」という問いを思い出してみよう）。それでもやはり、不安や悲しみはなくならない。

大切なのは、あなたはそうした難しい感情を機敏に乗り越えるための、本当の投資をしているということだ。仮に自分の選択がまちがっていたとしても、適切な理由に基づいて決断したのだとわかっていれば、少なくとも慰めにはなるだろう。あなたは勇気と好奇心、そして自分への思いやりとともに、自分自身に向き合えるはずだ。

私はかつて、死期が迫っていると告げられた女性の話を聞いたことがある。彼女は医者に「希望はありますか？」と尋ねたそうだ。

すると医者はこう応じた。「何についての希望ですか？」

その言葉が示唆しているのは、私たちは死を前にしても（いまこの瞬間も、私たちの誰もが死にゆく過程にある）、価値観に沿って残りの日々をどう生きるか選択できるということだ。

私は友人で同僚のリンダが筋萎縮性側索硬化症（ＡＬＳ）と診断されたとき、この話を思い出した。リンダは子どもたちを愛し、友だちを愛していた。それから踊ることも大好きだった。症状が進むにつれてひどい痛みに襲われたが、彼女はその痛みに耐え、ＳＮＳに愛と生命力にあふれる投稿を続けた。リンダは選択点に立たされたとき、価値観に近づく行動をとり、絆を保つことを選択したのだ。

彼女は死が迫り、ホスピスに移る直前にこう書いている。「私はあの神聖な場所で、自分の人生と死について考える静かな時間を過ごそうと思っています。これは幸運なことです。多くの人は自分の使命を評価する機会もなくこの世から去ってしまうのですから……私が静かに考えているあいだ、あなたたちには踊ってほしいと願っています」

自分がどんな人間で、どんなことに敬意を表しているのか理解することで、あなたは何よりも強力な道具を携えて人生の選択をできるようになるだろう。真の自己という強力な道具を。だから、踊れるかぎり踊ろう。

7章

ステップ❹

# 前進する
## ——その①小さな工夫の原則

MOVING ON: THE TINY TWEAKS PRINCIPLE

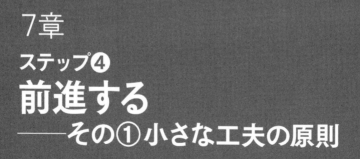

シンシアとデイビッドは、お金のことで言い争っていた。（注1）シンシアは何カ月ものあいだ、少なからぬ犠牲を払って節約に努め、いざというときのために貯蓄してきた。将来何が起きるかわからないのだから。ところが、夫はそのお金を家族でグランドキャニオンのラフティング旅行に行くのに使いたいと言い出した。

悪い考えではない――休暇を楽しむのはもちろん賛成だ。だがシンシアは、今回はもっと手ごろな休暇がいいと思っていた。ところがデイビッドの主張は違った。「子どもたちはいつの間にか成長してしまうんだ」と訴えた。「僕らだって年をとって自由に動き回れなくなる。この旅行のことは何年も前から話し合ってきたじゃないか。いま行かなくて、いつ行くんだ？」

口論は次第にヒートアップし、昔の出来事まで持ち出され、怒りの渦に巻き込まれていった。「あなたって、お父さんそっくり！」「そうかい、きみだって母親そっくりだ！」

とそのとき、シンシアはふと視線を落とした。「その靴下どうしたの？」

デイビッドは少し気を緩めて視線を落とし、初めて気づいたかのように真っ黒になった足先をまじまじと見た。「昨日の夜、アライグマが庭に入ってきたから追っ払ったんだ」と、彼は少し考えてから言った。「靴を履いているどころじゃなくて」

二人は目を合わせ、それから吹き出した。それまでの緊迫感は一点の曇りもなく消え去った。

お金をめぐる言い争いは世界中の家庭で繰り広げられているが、二人の口論が変わっていたのは、心理学者から撮影されていたということだ。研究チームは「ごく一般的な生活環境のなかで」夫婦を観察したいと考えた。しかし自宅に乗り込むわけにもいかないので、次善の策として研究所にワンルームの住居を用意した。それはシアトルのワシントン大学内の公園のような場所にあり、簡易キッチンと家具、テレビ、音響システムが備わっていた。

調査に協力した数組の夫婦は、日曜日の朝から二四時間監視されて過ごした(一度に一組ずつ)。普段の週末に欠かせないものは、すべて持参するよう指示された——映画、本、あるいは仕事など。それ以外の指示といえば、普段と同じように一日を過ごすということだけだった。夫婦が過ごした二四時間のうち、午前九時から午後九時までの一二時間が撮影された。

研究チームが知りたかったのは、参加者たちが「精神的につながる試み」をどのように行い、それにどう応じるかということだった。シンシアがデイビッドの靴下について質問したように、和解の手を差し伸べる努力にはとくに関心が寄せられた。研究者たちは、感情が込められた度合いに応じて、それぞれの試みを序列化した。程度の低いものから順を追って例を挙げよう。

相手の注意を促す単純な試み——「すてきなボートがあるわ」

相手の興味を引こうとする試み——「あなたのお父さんが乗ってたボートもあんな感じじゃなかった?」

積極的に関わろうとする試み——「ねえ、あんなボートがあれば私たち世界中を回れるわね」

会話を広げようとする試み——「最近、お兄さんに電話した? ボートの修理はもう終わっ

**たのかしら？」**

ふざけようとする試み――**新聞を丸めて相手の頭を軽くたたき、「見て。一日中あんなふうに過ごしてみたいな」**

ユーモアを楽しもうとする試み――**「ラビも司祭も精神科医もセーリングを楽しんでる」**

愛情を示そうとする試み――**「ハグして」といった言葉。言語以外の表現も使われる。**

精神的な支えを求める試み――**「どうしてあのとき昇進できなかったのか、いまだにわからないの」**

自分のことを語らせようとする試み――**「子どものころ、おじいさんとセーリングをしたときはどんな感じだったの？」**

研究者たちは、カップルの一方がこうしたきっかけを提示したとき、それを受け止める側の反応を三つのタイプに分類した。第一に、積極的に相手に「向き合う」タイプ。軽く相づちを打つとか、真剣に会話に加わるなどだ。第二に、「受け流す」タイプ。たいていはコメントや問いかけを無視する。第三に、「拒絶する」タイプ（「ちょっと、いま本を読んでるの！」）。

表面的にはささいなことに見えても、こうした反応のタイプは夫婦の将来を予測する有力な材料となる。六年後の追跡調査によると、どちらか一方が一〇回の問いかけのうち三回しか親身に反応しなかった夫婦は離婚していた。対して、一〇回中九回は親身に応じていた夫婦は、

結婚生活を続けていたという。（注2）

結婚生活では、親密さを表すか無視するかという一瞬の反応が、その後の関係の良し悪しを形づくる。小さな振る舞いが自分たちの身に跳ね返り、時とともにこじれていく。一回ごとのやりとりは小さくても、それが積み重なっていくのだ。どちらかが偏狭さや怒り、あるいは寛大さや愛情を表現するたびにフィードバック・ループが形成され、それが関係全体を悪化させるか、より幸福なものへと導くことになる。

## 小さな変化を起こすべき三つの領域

一九五〇年代、キティ・カレンが熱い恋心を歌った「小さなことに大きな意味がある」という曲を大ヒットさせた。まさに彼女の言葉のとおりだ。小さなことに変化を加えるだけでも大きな力になる。そこには、自分にとって本当に大切なことへ近づくチャンスがある。

自然は急激な変化よりゆっくりとした進化を好む。数々の研究からも、小さな変化は私たちが目標を達成する能力を飛躍的に高めることが示されている。だから、人生を変える最も効果的な方法は、仕事をやめて僧院にこもるのではなく、セオドア・ルーズベルトの言葉を借りるなら、いまあるもので、いまいる場所でできることを実践することだ。

一つひとつの小さな工夫は取るに足らないとしても、それが映画の一コマだとしたらどうだろう。それぞれのコマを一度に一カ所ずつ変え、それをすべて合わせたら、ずいぶん違った映画に仕上がるはずだ。まったく違う結末になるかもしれない。

もしあなたが船を操ったことがあれば、進路を一、二度変えただけでも対岸に着いたときの場所が大きく変わるのはご存じだろう。大海原の航海ともなれば、はるかに大きな影響が出ることを想像してみよう。

問題への対処法が壮大すぎると（「新しい仕事が必要だ！」）、ストレスを招きかねない。だが、小さな工夫があれば（「自分の専門分野以外の人と、週に一度は何か一つ議論しよう」）、失敗するリスクは少ない。(注3)失うものがないと知っていれば、ストレスは減り自信が高まる。「これならできる」という感触がつかめれば、さらに情熱を傾け、独創的になれる。小さな変化に着目すれば、意味ある目標へ向かって前進したいという、人間の根源的な欲求を引き出せる。

小さな変化を起こす領域として、「マインドセット（自分の信念）」「やる気」「習慣」が挙げられる。三つの領域で起こす小さな変化は、生涯にわたる大きな変化につながっていく。

## マインドセット――固定観念にとらわれない

心理学教授のアリア・クラムは、ホテルで清掃に従事している八四人の女性を対象に、マインドセットに小さな工夫を加える実験を行った。(注4)この勤勉な女性たちは、長時間のシフトを終えると帰宅して家事をこなしていた。ジムで運動する時間はないし、食生活はおそらくカフェインと砂糖たっぷりの典型的なアメリカスタイル。そのため、ほぼ全員が標準体重を上回っているか、肥満気味だった。

クラムの着想はごくシンプルだ。彼女たちに、自分の仕事を違った角度から捉えるように促したらどんな変化があるか？　定期的に運動できないと言い訳するのではなく、一日のうちの多くの時間を費やしている仕事が、実は運動だと考えたらどうなるか？

特別に恵まれた境遇の人は別として、普通の人は家を隅から隅まで掃除するのがどんなに疲れるか知っているだろう（だから実際にそうする人はめったにいない）。想像してみよう。週に何日か、ホテルの一五の部屋とバスルームで一日中かがんだり、押したり、もち上げたり、ほこりをはらったり、掃除機をかけたりしたら、どれほど疲れるか。

ホテルの清掃係たちは、ジムで汗を流したり、プールで何往復もしたりするわけではないから、自分たちの仕事をれっきとした運動だとは捉えていなかった。だが彼女たちの日々の労働は、アメリカの公衆衛生局が健康維持のために勧める運動量をはるかに上回っていたのだ。

クラムは清掃係を二つのグループに分けた。どちらにも運動の重要性を説明したが、一方のグループにだけ、彼女たちが推奨される一日の運動量を満たしていることを伝えた。

クラムが行ったのは、それだけだった。

それから四週間、生活上ほかに何の変化もない状態で過ごしてもらったところ、「自覚した」

グループの女性たちは、「無自覚の」グループに比べて血圧が下がっていた。体重も減り、体脂肪率とウエスト対ヒップの比率も改善した。マインドセットに加えた小さな工夫が大きな差を生んだのだ。

## 固定型マインドセットと成長型マインドセット

キャリアを歩み始めたころの私は、学生のための臨床心理士として訓練を積み、メルボルンにある大学の診療所で患者を診ていた。ほぼ週に一度、年上の同僚で責任者のマイクと、私が担当する最も難しい症例について話し合った。

当初は、患者たちの抱える問題があまりにも複雑に思えた。自らの力不足を感じて途方に暮れていた。何年も毎週欠かさず診療所に通っているのに、何の改善も見られない人もいた。正直なところ、何週間か過ぎた時点では、勉強したことのすべてが的外れで、誰も助けられない気がしていた。そしてカルロスに出会った――それを機に、私は自分の無力さを確信した。

三七歳のカルロスは失業して九年になり、八年前に離婚していた。最初の面談のときはアルコールの臭いがした。

「物心ついたときからずっと憂うつだ」とカルロスは言った。自分のなかの何かが壊れていると思い込み、アルコールを自己流の治療とし、それがあらゆる問題を悪化させていた。

「この人の力になれるとは思えない」。私はその晩、マイクに言った。「彼はこれまでずっとうつ病を抱えてきたんだから。彼には何の拠り所もないし。きちんと治療に通ってくるとは思えない。たとえ通ってきても禁酒はしないに決まってる！　とても変われるとは思えないわ」

マイクは微笑み、私がカルロスの問題に「固定型マインドセット」で臨んでいると言った。

「固定型マインドセット」と「成長型マインドセット」は、スタンフォード大学の心理学者キャロル・ドゥエックの研究と、その著書『マインドセット』（草思社）によって広まった概念である。前者（固定型）の人は、自己に関する「実体理論」に従い、知性や個性といった重要な資質は固定された特徴であり、変えられないと信じている。対して、後者（成長型）の人は、これらの基本的な資質は「柔軟」で、学習や努力によって向上させられると信じている。[注5]

どちらのマインドセットになるかは、資質によって変わる場合もある。たとえば、数学の能力については「固定型」（「数字はまるでダメ」）だが、人付き合いとなると「成長型」（「新しい同僚ともっと良く知り合わないと」）だという人もいる。

複数の研究から、変化に対する信念は、その人の行動に多大な影響を与えることがわかっている。[注6]知能が固定されていると信じる子どもたちは、努力によって高められると信じる子どもたちに比べ、難しいと感じる授業での成績が悪かった。要するに、変化に対してオープンで、向上できると信じている人は（そして努力が重要だと信じている人は）、自分の行為に対して当事者意識をもって、難しい課題に挑む。そのため挫折や失敗をしてもあきらめず、ストレスのたまる状況でもやり抜くことができるのだ。

また、マインドセットは磨きをかけ、変えられることもわかっている。(注7)「頑張って勉強したね！」と言って子どもの成果を褒める親は、成長型マインドセットを促す。ところが、「Aをとったのね！　あなたって天才！」と言う親は固定型マインドセットを助長する。子どもが成功は生まれつきの知能で決まり、その知能は固定的であると信じるようになれば、やがて学習内容が難しくなり、スペイン語や微分積分の入門クラスで苦労するようになったとき、自分には無理だと思う可能性が高くなるだろう。

ただしドゥエックは、成長型マインドセットは、単にがむしゃらに努力することではないと忠告する。(注8)子どもが何時間も勉強しているのに、成績が横ばいか、理解度が向上しないときは、ほかの手段を考えるべきだ。また、親は子どもの努力をただ褒めるのをやめないといけない。娘が歴史のテストで落第したときに「頑張ったじゃない！」と言えば、子どもの気分はよくなるかもしれないが、成績の向上にはつながらない。反対に「あなたがどんなふうに勉強して、次は何ができるか話し合ってみましょう」と言えば、効果があるかもしれない。

最近のある研究では、基礎的な高校数学の習得を目指すコミュニティ・カレッジの学生を対象に、単位の取得率を上げる実験が行われた。(注9)予想通り、数学の能力が基準に達していない学生たちは、遅れを取り戻そうとして数々の壁にぶつかった。とくに四年制大学への編入を目指している学生にとっては死活問題だったが、数学の補習クラスに入れられると、自分はもう見込みがないと絶望するおそれがあった。

この研究では学生の半分に対し、人の脳は（大人の脳でさえも）訓練によって成長し向上すると解説した記事を配り、読んだ内容をまとめる課題を与えた。ほかの記事を配られた対照群に比べて、脳は柔軟であるというメッセージを受け取った学生たちは数学で落第する割合が半減し、成績も上回った。これはひとえに、マインドセットに小さな変化を加えた効果だった。

カルロスの件では、私のマインドセットは固定されていた。彼を助けられるとも、彼がセラピーを最後までやり通せるとも考えていなかった。だが、私の指導係のマイクは、違った見方をしていた。彼は私のマインドセットをほんの少し変えて、この状況を徒労ではなくチャンスと捉えられるように指導してくれたのだ。

何よりもありがたかったのは、私が結果にばかりにとらわれず、プロセスのなかの小さなステップに注目できるよう後押ししてくれたことだ（カルロスを「治す」ことに「成功」しなければならないと考えるのではなく、たとえば、治療の各段階においてどんなスキルが必要なのか、信頼関係を築くにはどうすればいいか、といった要素の重要性に気づかせてくれた）。おかげで私の思考は自由になり、知識とエネルギーをプラスの方向に向けられるようになった。

新年の誓いではないが、変化というのは一度限りの出来事と思われがちだ。しかし変化はプロセスであって、一度かぎりの出来事ではない。このプロセスに注目すれば、失敗してもかまわないし、そこから学び、長期的に見て自分の能力をさらに高められるという自信がつく。

## マインドセットで寿命や健康さえも左右される

マインドセットに関する理論は、知能や学問的な成功との関係で扱われることが多いが、応用の範囲は広い。広い世界のなかで自分をどう位置づけるかという難問についてもマインドセットが重要であるし、マインドセットのありようが生死を分けることさえある。
あなたは次の問いにどう答えるだろうか？

### イエスかノーか？

①老人は無力だ
②年を取るにつれて、人生の状況は悪化するだろう。
③今年の私は、昨年より元気がなくなった。

イェール大学公衆衛生大学院のベッカ・レヴィは、このような問いに研究参加者がどう答えるかを調べ、彼らの健康状態を数十年にわたって追跡調査した。(注10)「イエス」と答えた人（加齢を避けがたい衰えや障害と見なしている人）は、歳を取るにつれて呼吸器疾患から聴力低下、早死に至るまで、さまざまな疾患にさらされる可能性が高くなるという。

約四〇年後の追跡調査では、加齢を否定的に捉えていた人々は、前向きに捉えていた人々に比べ、心臓発作や脳卒中の経験率が二倍に達していた[注11]。特筆すべきは、年齢や体重、血圧、長期的な健康状態、コレステロール、家族歴、喫煙歴など既知の危険因子の影響を調整してもなお、その差が縮まらなかったことだ。つまり、長期的な健康状態に影響を与えていたのは、調査開始時の身体的な状態ではなく、マインドセットだったのだ。また、加齢に対して否定的見解を抱いている人は、前向きな未来に向かって心を開いている人よりも七・五年も早く死亡するという分析もあった[注12]。

これは加齢に伴う難点を否定するものではない。腰痛や膝のこわばりも、手の甲に見慣れないシミを見つけるのも愉快なことではない。しかし、こと判断力や対処能力となると、衰えの感じ方は思い込みに左右されがちだ。車の鍵が見つからないとき、二四歳であれば、「まいったな。昨日は遅くまで遊びすぎたかな」「考えることが多すぎるんだ」などと思うだろう。ところが五〇歳となると、「まずい、老化現象か」という解釈に飛びつきかねない。

しかし、五〇歳、八〇歳になっても、若い頃と同じぐらい考え事を抱えている場合もある。複数の研究によると、一般的には年齢を重ねた方が、若いときに比べて人生に対する満足感が高く、仕事上の間違いが減るという。また、思考力や記憶力も、さまざまな点で年齢に伴って「向上」する[注13]。にもかかわらず、否定的な思い込みにとらわれていると、このような事実が目に入らなくなるのだ。

脳は信じていることに深く執着する。私たちがある自発的な動きをするとき、その一〇〇〇分の数秒前に、脳は準備として脳波を発生させる。（注14）そうして初めて、必要な筋肉に活性化シグナルが送られる。このプロセス（準備電位とも言う）は無意識のうちに行われるが、作動させるのは私たちの意図にほかならない。したがって、自分自身の主体性や能力に対する意識を低下させると、脳の準備電位を弱めることになる。

自己に関する柔軟な感覚は、感情の敏捷性《エモーショナル・アジリティ》（EA）の基礎になる。成長型マインドセットを備え、自らを人生の主体と考えている人は、新しい経験を進んで受け入れ、積極的にリスクをとり、粘り強さや、失敗から立ち直る力《レジリエンス》においても優れている。（注15）また、他人の意向や価値観に漫然と同調せず、独創的で創意に富む傾向が高くなるという。（注16）こういった要素がすべて融合すると、経営幹部レベルでも、研究開発でも、レンジャーの養成でも、人間関係でも、より良い成果がもたらされる。

たとえ単なる「文法」の違いにすぎなくても、自己意識を高める工夫にも顕著な効果が認められる。ある研究では選挙に先立って有権者に質問をした。（注17）質問文は二種類で、「投票」という単語を動詞と名詞で表現した――「あなたにとって、明日の選挙で投票することはどのくらい重要ですか？」「明日の選挙で投票者になることはどのくらい重要ですか？」

動詞を用いた文は、投票を忙しい一日のなかでこなすべき用事の一つとして提示している。ところが名詞を用いた文は、投票を価値ある存在（投票者）になる機会と位置づけている。「投票する」を「投票者になる」と言い換えただけで、投票率が一〇％も上がったのである。

私たちには誰でも、自分の個性やアイデンティティに関して変えたいと願っていることがある。だが、努力して壁にぶつかると、変えようのない運命のようなものに気を取られてしまう。そしてこんなふうに嘆くのだ。「私は太ってる。昔からそうだったし、これからもそうなんだ」「私はちっともクリエイティブじゃない。医者か会計士になれと言われてきたんだから」

あなたのマインドセットを変化させたいなら、まずは自分自身と世の中に対する見方を変えることから始めよう。それは変えようがないと思えるかもしれないし、あなたが大切にしている事柄と衝突すると感じるかもしれない。それでも見方を変えられたら、今度は学び、試し、成長し、変わることに積極的に向き合おう。一度に一歩ずつでかまわない。

## やる気――強要されるのか、自発的に取り組むのか

私の母はものすごくタフで、娘を育てるにあたり、代々伝えられてきた女の知恵のようなものを口にすることはなかった。「男の子には気のないふりをしなさい」とか、「九月一日以降は白い服は絶対に着てはいけない」とは言わなかった。その代わり、こう言ったものだ。「スーザン、いつでも必ず、『ふざけるな』って言えるお金を稼ぐんだよ！」

父の亡き後、母は女手一つで子ども三人を育てることになり、しばらく生きるのに必死だっ

た。企業に文房具を販売する事業を営みながら、日々の生活をやりくりしていた。母はこの仕事を心から嫌っていた。毎朝五時に起き、ペンや鉛筆などさまざまな文房具を小分けにし、ヨハネスブルグのあちこちに配達した。帰宅すると顧客から注文を取り、帳簿をつける。疲れ切った体をベッドに沈めるのは真夜中だ。愛する夫を失った悲しみに耐えながら、子どもたちが悲しみを乗り越えられるように手助けし、衣食や教育に支障が出ないようにしてくれた。

母は境遇に縛られる苦痛を、身をもって味わっていた。自分がしたいことではなく、するしかないことに基づいてすべてを決断しなければならない境遇だ。そのため、私をそんな運命から遠ざけたいと願っていた。「あんたは『ふざけるな！』って言えるように、いつもお金をたっぷり蓄えておくんだよ」と母は言った。だから私は、お金のせいで大嫌いな仕事やためにならない人間関係に縛られる羽目に陥ることはないだろう。

母が私に「ふざけるな資金」の準備を勧めたのは、単なる資産上の助言ではなかった。自主性がいかに重要かをことあるごとに力説した。外からの力に強要されるのではなく、自分の自由な意志と選択によって行動する原動力をもつよう、教えてくれたのだ。自主性を確保すること（「するしかない」ではなく「したい」という気持ちから生まれる力を確保すること）は、大きな変化に向けて進むべき道を微調整するのに必要な、もう一つの条件である。

テッドはロンドン在住の私のクライアントで、やがて私たちは親友になった。彼は二〇キロ近くも体重オーバーだったが、出張が多く、健康的な生活習慣を保つのが難しいせいだった。

長時間のフライトを終えてホテルに着くと、疲れと空腹、家族と離れた寂しさから、まずはチーズバーガーとビール二本で落ち着くのがささやかな楽しみだった。テレビを見て飽きてくると、ミニバーのお菓子につい手が伸びてしまう。妻と医師は食事制限と運動をさせようとしたが、「するしかない」ことはわかっているのに、どうしても実行できなかった。

夫妻は遅く結婚したため子どもができず、ルーマニアからアレックスという名前の男の子を養子に迎えた。アレックスは幼いときに親を失い、何年も胸が張り裂けるような状況のなかで過ごしていた。囲いつきの子ども用ベッドに放置され、歩くことも、周囲を探検することもできなかった。また抱き上げられることも、触れられることも、話しかけられることもめったになく、栄養状態が悪すぎたせいで長期学習障害を発症した。

こんな苦境にもかかわらず、アレックスには芸術的才能があり、自分の内面を感情豊かに描くことができた。ある日、一〇歳になっていたアレックスは、自分が捨てられ、一人ぼっちで寂しそうにしている絵を描いた。タイトルは「孤児」とつけられていた。テッドはそれまで、同じテーマの絵を見ても驚かなかった——アレックスはよく幼いころの記憶を描いていたからだ。

ところがこのときは、絵のなかの子どもが幼児ではなく、若者だということに気づいた。テッドが尋ねると、息子は泣き出した。そして泣きじゃくりながら、お父さんが不健康な生活習慣のせいで数年以内に死んでしまい、また父親のいない子になるのだと「気づいた」と言う。

この瞬間、不健康な生活習慣は、「変えないといけない」ものから「変えたい」と強く願うものへと変わったと、のちにテッドは語る。純粋にわが子への愛情とアレックスの成長を見守りたい気持ちが高まり、健康になろうという意欲が心の底から湧き上がったのだ。

テッドは小さな変化を起こし始めた――揚げ物の代わりにサラダを注文し、出張中はミニバーのお菓子を目の届かない場所にしまい、できるだけタクシーに乗らないで街を歩くようにした。やがて変化は成果となって表れた。彼は減量に成功し、その状態を維持し、出張中かどうかに関係なく、いまでも健康的な習慣を守っている。なぜなら、そうしたいと願うからだ。

## 本能は、意志の力に勝る

価値観と行動を一致させようとするとき、自制心など意志の力を頼りにすることもある。だがこれが至難の業であるのは周知の通りで、最良の結果はめったに得られない。重い足取りでジムに通うものの、予定していたプログラムをこなせたことはどれくらいあるだろう？　仕方なく親や身内に電話をかけても、意味のある会話はどれくらいできただろう？

能動的ではなく、義務感に駆られて何かに取り組んだときは、いずれ心のなかで前向きな決意とやる気のなさがせめぎ合う。たとえ健康の増進や家族との絆を深めるといった最終目標が、自分の価値観と一致しているときでさえも。

二五〇〇年前、プラトンは内面的葛藤を、タイプがまるで違う馬に引かれる二頭立て馬車になぞらえた。一方の馬は情熱を表し（私たちの内なる衝動や憧れ）、もう一方は知性を表している（理性的で道徳的な精神）。自分のしたいことと、すべきことのあいだで、つねに相反する方向に引っ張られている状態である。私たちはその馬車の御者であり、目的地に到着できるよう、両方の馬を手なずけて導くことが仕事なのだとプラトンは考えていた。

　プラトンの理解は科学的に見ても的確だった。現代の神経画像技術によって明らかにされたところによると、脳内の報酬を求める本能的システム（情熱）が冷静で長期的な目標（知性）と対立するたびに、脳はそれを抑制しようとする。(注18)

　あなたが健康的な食生活を望んでいるとしよう。そんなとき、レストランでデザートのトレイにおいしそうなチョコレートムースがあるのが目に入る。すると脳内の快楽と関係する領域、側坐核《そくざかく》が活動し始める。「おや、あのチョコレートムースを食べたいのね。でもダメ、自分に言い聞かせないと。食べちゃダメだって」。そしてデザートをあきらめる強さを発揮するときは、下前頭回《かぜんとうかい》という自制心に関わる領域が作動する。この両方の領域が働くことで、脳は文字通り「自分自身と闘っている」のだ。

　状況をさらに複雑にするのは、卑しい本能の方が有利なスタートを切ることだ。これもまた神経画像によって明らかにされているが、人間は選択を迫られたとき、味覚のような本能に関わる要求の方が、健康に関わるものより一〇〇〇分の一九五秒早く処理されるという。(注19)言い換えると、脳は意志の力が姿を現すよりかなり前に、特定の選択を促しているのだ。

ある実験結果からも、そのことがうかがえる。「将来のある時点で」果物とチョコレートのどちらを選ぶかという質問に対し、七四％が果物を選ぶと答えた。ところが、いざ目の前に差し出されると、七〇％がチョコレートに手を伸ばしたという。(注20) これこそが脳の仕組みである（原始的な衝動の方が、熟考した末の判断に勝る）。だからこそ、あなたのなかの「教師」が声高に警告しても、目指すところへ導いてくれる可能性はきわめて低い。

とはいえ、馬車を引く二頭の馬のせめぎ合いを避けることはできる。テッドと同じように、目標を「するしかない」とか「すべきだ」ではなく、「したい」という欲求に変えればいいのだ。そんなふうに動機に小さな工夫を加えれば、自分のなかの情熱と知性のどちらが勝るのか心配しなくてすむ。なぜなら、どちらも調和して機能しているからだ。

本人の純粋な興味や価値観（「なぜ」に相当する）を反映した目標が、本心から「したい」と望む目標だ。この種の目標を追求するのは、自分の楽しみのためか（本来備わっている興味）、目標そのものが重要なためか（認識された興味）、目標が自分の核となるアイデンティティに同化しているか（統合された興味）のいずれかだ。(注21) 注目すべきは、これらの目標は私たちが自由に選べるということだ。

ところが「するしかない」目標は、口うるさい友人や身内を含む他人から押しつけられるものだ（「そのお腹どうにかしなきゃ！」）。もしくは、内なる声や対外的な目標に対する自分自身の義務感によって強要されることもある（「大変！　まるで飛行船みたいな体型！　これじゃ結婚式に出られない！」）。これは、恥をかきたくない気持ちが関係していることが多い。

あなたがもっと健康的な食生活を選ぶのは、容姿をめぐる恐怖や恥ずかしさ、不安といった感情からかもしれない。あるいは、健康は心地良く人生を楽しむのに欠かせないという思いから選択されることもある。両者の最大の違いは、「するしかない」という動機はしばらくは前向きな変化を起こせても、やがて挫折するということだ。いつか必ず、衝動が意思に打ち勝つときがくる——しかも、一〇〇〇分の一九五秒先んじるだけで十分なのである。

こんな研究結果もある。体重を二キロほど減らすという同じ目標をもつ二人の人物が、チョコレートムースを差し出された場合、動機によって受け止め方がまったく異なるというのだ。(注22)「したい」という動機がある人は実際に魅力を感じにくく（「おいしそうだけど、それほど引かれない」）、目標を守ることにあまり困難を感じない（「メニューにはもっと健康的な選択肢がたくさんあるのだから」）。動機をほんの少し変えただけで、自分は抗しがたい力と闘っているのだという感覚が抑えられるのだ。

「したい」という動機は、足元をすくう刺激に反射的に応じるのを避ける効果がある。昔の恋人、ウェイターのトレイに乗って通り過ぎるマティーニの輝き——そんな状況でも、目標を達成するのに役立つ行動へと導いてくれる。対して「するしかない」という動機は、抑圧や剥奪の感覚をもたらし、かえって衝動を助長する。そのため、「するしかない」という理由で目標を追求すると、自制心を損ない、本来望んでいないことをしやすくなってしまう。

六歳の子どもも、何かをしなさいと言うたびにひどく強情になる。寝なさい、歯を磨きなさい、ローラおばさんにご挨拶しなさい、など。ある晩、私の息子のノアが、算数の宿題をしなくちゃと不満をもらした。本当は算数が大好きなのに。これは子育ての世界で言われている絶好の「教育の機会」だった。そこで私は聞いた。「しなくちゃなの？　それともしたいの？」すると息子はにやりとした。そして「したい！」と言うと、元気に宿題をしにいった。

## 小さな工夫の積み重ねが大きな力となる

人生はささやかな瞬間の連なりだと考えてみよう。それぞれの瞬間を微調整し、そのすべてを合わせて大きな変化を生み出せるとしたらどうだろう。シンプルで小さな工夫を加え、「するしかない」に隠された「したい」という動機を意識したら、どれほど遠くまで進めるか想像してほしい。ここでもやはり、自分の価値観を知ることが重要だ。根源的な欲求を広い視野で理解できれば、ただの義務にしか思えない状況でも願望を見つける力になるはずだ。

たとえば、私が本書を書き終えるため、気持ちのいい日曜に仕事を「するしかない」と言うのは簡単だ。執筆のために図書館に向かうと、子どもたちや素晴らしい天気から離れて過ごすことに腹立たしさを感じ、仕事は片づけるものの、完全に集中できないかもしれない。

しかし、本の執筆は誰から強要されたものでもなく、書くことで感情の敏捷性《エモーショナル・アジリティ》（ＥＡ）という大切なメッセージを広める力になれる。そのことを思い出し、仕事を「したい」こととして再認識すれば、喜びとエネルギーに満ちた感情が湧いてくる。新しい考えを積極的に受け入れ、編集者からの指摘を批判や命令ではなく、協力と受け止められる。しかも一日の終わりには、寝る前のひとときを夫と子どもたちと楽しむ力も残っているだろう。

私たちは誰もが言葉と思考の巧みな罠にはまってしまう――「今日は父親の義務を果たさないと」「また退屈な会議に出席しないといけない」というように。こうして罠にはまっていると、現状がしばしば、自分の価値観に従って選択した結果だという事実を忘れてしまう――「私は父親でありたい」とか「私は自分の仕事が大好きで、活躍したいと思っている」という気持ちを忘れてしまうのだ。

誤解のないように断っておくが、私は「ポジティブ思考」を提唱し、根底にある問題を無視するように勧めているわけではない。人生のある面で「したい」と思えることが見つからないとしたら、それは変化が必要だという合図なのかもしれない。世の中に貢献したくていまの業界に入ったのに、会社が利益ばかりを追求しているなら、職場を変える時期なのかもしれない。あるいは、あなたの大切な人が思っていたような人柄ではないと気づき始めているなら、新たな関係を探し求める必要があるかもしれない。

「したい」と思う対象を見つけるのは、特定の選択肢を強要することではない。その本当の目的は、あなたが望む人生につながる道を選びやすくすることにほかならない。

## 習慣――持続させる工夫を加える

たとえ成長型マインドセットを身につけ、心の底から「したい」と思える動機と調和できても、せっかくの意欲が物置行きになることもある。二回しか使っていない立派なエアロバイクや高級なジューサーとともに。自分が起こした変化を持続させる唯一の方法は、意図的に選択した行動を「習慣」という偉大な怪物に変えることだ。

2章で説明したが、意識が欠如した行動をとったとき、自動操縦的な行動をとってしまうことが「システム1」の反応の落とし穴だった。また習慣の力について言えば、悪い習慣を断ち切るのは難しいが、良い習慣は強力な味方となる。そこで、感情の敏捷性《エモーショナル・アジリティ》(EA)をさらに極め、自分の行動と価値観を整合させるには、意識的な行動を習慣へと変える必要がある。もはや少しも「意識的」になる必要がないくらい、深く浸透させなければならない。

自分の価値観と本心から望む動機に結びついた行動を意識的に習慣化すれば、努力せずとも長いあいだ維持できるようになる。調子が良くても悪くても、注意力があってもなくても関係ない。朝起きぬけに歯を磨き、車に乗ればシートベルトを締めるように、価値観と結びついた習慣を身につければ、前向きな決意を持続できるだけでなく、ほかのタスクに振り向けるべき力を温存できるのだ。

習慣を身につける秘訣については、学術的な調査報告がある。経済学者リチャード・セイラーと法学者キャス・サンスティーンは、ベストセラーとなった共著『実践 行動経済学』（日経BP社）のなかで、選択肢の提示の仕方によって他人の行動に影響を与える方法を示している。(注23) 彼らはこの考え方を選択設計《チョイス・アーキテクチャ》と呼ぶ。

たとえば、臓器提供者になるよう万人に強要することはできないが、実は強要する必要はない。提供者にならないより、提供者になる方が簡単な選択肢を設ければいいのだ。ドイツでは、臓器提供プログラムに参加するには回答欄にチェックを入れて明確な意思表示をすることが義務づけられており、結果的に同意者の比率は一二%に留まっている。(注24) 対照的に隣のオーストリアでは、プログラムから外れる意思表示をしないかぎり提供者と見なされる。そのため同意者の比率は一〇〇%近くに達している。

もちろん、回答欄のチェックだけであらゆる行動を変えることはできないが、自分の人生にこの概念を応用することはできる。大きな目標に近づく習慣を築く手助けとなるだろう。

習慣とは、頻繁に起きる状況に対して、外部からの刺激をきっかけとして起きる自動的な反応と定義できる。(注25) 私たちは毎日何十回、何百回と発生する事象に対し、基本的には反射的に、そして無意識に行動している。しかし、価値観に即した行動をとる機会としてそうした状況を意図的に利用すれば、良い習慣を身につけるのに役立つはずだ。

具体的に考えてみよう。価値観と結びつく意図に対して、その価値観に従うか否かの選択肢があるとき、ちょっとした工夫を加える余地のある状況だ。

**意図**：出張中、時間を有効に使いたい。
**状況**：ホテルの部屋。
**選択点**：到着と同時にテレビをつけるか、つけずにいるか？

**意図**：結婚しても恋人気分を保ちたい。
**状況**：相手が帰宅したとき。
**選択点**：振り返りもせず「お帰り」と言うだけか、立ち上がって心を込めて迎えるか？

**意図**：限られた時間を子どもたちと過ごしたい。
**状況**：朝、自宅にて。
**選択点**：起きてすぐメールをチェックするか、パジャマのまま子どもとふざけ合うか？

普段のあなたがテレビをつけ、声だけで迎え、起きたらすぐにメールをチェックしているなら、行動を変えるには最初はある程度努力が必要だろう。だが、やがて新しい選択は根を下ろし、あなたが向かうべきところへ無意識のうちに導いてくれるようになる。

九〇〇〇人以上の通勤者を対象に行われた実験を紹介しよう。[注26] 研究者たちは駅に二種類の表示を設置した。一つは通勤者の自主性に訴え、「したい」気持ちを引き出す表現（「階段を利用してはどうでしょう?」）。もう一つは命令口調の「するしかない」という表現を用いたもの（「階段を使用のこと」）。

表示場所は、階段かエスカレーターかの選択点より少し手前にした。考える時間を与えるためだ。大きな効果を発揮したのは、「階段を利用してはどうでしょう?」の方だった。この表示に従った通勤者は、表示がない次の選択点でも階段を選んだ。つまり、自主性を促すメッセージ（義務感より意欲を促すメッセージ）によって、行動に持続性が生まれたわけだ。

ところが、同じ表示を選択点その場所に設置すると、「階段を使用のこと」という指示に従う人が増えた。原則としては、有意義な変化を起こすには、意欲に基づく動機と結びつけることが重要である。[注27] だが、時間がないとき（または疲れや苛立ち、空腹を感じているとき）は、すべきことを端的に把握できる方が（つまり能動的な行動の選択肢を排除する方が）有効だ。これもまた、自動的な反応——習慣の力——の威力を理解できる一例である。

機能的磁気共鳴映像装置（ｆＭＲＩ）によって、報酬と結びつくきっかけ（おいしい食べ物、お金、セックス、喫煙者にとってのタバコ、麻薬常用者にとっての麻薬道具）を目の前にすると、脳の報酬領域が活性化されることが明らかになっている。[注28] 報酬領域とは、手を伸ばせば獲得できそうな喜びを追求しようとする脳のシステムだ。そのきっかけ、すなわち誘惑を制限してやると、「実行脳」と呼ばれる理性と感情を統合し、適切な行動へと導く脳の部位の負担は軽減される。

セイラーとサンスティーンの提唱するアプローチに従って、あなたの選択設計を変えるのに役立つ工夫を四つ紹介しよう。

### ①簡単な工夫：空腹、疲労、ストレス、焦りなどを感じているとき、価値観と最も整合する選択が最も簡単なものになるように環境を変える

たとえば、ほんの少し体重を減らしたいとしよう。研究によれば、人は食器の大きさに関係なく、盛られた料理の九〇～九七％を食べる傾向があるという。ならば皿の大きさを変えるのが効果的だ。皿が一〇％小さくなれば、食事の摂取量が一〇％減ることになる。（注29）

先述の果物とチョコレートを選ぶ研究にあったように、いざ両方を目の前にすると、人は反対の選択をする。つまり、スーパーでは健康的なものを買いだめし、それ以外は買わなければよい。クッキーを食べたくなったとき、健康的な選択をするよう環境を整えるのだ――存在しないものは選びようがない。やがて、ナッツやリンゴでしっかり満足感が得られることに気づき、大好きだった脂肪だらけの砂糖爆弾を求めなくなるだろう。

また、人は退屈するとお菓子を食べたくなる傾向があり、ほとんどの人はテレビを観ているときは退屈している。したがって、間食を誘うきっかけを排除するために、ケーブルテレビを

解約しよう。代わりに好きな本を読んでみてはどうか。ジェスチャーゲームをしてもいい。気まぐれに買ったウクレレを引っぱり出して、いくつかコードを覚えるのも名案だ。靴の空き箱に放り込んだ家族写真を革張りのアルバムに整理して、本棚に並べるのもいいだろう。

植物や動物は置かれた環境のもとでじっとするしかないが、大きな脳をもつ私たちは環境から影響を受けるだけでなく、与える側にもなれる。そのおかげで刺激と行動のあいだに空間を設け、自分が望む人生を引き寄せることができる。変えたいと思う行動や習慣があるなら、何が妨げになっているのか考えてみよう。きっと小さな工夫ができるはずだ。

### ②便乗：すでにある習慣に新たな行動を加える

毎日食べているグラノーラに果物を添えるように、新しい行動を既存の習慣に便乗させると、その行動を習慣へと変えられる可能性が高まることが、いくつかの研究によって示されている。

たとえば、子どもたちと充実した時間を過ごしたいのに、一緒にいてもきちんと向き合わず、いつもスマホをいじってしまうとしよう。いくら「スマホをチェックしないぞ」と自分に言い聞かせても、それが目の前にあるかぎり、衝動を抑えられない。

一方、あなたには、帰宅したら鍵をすぐに引き出しにしまう習慣がある。ならば、スマホを鍵と同じ場所にしまうのを習慣づけるといい。そして電源も切ろう。

職場でチームのメンバーともっと向き合う時間をつくりたいとしたら？　そんなときは、午後にコーヒーを飲む時間を、一緒に過ごして親交を深める時間にするといい。

新しい習慣を身につけるには、それを既存の習慣に便乗させると実現しやすい。つまり、自分の習慣を大きく変える必要はないのである。

## ③誓いを立てる：障害を予測し、「もし～だったら、そのときは」の戦略を準備する（注30）

ボーイフレンドとケンカしたあなたは、仲直りしたいと思っている。お互いカッとなりやすい性格だとわかっているが、怒鳴り合うとどちらも惨めな気持ちになるし、言うべきでないことを口走るかもしれない。この状況を打開し、同じことを繰り返さないようにしたいと願っている。

こんなふうに不快な状況や反応を予測できるときは、そのことにとらわれてしまうものだ。何とかしたいが、感情的なきっかけを突きつけられるとどうにもならない。しかし感情の敏捷性《エモーショナル・アジリティ》（EA）があれば、一歩下がり、その状況を自分の価値観と向き合う機会として捉えられる。ボーイフレンドと話す前から、もし彼が「爆弾トピックX」をもち出しても、広い心で最後まで耳を傾けようと心に誓えるはずだ。

またこんなケースもあるだろう。ジョギングをしようと朝の五時に目覚ましをかけたが、いざとなったら起き上がれず、スヌーズボタンを押したくなるのは目に見えている。そんなときは前の晩に自分に言い聞かせよう。二度寝したくなったら、そのときはどんなに疲れていても、必ずベッドから離れる、と。

起きた直後の数分はひどい気分でも、一時間後には一日をちょっとした運動で始めたおかげで千倍はいい気分になっているはずだ。脳は眠気でぼんやりしていても、「もし〜だったら、そのときは」という誓いを思い出す。ジョギングのために早起きするたびにそれが楽になり、やがて習慣になるだろう。

### ④障害物競走：ポジティブなビジョンに困難が生じる可能性を加える（注31）

私たちはすでに、ポジティブ思考が感情の敏捷性《エモーショナル・アジリティ》（ＥＡ）の妨げになる可能性について議論した。自分の習慣を変えようとするときもこれが問題になる。

ある研究では、減量プログラムに取り組んでいる女性グループに対して、プログラムを終えて見違えるほどスリムに変身した自分を想像するように指示した。対照となるグループには、ダイエットをさぼりたくなる自分を想像するように指示した。一年後、減量に大成功した自分を想像した女性たちは、現実的に考えた女性たちに比べ、体重の減少が少なかった。

この現象に関する研究は多くの国で行われてきた。想定される目標は多岐にわたる——デートの相手を見つけたい大学生、再び自分の足で歩けるように人工股関節の手術を受けた患者、職探しをしている大学院生、良い成績を取りたいと勉強に励む小学生など。いずれの場合も同じ傾向が現れた。目標を順調に達成できるのを空想しても、良い結果は得られなかったのだ。それどころか空想のせいで脳は自分がすでに目標を達成したと勘違いし、努力を妨害するおそれすらある。過度にポジティブな空想は、意欲を奪うのだ。やる気を保ち、最後までしっかりやり通すのに必要なエネルギーを吸い取ってしまうのである。

最高の結果を出した人は、楽観主義と現実主義をバランスさせている。目標達成を信じることは大事だが、それがかえって障害になることもある。達成に向けて楽観主義と現実主義を意識する概念は、心理学では「心理対比《メンタル・コントラスティング》」と呼ばれている。

健康的な食生活と運動に関する研究によると、心理対比を実践している人は、対照群の人に比べて毎週二倍の量の運動をこなし、より多くの野菜を摂取していた。また、慢性的な腰痛の克服や人間関係の充実、成績の向上、職場でのストレス管理に効果があることも判明している。

現実を的確に評価しながら自分の将来像を描き、天秤にかける。すると頭のなかで、立ちはだかる障害と、それを打ち砕く計画ができあがる。それはあなたを現在の場所から望んでいる場所へと導いてくれるだろう。それこそが変化を実現する最善の道なのだ。

価値観と目標に命を吹き込み、その目標を実現するためには、成長と変化に対して心をオープンに保たないといけない。自分自身を人生の主体者と捉え、自己の成長やキャリア、創造性、仕事、人間関係に責任を負うことで、きわめて大きな力を獲得できる。

マインドセットと動機、そして習慣に小さな変化をもたらすには、安定した場所に根を下ろすのではなく、世の中の流動性に心を向けることが重要だ。そして、好奇心をもって試行錯誤し、不確実な将来について戦略を立てる。それはまた、「将来の自分の姿はどうあるか」（結果、目標、成果）という考えを少し脇に置き、そこに到達するプロセスに柔軟に関わり、旅の途中の無数の瞬間を大切にしながら、習慣を積み重ね、一歩ずつ人生を歩むことでもある。

8章

# ステップ❹
# 前進する
## ——その② シーソーの原則

MOVING ON: THE TEETER-TOTTER PRINCIPLE

私の友人（仮にジョージと呼ぶ）はある日、四歳の息子がバスルームに行ったきり戻ってこないことに気づいた。用を足すには十分すぎる時間が経っている。西部劇風に言えば、「静かだ……あまりにも静かだ」という感じだった。

ドアを開けると、洗面台の前の踏み台に立つ息子の姿があった。まるでスローモーションのようだった、とジョージは振り返る。まず、あたり一面が白いもので覆われている光景が飛び込んできた――トイレ、鏡、床、息子の顔。次に、赤いものが目に入る。多くはないが、あちこちに散っている――洗面台に鏡、息子の顎。それは息子の口元の切り傷から滴っていた。

息子は父を真似てヒゲを剃ろうとしていたのだ。安全カミソリだったのでそれほど危険はないが、刃を水平に動かしてしまったらしい。幸いにも傷は浅く（顔の傷は軽くても出血量が多くなるものだ）、息子が痛みと恐怖を伴う貴重な教訓を得たぐらいですんだ。

ともあれこのエピソードは、人間が生まれつき学び、成長したいという意欲をもつ、好奇心あふれる生き物であることを思い起こさせる。この息子のように、誰もが自分の能力を高めたいと願っている。ときに勇み足もあるが、何か新しいことを成し遂げたいと挑戦している。もちろんその努力によって、自分が心から望む人生に近づくのが理想だ。

学校に通う前の小さな子どもは、自分で靴ひもを結べるまで挑戦する。できるようになるのは、本人にとっても親にとっても感動的な出来事だ。しかしあっという間に、その能力はありきたりなものになる。毎朝靴ひもを結べたからといって、祝うことではなくなる。

前章で述べたように、習慣化は悪いものではない。精神的なエネルギーが解放され、新たな世界に踏み出し、もっと高い山に登れるようになる。また、意識して行おうと決め、自分の価値観に結びつく行動を習慣化することが、感情の敏捷性《エモーショナル・アジリティ》（EA）の鍵となる。

しかし、ときに能力が有り余る状態になることもある。何かがうまくなりすぎると、私たちはあっという間に自動操縦モードに陥り、それが硬直した態度を助長し、さらには無関心や停滞感、倦怠感を増大させるおそれがある。要するに成長できなくなるのだ。

これは誰もが経験することだ。目をつむっていても仕事をこなせるときや、一日の出来事がわかりきっているとき、自分のスキルや可能性に伸びしろを感じられなくなっているときは、能力が余っていると言えるだろう。

ある映画について妻の感想が予想できるとき、レストランで夫の分まで注文できるほど好みを知り尽くしているとき、親戚が集まった際の会話の流れが目に浮かぶときも同じだ（「ルーおじさんに政治の話をさせないでね！」）。スマホから顔を上げず、ティーンエージャーの息子に「今日は学校どうだった？」と聞き、息子もスマホに没頭したまま「普通」と答えるときも。すべてが型通りの習慣となり、人生のあらゆる側面が仕切られ、まるで牧歌的な田舎町のように退屈で斬新さに欠け、安心できるとき。もはやそこに挑戦や喜び、発見はない。

一方で、過剰な能力の対極にある「過剰な挑戦」も望ましくない。スーパーマンとワンダーウーマンが二交代制で勤務しても完成しそうにない複雑な仕事を抱えていたり、わずかな失敗ですべてが失われるような状況で神経を尖らせていたりすれば、ストレスが非常に強くなる。そんな状況が続いたら、創造性を発揮し、状況の変化に対応し、自分を成長させるのは困難だ。感情の敏捷性《エモーショナル・アジリティ》（ＥＡ）を保つには、過剰な能力と過剰な挑戦のあいだに均衡を見つけなくてはならない。これがシーソーの原則である。公園にあるシーソーはバランスがすべてだ。尻もちをつかないよう、痛い思いをしないようにするには、反対側にある程度の抵抗が必要だ。しかし反対側が重すぎたら、自分は高く浮いたままになってしまう。

人生にもシーソーの原則が当てはまる。一方には能力と慣れによる心地良さがあり、反対側には刺激と未知への挑戦からくるストレスがある。その両方が緊張感とともに共存し、創造性が発揮されるようなバランスを見つけるのが肝心だ。

人が最も成長できる「ゾーン」に到達するための具体的な方法がある。[注1] それは「自分の能力の限界に身を置くこと」だ。能力が有り余っているわけでも、慢心する余裕があるわけでもないが、圧倒されるほど歯が立たないわけではない場所である。

私たちは少しずつ負荷を上げていくと、能力の限界に近づく。つねに前進していくには、7章で述べたような小さくて段階的な工夫を加えるのが理想的だ。

人間関係や創造的な人生、成長、仕事においては、次の二つの方法で進歩を実現することができる——「幅」を広げること、そして「深さ」を増すことだ。幅というのは、身につけるスキルや取り上げる話題、模索する道など、私たちが行う「こと」である。深さとは、話に耳を傾ける姿勢や外界との関わり方など、自分がすることを「いかに」うまく行うかを意味する。船の操舵手はいつでも風向きを読みながら帆の角度を調整する。テニスを楽しみ、上達したいなら、自分より少しだけうまい相手とプレイするのが最適だ。

ただし、なぜ、どのようにして自分の限界に挑戦するのか意識することも忘れてはいけない。自分にとって本当に大切な目標に適した幅と深さを選ぶのが重要だ。単にできるからという理由や、誰よりもうまく、賢く、秀でていなければならないという強迫観念から選択をするのは気まぐれでしかない。本当の目的は自分が望む人生を築くことだ。忙しさに充実感を感じて忙しくし、「すべきこと」を増やして満足してはいけない。

## 油断ならない「心地良さの呪い」

自分自身の最適化ゾーンに到達するという考え方には魅力的な響きがある。トニー・ロビンズが自己啓発セミナーで行う火渡りの前にする話や、高校の卒業式で歌った『サウンド・オブ・ミュージック』の「すべての山に登れ」を思わせる。確かに、この考え方は、学習し、成長しようとする私たちの内なる四歳児の衝動と重なる。ではなぜ、私たちは動きを止めてしまうのか？　シーソーの片側は高く、もう片側はぬかるみにつかったままにしておくのはなぜか？

最大の理由は恐怖だ。人には探索を好む性質がある一方、身の安全を保とうとする面もあり、脳は安全と心地良さを混同する。私たちはその心地良さのせいで動きを止める。「馴染みのあること」「理解しやすいこと」「一貫性のあること」を心地良いと感じると、脳は「いまいる場所で満足です、どうもありがとう」と信号を送る。そんなときに経験のないことや難しいこと、少しでも矛盾を感じることがあると、恐怖が顔をのぞかせる。

恐怖にも種類や大きさがあるが、ほかの姿を装うこともある（先送り、完璧主義、拒絶、曖昧な反応、言い訳など）。また、「ノー」という簡潔な言葉で恐怖が遠ざけられることもある。「ダメさ、どうせ失敗に決まってる」「やだよ、誰も知り合いがいないから」「ダメ、そんなの私には似合わない」「いや、今回はやめておくよ」というのも同じだ。

拒絶反応は進化の名残でもある。動物の行動は原始的なレベルでは、恐怖で体が固まるのを別にすれば、二つの選択肢から成り立っている――近づくか、それとも避けるか。（注2）数百万年前の祖先は、食べ物か交尾の機会を見つけたら、すぐに近寄っていっただろう。反対に、トラブルの原因になりそうなものが目に入ったら避けたに違いない。逃げろ、隠れろ！

ところが進化の過程で、ホモサピエンス以前の人類のなかでも、好奇心から未知の経験に積極的に挑戦することを促す、大きな脳をもった種が競争を制するようになった。安全カミソリを手にしたジョージの息子のように、これらの種の子どもは怖いもの知らずになれる。

ただし、強いストレスがあるときは例外だ。強いストレスがかかると大昔から受け継がれた二分法が頭をもたげ、好奇心旺盛な生き物でも見慣れないものを避けるようになる。たとえば、見慣れない相手がおばあちゃんなら、しばらくは彼女が動く姿を観察し、アップルソースか何かを運んで来てくれるまでは警戒の姿勢を緩めない。

現代でも、子どもは不安や恐怖を感じると、薄汚くなった古いぬいぐるみに安心を求める。実は大人も変わらない。多くの人は、悲しみや疲れ、プレッシャーを感じたとき、着古したお気に入りのスウェットシャツや、お気に入りの場所(たとえば「みんなが自分の名前を知っている」ようなところ)に安らぎを求めるものだ。

私たちがリスクを判断するときは、馴染みのあるものをより安全だと考えることが知られている。(注3)たとえば、新しい技術や投資先、余暇の活動について検討する場合、馴染みがあると感じるものほど、リスクや難易度が低いと認識する。たとえ客観的証拠がそれを否定していたとしても、重視されない。統計的には飛行機事故より自動車事故の死亡率の方がはるかに高いが、たいていの人は飛行機の方が危険だと感じる。これは車の運転が馴染みのある日常的な活動であるのに対し、飛行機に乗るのは非日常的だからだろう。

理解のしやすさもまた、脳内では、安全と心地良さの尺度として理解される。ある実験では、同じ作業を指示するまったく同じ文章を二つ用意し、参加者に配布した。(注4)一つは読みやすいフォントで印刷され、もう一つは読みづらいフォントで印刷されている。参加者は、作業時間を予測するよう求められる。すると、読みやすいフォントで指示を読んだときは約八分と予測したのに対し、読みづらい方では、およそ二倍の時間がかかると予測した。

馴染みのあることや理解しやすいことを好むバイアスは、私たちが何を事実として受け入れるかにも影響を与える。広く支持されているように見える意見は信じやすくなるのだ(注5)。ところが私たちは、それが本当に有力な意見なのか、情報源は信頼できるのかといったことをあまり深く考えない。つまり、単純な(簡単に理解できる)考えを無批判に聞いていると、事実として受け入れてしまう。たとえ、たった一人の偏狭な人物(あるいはたった一人の批判的な親)が同じことを繰り返していたとしても、それを信じてしまう。

まさに「心地良さの呪い」だ。あなたがスーパーで、発音を知らない珍しい食材には目もくれず、お気に入りのブランドのピーナツバターに直行するだけなら害はない。だが、その影響は油断ならないかたちで広範に及んでいる。私たちが時間を無駄にし、目指す場所に到達するのを妨害するような過ちへと、誘い込むことさえあるのだ。

例として、大事な約束に遅れそうな状況を想像してみよう(注6)。車で目的地に向かっているが、いつも通っている道は渋滞だ。抜け道があるのは知っているが、たった一、二回しか通ったことがない。研究によれば、どうしても間に合わなければとプレッシャーを感じているときほど、よく知らない近道を試さず、すでに知っている悪魔に固執しやすくなる――たとえ渋滞していても、馴染みのある主要道路を選び、確実に遅刻することになる。

同様に、医師から体重とコレステロール値を減らし、もっと運動しなさいと言われてストレスを感じると、かえっていつもの甘いドーナツが魅力を増すことがあるだろう。

不確実性から生じる不快感に対して人がどのように反応するかは、神経画像によっても検証されている。既知のリスク（勝算を計算できる賭けなど）に直面した場合、大脳基底核の線条体を中心とする脳の報酬領域が活性化する。(注7) 一方、馴染みがなく、リスクを計算する材料のない物事に賭けるしかないときは、恐怖に関わる領域の偏桃体が活性化する。

ある実験では、ささやかなギャンブルでも、小さな不確実性があるだけで、賭けに対する意欲は著しく低下した。(注8) 興味深いことに、重視されるのは勝算があるかどうかではなく、勝率だった。客観的にはかなり有利な賭けであっても勝率がわからない場合、参加者の実に四〇％近くが賭けるのをやめたのだ。知識に空白ができると、そこに恐怖が入り込む――報酬が得られる可能性があっても、恐怖がそれに影を落とすのである。

## 脳は誤った判断でも一貫性を保ちたがる

恐怖という感覚は、孤独と不安が増すほど複雑で扱いにくいものになる。人間は社会的な生き物として進化し、生きるために家族や群れの一員でいる必要があった。(注9) 今日もなお、仲間から疎外されるのは恐ろしい経験であり、死活問題だ。

人間の脳が進化し、探索を好むようになったのは、類人猿がより複雑で大規模な社会構造を管理するためだった。知力が高まると、血縁関係のない相手を信頼すべきかどうかを的確に判断できるようになった。[注10] その結果、互いの利益になる協力関係を築く能力が発達し、体は貧弱でも頭が良くなった種（現在の私たちに至る種）が、筋肉質でも知能や協力関係の面で劣る種（チンパンジーやゴリラに至る種）をしのぐようになったのだ。

やがて、社会的環境を「理解」するこの器官は一段と研ぎ澄まされ、あらゆることを理解するようになる。大きな脳を得た類人猿は、時間の流れと、人生の軌跡に関する意識を発達させ、自分の立場を社会や宇宙との関係で理解しようと試みるようになった。自己を認識し、意識をもつようになり、やがてそれは自由意志、共感、道徳観、宗教的畏怖の源になった。

しかしもう一つ、脳にはきわめて重要な仕事が生じる。五感や新たに獲得した繊細な認知能力から押し寄せる膨大な情報に翻弄されないよう、一貫性を考慮する必要に迫られたのだ。

人間にとって、いまも昔も社会的つながりを管理することはきわめて重要だ――幸福に生きるには家族や親戚、友人や恋人の存在が欠かせない。しかし一方では、精神と感情の平穏を保つため、一貫性こそが最優先課題になることもある。

脳の認知機能がもたらす一貫性がなければ、こんなふうに考えることはできない。「今日の私は昨日の私と同じ人間で、いつか死ぬときがくる。そのときに向けて私は老いていく（長生きすれば）。それに備えて計画を立て、与えられた時間を最大限有効に使うのが賢明だ」

　また、脳に一貫性があるからこそ、隣の部屋から聞こえてくる赤ちゃんの泣き声には注意を払うべきだが、冷蔵庫のうなり声は無視していいと理解できる。一貫性がなければ、統合失調症患者がそうであるように、周囲からの刺激をフィルターにかけられず、重要ではないことや、現実の世界と整合しない刺激にまで反応してしまうだろう。

　一貫性は、馴染み深さや理解のしやすさと同様、脳内では「安全」と理解される。ところが皮肉にも、一貫性を求めるせいで最善の利益から遠ざかることもある。多くの研究によれば、自己評価の低い人は、同じく自身をネガティブにとらえる相手と付き合うのを好むという（注11）。また、自尊心の低い人は、収入が徐々に増えると、仕事を辞める可能性が高くなる（注12）。彼らの頭のなかでは、評価され報酬を得ることは、一貫性がないと受け止められるのだ。一方、健全な自尊心のある人は、適切な昇給が得られなければ早々に辞める傾向がある。これは納得がいくだろう。ふさわしい評価が得られないのは筋が通らない。

　人は、馴染みのあることや一貫性を心地良いと感じるせいで、子ども時代のイメージをいつまでも引きずることがある。大人になっても、子ども時代の扱われ方に基づいて、いまの自分がどう見られ、受け止められるのか、またどのように扱われるべきなのか予測する。たとえそれが軽蔑的なものであっても、制限を課すようなものであってもだ。むしろ対立する情報は（打ち破った方が自分のためになる場合でさえ）、危険で混沌としたものに感じることすらある。

成功に対する恐怖、あるいは成功どころか「まずまずの」状態になることへの恐怖は、自分のためにならない行動を招きやすい。学業を疎かにし、怠惰になり、自分はまだ「資格がない」という理由で健全な人間関係を築く機会を逃す。将来性のない仕事にとどまり、ホームドラマをだらだらと観る。極端な例では、虐待を繰り返す配偶者のもとに舞い戻るのも、一貫性に固執するあまり、自分を蔑《ないがし》ろにする行動である。

一貫性に心地良さを求めることは、それだけでは自虐性が足りないと言わんばかりに、すぐに得られる満足、もしくは「目先の心地良さ」という罠と結託することがある。

大学を卒業したての若者を想像してみよう。スコットは昔から「面白いやつ」で、毒のある冗談を飛ばすのが得意だった——それで注目を集めてきた。知り合いのいない新天地で新しい仕事を始めたばかりで、職場に馴染むのに苦労している。周囲と打ち解けるため、彼は効果が実証済みのクラスの道化役に徹し、機会があるごとに同僚に冗談を飛ばすことにした。

なかには面白がる人もいるが、ほとんどは彼の皮肉にうんざりした。必死で溶け込もうとしているのに、かえって孤立してしまう。本人もその状況をわかっていて、やり方を変えるべきだと思っている。だが孤独で疎外された状況では、どんなにささやかでも、同僚を笑わせられたときに得られる、認められた（少なくとも注目された）という感覚は捨てがたい。笑わせたと言ってもたいていはぎこちないものだが、彼にとっては薬となってしまうのだ。

言うまでもなく、小さな工夫から着実な努力を重ねて高みに近づくことに比べて、すぐに得られる満足の方が簡単だ。あっという間に気分が良くなる。有名なマウスの実験を思い出そう。二種類のレバーがあり、片方を押すとエサが、もう片方を押すとコカインが出てくる。マウスはどんなに空腹になってもコカインのレバーを押し続け、餓死するまで繰り返す（注13）。安易なスリルは（そして心地良い満足感さえ）、高くつきかねない。

チョコパフェを食べた瞬間はご機嫌でも、二〇分もしたら後悔するだろう。価値観に従って行動し、二キロほど減量して健康になっても、チョコレートとアイスクリームを合わせた糖分ほどの強い喜びは得られないだろうが、はるかに持続的な満足感をもたらしてくれる。

誰も好んで自滅的な行動をとるわけではないが、人間はそうするよう条件づけられている。したがって、そういった行動を抑えるには、馴染み深いものへの逃避をやめ、自動操縦をやめて感情と向き合い、距離を置き、自分の人生の主人になるよう、感情の敏捷性《エモーショナル・アジリティ》（ＥＡ）を身につけるしかない。それによって、私たちは挑戦を続け、目標を達成できるのだ。

強いストレスにさらされるような状況ではとくに、馴染み深くて心地良いものに思考が引き寄せられやすいが、その根底にあるのは、はるか昔につくられた自己像である。ブルース・スプリングスティーンが高校時代の友人の姿を歌った「グローリー・デイズ」の世界だ。元野球チームのスター選手や元美少女コンテストの優勝者が過去の栄光を懐かしむ。だがＥＡを身につければ、偏狭で世間知らずな「カビの生えた懐メロ」を手放し、いまの自分にふさわしい、もっと成熟した価値観に結びつく意志を強化しようと努力できる。

## 夢中になれるものは何か

ジム・コリンズはベストセラー『ビジョナリー・カンパニー2 飛躍の法則』(日経BP社)のなかで「良いことは偉大なことの敵」であると述べた。だが私は、偉大なことの最大の敵は「回避」であると主張したい。回避(とりわけ不快さの回避)は、良いことの敵でさえある。充実した人生につながる成長と変化の敵なのだ。

私たちが「失敗したくない」「バツの悪い思いをしたくない」「傷つきたくない」と言うとき、そこには「死者のゴール」が表現されている。(注14) 変化や成熟とは無縁の人々についても同じことが言える。私が知るかぎり、難題に挑戦して傷心や弱気、怒り、不安、憂うつ、ストレスといった不快な感情を抱かないのは、この世にいない人間だけだ。もはや家族や同僚を悩ませることも、問題を引き起こすことも、余計な口出しをすることもない。だが、死者をロールモデルにしたいだろうか?

「いつもと同じことをしていたら、同じ成果しか得られない」という格言(注15)では、少し楽観的すぎるだろう。ある女性が週に八〇時間、二〇年にわたって同じ会社で中間管理職として働いてきたのに、突然リストラ対象となり、自分の半分の歳の相手と新しい仕事を奪い合うはめになった状況を考えてほしい。あるいは、献身的な配偶者として単調な結婚生活を何年も一緒に過ごしてきたのに、ある日帰宅したら寝室のクローゼットが半分空になり、枕に書き置きがあるのを見つけた場面を思い浮かべてほしい。

本当に人生を生きるなら、成長し、自分自身に挑戦し続けられるよう、心地良さよりも勇気を選ばなくてはならない。偶然通りかかった平坦な場所で休んでいるだけなのに、天国を見つけたと思い込んではいけないのだ。ただし、シーソーの原則もある。非現実的な目標を掲げ、猛烈な努力をすれば一気に到達できると過信して、行きすぎた結果を招くこともある。

能力の限界まで挑戦するけれども、行きすぎることなく、目標を達成して充実した人生を過ごす――そこで重要なのは、自分が何に挑戦すべきかをしっかり見きわめることだ。心に響く、最も深いところにある価値観を自覚することである。

一六〇〇年代の初めに生まれたピエール・ド・フェルマーは、フランス南部のトゥールーズという町の著名な裁判官だった[注16]。しかし法律家でありながら、彼が情熱を注いだのは数学だった。

一六三七年のある寒い日、古代ギリシャの『算術』という書物を読んだフェルマーは、余白に書き込みをした。「二乗よりも大きいべきの数を同じべきの二つの数の和で表すことは不可能である。私はこの命題の真の驚くべき証明をもっているが、余白が狭すぎるのでここに記すことはできない」（注：『フェルマーの最終定理』新潮社より引用。さらに正確な記述は以下のとおり。「私はnが2より大きいとき、$x^n + y^n$はz^nと等しくないことを発見した。どうしてそれがわかったか説明できるが、この本の余白ではスペースが足りないためかなわない」）

これはどうも、ピエール。なんという思わせぶり。

この変わった数学の定理に対する興味深い証明についてうさわが広まり、一九世紀にはさまざまな学術団体や富豪たちが、懸賞金を設けて解法を募った。いまでいうオタクたちがこぞって証明に挑んだが、成果はなかった。フェルマーの最終定理は謎のままだった。

そして一九六三年、アンドリュー・ワイルズというイギリス人の一〇歳の少年が、町の図書館で手に取った本のなかにこの謎を見つけた。(注17) その瞬間、彼は自分が解いてみせると心に誓った。三〇年後の一九九三年、ワイルズは証明が完成したと発表した。残念ながら計算にわずかな誤りがあることが指摘され、彼はさらに一年研究に身を投じ、改めて完璧な証明を打ち立てた。フェルマーが『算術』の余白に挑発的な言葉を書いてから四百年近く、数学史上最大の難問がついに解き明かされたのだった。

ワイルズはこんな質問をされた。彼を含めて大勢の人々が抽象的な頭脳ゲームにそれほど打ち込むのはなぜか？　彼は答えた。「根っからの数学者というのは未解決の問題を解くのが楽しくてたまらない――挑戦を楽しんでいるのです」。ワイルズを駆り立てたのは、成功や栄光を手にしたいという欲求ではなく、純粋に数学の美しさに対する深い知的好奇心だった。

太古の昔、私たちの祖先が熱帯雨林を離れ、草原を歩き回り、農業を始め、街をつくり、やがて地球の隅々に移り住むようになったのは、ワイルズと同じ好奇心に導かれたからだ。遺伝子的に近いチンパンジーたちは相変わらずアリ塚に枝を差し込んでシロアリを食べているが、人間が火星に探査ロボットを送り込めるのも好奇心があるからにほかならない。

もちろん、好奇心と言っても人それぞれであり、目指す目標も、粘り強さも、成功の尺度も人によって違う。私にとっては髪をかきむしるほど難しい仕事が、あなたにとっては何でもないことかもしれない。ワイルズのような人を夢中にさせることも、私やあなたにとっては退屈かもしれない。また、あなたの同僚は中間管理職の地位に満足していても、あなたはマンハッタンの不動産をいくつも所有し、すべての建物に金色の文字で自分の名前をあしらわないと成功した気がしないかもしれない。トライアスロンが元気の源だという人もいれば、近所を息切れせずに歩くのがちょうどいい挑戦だという人もいるだろう。

何に取り組むにしても、圧倒された状態を保つこと、つまり挑戦と能力のバランスをうまく取ることが大切だ。

## 限界の少し先に成長がある

一八八〇年代、モールス信号が盛んに用いられていた時代、インディアナ大学の二人の研究者ウィリアム・ロウ・ブライアンとノーブル・ハーターは、平均的な電信技士が優秀とされる

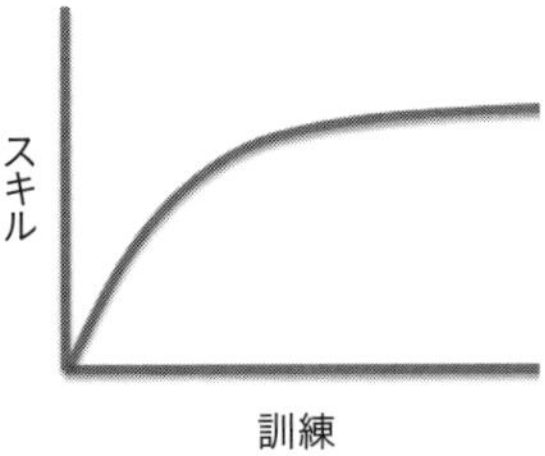


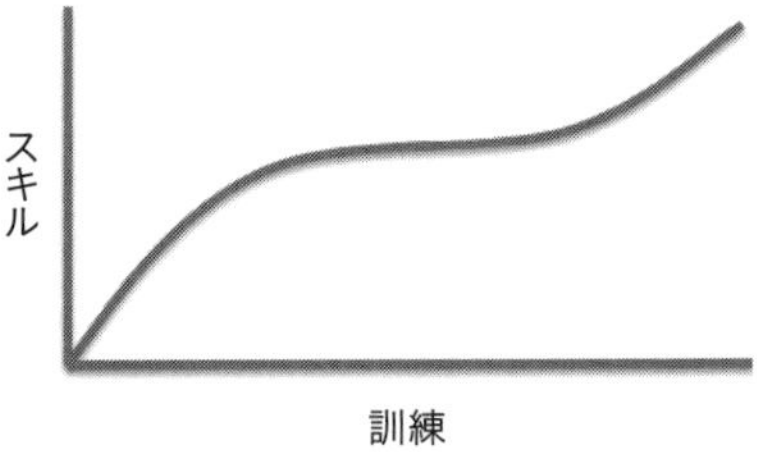


レベルに到達するには何が必要なのか解明しようと考えた。[注18] そこで一年にわたり、技士たちの作業スピードを測定して明らかになったのは、訓練を積むにつれてスピードが上がるということだった。

　ここまではあまり驚きはないだろう。私のワークショップでは、訓練によってスキルはどのように向上するか、参加者にグラフを描いてもらうことがある。たいていの人は、ブライアンとハーターのグラフとよく似た上の左図のような線を描く。

　かなりの訓練を積んだ後は、あるスキルの熟達の度合いは横ばいになると多くの人は考える。だがブライアンとハーターは、大半の人はそうだが、際立って優秀な技士たちのグラフは右図のような線になることを発見した。

技士の大多数（七五％）は、スキルが限界

に達したと感じた時点で、真剣に訓練するのをやめていた。そして以降は横ばいで落ち着いた。ところが残りの二五％は横ばいから抜け出して、さらなる向上を遂げた。向上し続ける技士とそうでない技士では、何が違うのだろうか？

横ばいを脱した技士たちは、つねに挑戦していた。新たな目標を掲げ、達成しようと努力していたのだ。その動機はほかでもない、自分の成長に対する喜びだった。靴のひもを結べるようになりたい、フェルマーの最終定理を証明したいという思いを駆り立てる喜びと同じものだ。

マルコム・グラッドウェルは著書『天才！　成功する人々の法則』（講談社）で、横ばいを脱して一つのスキルを本当に習得するには一万時間を要するという考えを広めた。(注19)しかし、学習プロセスを研究する専門家や心理学者のあいだでは、何かに熟達するには投入時間よりも質が重要だというのが一致した見解だ。(注20)質の高い投資には「努力を要する学習」が欠かせない。(注21)手に届くもののほんの少し先にある課題に絶えず取り組む、マインドフルな訓練が必要になる。

その秘密は脳の灰白質《かいはくしつ》にある。この数十年、科学者たちは「神経可塑性《しんけいかそせい》」と呼ばれる仕組みを研究してきた。脳は幼児期のある時点で「固定」されるのではなく、新しい細胞を補充し続けている。だが、さらに詳しい研究によって、補充された細胞のほとんどは死滅することが明らかになっている。その細胞死を防ぐのが、努力を要する学習経験である（実は死滅を防ぐだけでなく、新しく生まれたニューロンをシナプスに結びつけ、脳の構造と潜在能力へと組み込むことにもつながる）。

レッド・ツェッペリンの「天国への階段」が弾けるようギターを一万時間練習しても、経験を積んだ胆嚢の手術を何度繰り返しても、脳は成長しない。努力を要する学習とは、つねに限界を広げ、自分の知識と経験に磨きをかけるようなマインドフルな取り組みを意味する。

たいていの人は、新しいことを始めるときは「努力を要する学習」に従事する。だが、それなりのレベルに達すると(仲間のレベルに追いついたり、楽器で目安となる曲がひけたり)、気が緩み、横ばいの心地良さを象徴する、ある種の無意識へと陥る。

車の運転で言えば、初めてハンドルを握るまでは、自分が何を知らないのか知らず、「無意識にスキルがない」状態だった。ところが自動車教習を受けると、学ぶべきことが山ほどあることに気づき、「意識してスキルがない」状態になる(「なんですって！ 今度は縦列駐車？」)。

努力を要する学習に着手するのは、新しい経験を受け入れようとするときだ。そして手引きに沿って学んでいくうちに、「意識してスキルがある」状態になる。シートベルトを締め、椅子を調節し、ミラーを確認し、発進する前にギアを入れる。初めて高速道路に合流するときは緊張するが、何度かやってみるとコツをつかめる。

しかし免許を取ってから少しすると、今度は「無意識のスキル」が後を引き継ぐ。車に乗り込んで運転し、気づけばもう家に着いている。こうした自動操縦の段階にいるとき、あなたは平坦な場所にとどまっていることになる。

意識してスキルがないとき、もしくは意識してスキルがあるときは、知識を増やすことに積極的なため、成長に適した領域にいる。初心者なので腕前はおぼつかないかもしれない。それでも初心者として、成長や学びへの意欲がある。

また、新しい経験にはストレスがつきものだが、これは悪いものではない。これまで何十年ものあいだ、ストレスは「心の敵ナンバーワン」とされてきた。幸福を台無しにする、断じて避けるべきものだと。確かにストレスにはマイナス面がある。生化学的に言えば、慢性的なストレスは心臓病やがん、感染症に対する免疫力の低下などを招くおそれがある。(注22)

だが、適度なストレス（圧倒されるが圧倒されすぎていない状態）は、モチベーションの源泉となる。精神的には苦しいが、私たちが前進しようとするのはストレスのおかげだ。スポーツの試合で疲弊したチームが最後の二分間で逆転勝利をつかむのは、スコアボードの点差（負けているが負けすぎてはいない）に刺激されるからだ。プロジェクトに欠かせない独創性や意欲を促してくれるのは、締め切り（厳しいが厳しすぎはしない）があるからだろう。

## 平坦な場所を離れるには

もしあなたが、リモコンでテレビのチャンネルを変えるだけの人生では物足りないと思うなら、ストレスはあって当然だ。未知への挑戦、それに向かった学習と目標達成から切り離せないのがストレスである。エベレストに登るには多大な努力を重ね、リスクをとらなければならない。社会に上手に適応できる子どもを育てるにしても、五〇年間幸せな結婚生活を送るにしても、同じことが当てはまる。事業を営み、フルマラソンを走るのもそうだ。ストレスも不安もないまま、意味のある場所へ到達した人など存在しないのである。

では、平坦な場所から離れるには、具体的には何をすればよいのだろうか？

**心地良さより勇気を選ぶ**：よく知っていること、わかりやすいこと、あるいは首尾一貫していることが安全であると誤解すると、選択の幅は狭められる（来たときに通った扉が、非常時に最も安全な出口であるとは限らない）。絶えず成長するには、馴染みのないことや、不快なことさえ受け入れなければならない。不快な感情と向き合えば、そこから学ぶことができる。

**現実的なことを選ぶ**(注23)：平坦な場所を離れるとは、生涯にわたって自分の能力を伸ばすことを意味する。何をするにしても、それが正しい判断かどうかを確かめるには、自分にこう問いかけてみよう。それは理想とする人物像に自分を近づけてくれるか？　同時に、常識を働かせて、翌日、翌週をうまく生きることも欠かせない。

現実的な選択とは、あなたが直面している短期的な制約に即したものであると同時に、長期的に見てあなたが望む人生へと近づけてくれるものだ。結婚生活を投げ出すのが理にかなっているとはかぎらない。だが唇をかんで険悪な会話を避け、みじめで誤解し合った状態のままでいるのも得策ではない。この場合、勇気ある決断こそがもっと現実的だ。つまり、不快な会話の機会を設け、問題の核心について話し合うことだ。

**前進し、成長する**：成長するとは、自分の行動とそれに伴うスキルの幅を広げ、深めることを意味する。幅を広げるには、「最近、どんなことに怖さを感じたか？　最後に何かに挑戦して失敗したのはいつか？」と自問してみよう。答えが見つからなければ、あなたはおそらく無難すぎる道を歩いている。

深めることについては、最後に本気で情熱を傾け、リスクをとり、うまくいかないと感じたのはいつだったろう？　たとえば仕事で創造性を発揮し、人間関係を充実させるために何をしたか？　あなたは身近な人たちのことを本当に知っているか、それとも世間話に終始して深みのある本音はいっさい封印しているのか？　もし今夜この世を去るとしたら、言わなかったことで最も後悔するのはどんなことだろう？

## やり抜くとき、やめるとき

心地良さよりも勇気を選び、能力ぎりぎりのところで人生に向き合うことが大切だが、危険を顧みずに全速力で突き進み、どんな犠牲を払っても目標に挑むのが感情の敏捷性《エモーショナル・アジリティ》（EA）ではない。自分の価値観に合った選択をしていても、「もうたくさんだ」と言うのが唯一の賢明な判断となる場合もある。

イギリス人は「困難にじっと耐える」気質で知られる。お土産として「冷静に、戦い続けよ(Keep Calm and Carry On)」という第二次世界大戦時の標語がプリントされたTシャツが売られているくらいだ。「状況が厳しくなると、タフなやつが生き残る」という表現があるが、それをうまく言い換えた標語だろう。

アメリカではこれと同じ感覚を、開拓者の美徳である「やり抜く力《グリット》」という言葉で表現することが多い。アメリカ人が大好きでTシャツのロゴにもぴったりな「アメリカンドリーム」という言葉にも、やろうと決めたことは何でも実現できるというニュアンスが含まれている。頭を垂れ、目的を見据え、成果に目を配り、ひたすら努力して未開の地を耕しさえすれば。

やり抜く力とは、レジリエンスや野心、自制心を体現したものだが、これらはまったく同じではない。[注24]ペンシルベニア大学の心理学者アンジェラ・ダックワースは次のように定義した――努力の過程において見返りや評価を求めることなく、長期目標を達成しようとする「情熱」と「粘り強さ」。これに対して、レジリエンスとは困難を乗り越える力である。野心には、少なくともある程度、富、名声、権力のいずれか、またはすべてを求める気持ちが含まれる。自制心は誘惑に抵抗する力だが、必ずしも長期目標を追求することを意味しない。

ダックワースによれば、やり抜く力は、長期的な成功を予測するうえで非常に重要な指標である。この力をもつ教師は、欠けている教師よりも在職期間が長く、指導者としても優れている。学生の場合は卒業する確率が高くなり、男性は結婚生活の継続期間が長くなる（不思議なことにこの点は女性には当てはまらない）。

感情の敏捷性《エモーショナル・アジリティ》（ＥＡ）には、やり抜く力を伸ばす効果がある。厄介な感情や考えから解放され、挫折に対処し、自分の価値観を見きわめることができ、結果として、価値のある長期目標に近づくことができる。また、目標が意味をなさなくなったとき、手放せるようにもしてくれる。

感情のせいで本来の価値観とは異なる方向に追いやられていると感じたら、それは思考の罠にはまっているという警告かもしれないとすでに述べた。やり抜く力の一部である情熱は重要だが、健全な効果があるのは、あくまで自分を管理できているときであり、情熱に振り回されることがあってはならない。人生にはほかにも大切なことがあるのに、情熱がそれを見えなくするほどの執着に変われば、目標を達成する力にはならないのだ[注25]。ときには耐え忍ぶこともあるだろう――プロジェクトや課題に懸命に取り組み、もしかすると達成感まで得られるかもしれない。だが、その努力や決断が人生の目標にプラスにならなければ、それは少しも自分のためになっていない。

ダックワースは価値観との調和の重要性を指摘するが、一般にやり抜く力という言葉は不屈の精神と同じ意味で使われている。弱さや怠惰、臆病さを見せない人を指すことも多い。しかし、ＥＡがあれば、熟考の末に、もはや役に立たなくなった挑戦をやめる決断をする余裕が生まれる。それは大変望ましいことだ。

これまでにどれだけ多くの息子たちが、父親の歩んだ道を黙々と歩み、父親の夢を追って人生を無駄にしてきただろう。そうした歩みや夢は何の魅力もないのに。家の炉の火を守り、老人の世話をするために、どれほど多くの娘たちが自分の思いを押し殺してきたことだろう。

まちがった気概によって下された政治的決断は、どれだけの数にのぼるだろう。ジョンソン大統領は「戦争に負けた最初の大統領」になるわけにはいかない、とカウボーイ的な不屈の精神を発揮してベトナム戦争を強行した。だが一九六五年の時点で、すでに勝ち目のない戦争であることを密かに認めていた。

二〇一五年にサウスカロライナ州エマニュエル・アフリカン・メソジスト・エピスコパル教会で起きた銃乱射事件で九人を殺害したディラン・ルーフは、信徒がいい人ばかりだったので計画を思いとどまりそうになったと語ったそうだ。だが結局、彼は「使命感」から計画を実行した。(注26)「やり抜く力」がゆがんだかたちで発揮された、おぞましくも痛ましい例である。

自覚していない感情に駆られ、非現実的な目標や有害な目標にしがみつくのは、最も憂慮すべき頑なさである。さまざまな不幸をもたらし、チャンスを失う原因になる。多くの人は満足できない選択や非現実的な選択に多大な時間を投資しているが、それは判断を誤ったことや、自分の価値観が進化したことを認めるのが怖いからだ。しかも、現実によって進路の変更を迫られたときには、もうほかの船が先を航行している。

必死になって小説を書いてきたのに、ものにならなくてほかの道を進むしかなくなることもあるだろう。高校のミュージカルではいつも主役だったのに、いまだにブロードウェイに立てずにいるかもしれない。あるいは、恋人との関係が自分の望むものではないと気づいたのに、すでに人生の何年もの歳月を費やしたことを思うと、なかなか断ち切れないものだ。

しかし、あなたが抱いた野心が非現実的だったとは限らない――単にひどく困難な道を選んだだけなのかもしれない。実際にプロのバレエ団に採用されたり、昔から憧れていた投資銀行の花形部門に配属されたりしたとしよう。しばらくすると高揚感は薄れ、人生はとてつもなく過酷なままだ。冷たく厳しい事実に向き合うのが遅れると、ほかのチャンスをつかむ扉は次々と閉ざされ、大きな犠牲を払うことになりかねない。ときには、「自分のためにこれ以上は無理だ」と言うのが、本当に勇気ある行動となることもあるだろう。

## いつ、どうやって判断するか

「やり抜く力《グリット》」は必要だが、愚かであってはならない。達成できない目標に対する最も機敏で順応性のある対処法は、目標を調整すること、身を引いてほかの目標に乗り移ることだ。

これは恐ろしく苦渋の決断である。やり抜く力こそが重要な資質だという考えに固執すると、自分は臆病者だという感覚に陥りやすくなる。だが、論理的で正直な選択をするのは少しも恥ずかしいことではない（それどころか利点も多い）。こうした変化は、挫折ではなく前進なのだ。状況に応じて自分を進化させ、成長させていることにほかならない。その決断には、美しさと威厳が満ちている。

では、やり抜くかやめるか、いつどうやって判断すればよいのだろう？　美しさと威厳をもって、どのように決断すればいいのだろうか？

スポーツやモデル業など、若さが重視される分野では、答えは明快だ。しかし、仕事はあっても生計を立てるには十分ではないミュージシャンはどうすればいいのか？　研究者を目指しているが非常勤講師の収入で何とか暮らしている人は？　憧れの職業に就いたのはいいが業界全体が斜陽で、どこを見渡しても人員削減の嵐だったら？　起業家として三番目に立ち上げた企業をつぶしてしまったら？　仕事以外ではどうだろう。ひどく悩ましい友人関係だったら？内容は何であれ、あることを粘り強く続けて、ついに壁を突破した人々のエピソードはたくさんあるが、どうにもならない袋小路にはまったエピソードはさらに多い。では、目標を調整し直して立ち去るのか、それとももう一度挑むべきか、どうやって判断すればいいのだろう。

両者を天秤にかける試みとして、経済学者のスティーヴン・J・ダブナーは、埋没コストと機会コストという二つの要素を検討した。(注27)埋没コストとは、ある挑戦に対してすでに投入し、いまさらあきらめるのが惜しいと感じている投資（資金、時間、労力）だ。機会コストとは、すでに選択したことを継続するために断念した挑戦を指す。

簡単に言えば、特定のプロジェクトや仕事、人間関係に投じられた資金や時間は、別のプロジェクトや仕事、人間関係（おそらくもっと満足できるもの）に振り向けることはできない。一歩下がって、埋没コストについて気をもむのをやめれば、さらに多くの時間と資金を投資する価値があるかどうか、的確に判断できるようになるだろう。

続けるべきか、あきらめるべきか、その本当の答えは、感情の敏捷性《エモーショナル・アジリティ》（ＥＡ）を支える自己認識を通してのみ得ることができる。自分の感情に向き合い、距離を置き、前進し、根底にある価値観と目標を見つけ、それを追い求めることだ。

やり抜くかやめるかの決断に直面したときは、こんなことを自問してみよう。


総合的に見て、自分がしていることに満足しているか、それとも喜びを感じているか？

これは私にとって大切なことであるか、つまり自分の価値観に合っているか？

これは私の長所を生かしているか？

自分に本当に正直になるなら、私（またはこの状況）は本当に成功すると信じているか？

これをやり抜くにはどんな機会を断念することになるのか？

私はやり抜く力を発揮しているのか、それとも愚かなのか？

シーソーの原則は、バランスという発想を表現したものだ。挑戦と熟達がクリエイティブな緊張関係に立つ、最適な状態というイメージだ。当然のことながら、人生の目標は同じ場所で揺れ動いていればいいと言っているわけではない。

感情の敏捷性《エモーショナル・アジリティ》（ＥＡ）の目的は、人生を前向きに生きることだ。困難だが達成可能であり、明快な目標に向かって進むことだとも言える。それは義務感からでも、誰かに言われたからでもなく、自分が望み、自分にとって大切だからでなくてはならない。

新たな知識やより豊かな経験を追求し、自分の心に従い、自分にとって大切な問題に対する正直な答えに従っていると、やがてシーソーに座ったままではなくなっているだろう。あなたは高く舞い上がり、自分の心だけでなく、自分の世界をも広げることになるはずだ。

9章

# 仕事を望ましいものにする

EMOTIONAL AGILITY AT WORK

私が初めてエリンに会ったのは、管理職の女性向けの研修プログラムを主催したときだった。彼女はアンサンブルのニットに真珠のイヤリングで美しく装い、ヘアスタイルも決まっていた。彼女を見て、「何でもうまくこなしている女性」という印象をもった。

研修が進むにつれて、参加者たちは職場で感じているプレッシャーと、私生活と仕事を両立する難しさについて語り始めた。すると驚いたことに、それまで落ち着き払っていたように見えたエリンが突然泣き出した。「まさに私もそう。うまくいかないの」

エリンには五歳以下の子どもが三人いて、子どもたちと過ごす時間を増やすために、週に四日だけ働いていた。この勤務形態は上司と相談して決めたことだが、現実には思ったほどうまくいかなかった。ちょうど一週間前、上司が彼女の休みの日に電話で重要な打ち合わせの予定を組んでしまい、承諾するしかないと感じたという。背後で子どもたちが騒ぐ声を聞かせないようにするため、九〇分ものあいだ、クローゼットのなかでうずくまって話をしたという。

彼女がこの話をしているあいだ、ほかの女性たちはうなずき、小さな声で励ましの言葉を口にした。彼女の行動は悲しいが、大笑いしたくなるほどおかしい。誰もが同じように感じていた——みんなを喜ばせようとした結果、惨めな状況に陥り、まるで自分自身の暗いクローゼットに閉じ込められているような気分になっていたのだ。

エリンが閉じ込められていたのも、クローゼットのなかだけではなかった。自分は完璧な従業員で、何が起きても二四時間態勢で対応できる、そんな考えにとらわれていた。家庭生活のことを口にしすぎると評価が下がるのではないかという不安から、彼女は自分のアイデンティティと価値観のなかできわめて重要な位置を占める部分、つまり、子どもたちにしっかりと関わる母親としての役割を覆い隠していたのである。

私はたまたま、彼女の上司をよく知っていた――魅力的な男性だが少しおおざっぱなところがあって、三〇人以上いる部下たちのスケジュールをいつも把握しているのは苦手だった。おそらく、この若い母親が仕事の電話をクローゼットのなかでしていたと知ったら、心から悔やんだことだろう――そもそも、彼女にとっては仕事がないはずの日だったのだから！

研修で気持ちを吐露したエリンは、自分の価値観のために抱えている居心地の悪さと向き合い、上司に率直に話すことにした。そして、電話があったときの状況と、電話によって感じたプレッシャーを一つひとつ説明した（もっとも、即席のホームオフィスがどこだったのかは打ち明けなかったと思うが）。

彼女は、自分の感情（私生活における望みと、「完璧な従業員」になろうとする義務感のバランスをとる難しさへの絶望と怒り）に向き合った。それによって、これらの感情と自分のあいだに空間をつくり、一歩離れ、その本当の姿（それは運命ではなく感情だということ）を理解することができた。

また、上司の期待と自分自身の願いについて率直に会話をするなかで、自分にとって本当に大切なことは何かを考えた。そして自分は仕事を通して得られる知的成長を大切にしているが、子どもたちと過ごす時間も同じように大切に思っていることをはっきりと認識した。そして彼女は、休みとしている週の五日目は、よほどの緊急時は別として、気後れすることなく家で母親として過ごすという結論に達した。

エリンは上司に自分の本当の気持ちを伝えたことで、葛藤と不安の大きな原因を取り除くことができた。新たに築いた職場との明確な関係性によって仕事にはプラスの効果がもたらされ、子どもたちは母親がいるときは十分に目を向けてもらえるようになり、エリンは数カ月ぶりに夜ぐっすりと眠れるようになった。

私生活における満足感と自己実現は、他人から勧められたことではなく、自分の行動を自分の価値観に近づけることによってのみもたらされる。仕事もしかり。給与には何らかの制約が付き物だと思われがちだが、雇用関係は束縛ではないし、従業員は奴隷ではない。感情の敏捷性《エモーショナル・アジリティ》（EA）を生かせば、仕事の言いなりにならず、自らの職業人生を形づくることができるだろう。

## 職場でのあるべき姿とは

今日の企業文化では、職場に不快な考えや感情はもち込むべきではなく、とくにリーダーの立場にある者は感情を表に出さないか、つねにポジティブでいるべきだという考えが常識になっている。自信をみなぎらせ、内面に湧き上がる強い感情は抑えつけなければならない。否定的な感情ともなればなおさらだ。しかし、それは人間の生態に反している。人は健康な状態であれば、どんなに得意なことをしていても、心のなかでは批判や疑い、恐怖などを含むさまざまな感情や考えが行き来するものだ。それが人間の脳の役割であり、脳は世界を理解し、問題を予測して解決し、潜在的な危険を避けようとしている。

だからこそ、仕事では潜在的な罠が行く先々で待ち受けている。私たちの隠れた信念や自己認識、競争心や連帯感のみならず、就業以前の人生で経験したあらゆる出来事が引き出され、取り込まれる。自分は子どものころ、周囲にうまく溶け込めたか、孤立していたか？　親から非現実的な期待をかけられたか？　自分自身に対する期待がいまでも大きすぎるか、小さすぎるか？　自尊心はあるか、自分の才能やアイディアに自信を感じるか、それともそういったものを抑えつけているか？

仕事と言えば、数字や分析、表計算、冷徹かつ合理的な判断に意識が集中しているように思われがちだが、実はさまざまな感情的問題が繰り広げられる舞台である――自分で意識しているかどうかは別として。状況が緊迫したときはとくに、とうの昔の自己像や埃をかぶった昔話が私たちをがんじがらめにする。否定的なフィードバックを受けたとき（または与えなくてはいけないとき）、仕事量を増やすかスピードを上げる必要に迫られたとき、個性の強い上司や同僚への対応を迫られたとき、適正に評価されていないと感じたとき、仕事と生活のバランスが崩れたとき。ほかにも挙げればきりがない。あなたにも思い当たることがあるだろう。

キャリアにおいて前進するには、履歴書を書き換えるのと同じように、昔話も更新しなければならない。また、いまとなっては学生時代の夏のアルバイトを経歴欄に書かないように、昔の出来事には断ち切るべきものもある。

1章で私は、スピードと複雑さが増す現代において、感情の敏捷性《エモーショナル・アジリティ》（EA）はかつてないほど重要性を増していると指摘した。ビジネスの世界はこうした変化の最前線にある――グローバル化に技術革新、地政学的な不安定さ、政府規制の動向、人口動態の推移などにより、仕事は予測できないものになっている。職場での責任範囲は数カ月ごとに書き換えられる可能性があるし、直前の四半期の目標が的外れになることもある。レイオフ、合併、組織改革も珍しくない。感情や考えが安定していたとしても、十分過酷な闘いを余儀なくされる可能性がある。

こうした環境では、仕事の効率を高めるには、計画を入念に検討する能力が求められる。それは、自分たちの決断が会社やプロジェクトのほかの側面にどんな影響を与えるのか予測し、必要に応じて修正することを意味する。私たちには日々変わらない唯一のもの――曖昧さと変化――に対応するレジリエンスが必要だ。また、集団の力を利用して斬新なアイディアや視点を引き出し、仕事を達成する対人スキルも欠かせない。

困ったことに、スピードと変化は柔軟性を求める一方で、私たちの思考を頑なにする要因にもなる。あまりにも多くの情報が押し寄せ、多くの決断をしなくてはいけないため、私たちは最初に思いついた良さそうな推測に飛びつくことがある。たいてい白か黒かの極端な考えだ。また、人と深く交流する余裕がないせいで、人間関係をただのやり取りにしてしまいがちだ。受信トレイにメールが三〇〇通も溜まっていれば、同僚に病気を患う子どもの様子を聞く一言を添え忘れ、要件だけの手短な返信を送りつけてしまうのも仕方ない。

こうした常軌を逸した状況がもたらすのは、注意散漫や早まった決断、短絡的な解決策だ――これは頭の良い人がおかしなことをする現象とも言える。加えて、ストレスや緊張状態、動揺、罪悪感をもたらすことは言うまでもない。そして、テクノロジーやマルチタスキングが解決策を提供してくれるという誤った希望も生まれる（実際にはそんな単純な解決はない）。

## 思い込みが思わぬ結果を招く

数年前、私のクライアント企業で働いているリヴィアという女性に会った。頭の切れる野心家で、きわめて有能なうえに同僚や上司からも好かれていた。実際、経営陣との会合で、彼女が人生を変えるようなポジションに抜擢されることが決まったという話を聞いた。だがそのポジションは、まだ公表されていない大規模な再編に関わるものだったため、本人はそんな素晴らしいことが待ち受けていることは少しも知らなかった（私には守秘義務があり、この朗報を伝えることはできなかった）。

彼女も何かがあることだけは察し、落ち着かない気分になった。どうも経営陣の態度が変わった気がした。一度か二度、経営陣がいる部屋に入ると、全員が話をやめたこともあった。それから数カ月のあいだ、大規模な再編があるといううわさが社内に広まり、リヴィアは「何かがある」小さな兆しを、解雇される証拠だと思い込んだ。「何かがある」としたら悪いことに決まっている——彼女は状況を完全に読み違え、精神的に参ってしまった。そして新しい案が提示されるたびに否定的なコメントをするようになり、アイディアも出さなくなった。やがて私は産休に入り、復帰したときにはリヴィアのオフィスは空だった。彼女は解雇されたのだ。

リヴィアが犯した過ちは、不安にとらわれるばかりで、仕事における根本的な価値観、つまり貢献したいという思いを貫けなかったことだ。たとえ彼女の被害妄想的な読みが正しかったとしても、感情の敏捷性《エモーショナル・アジリティ》（ＥＡ）を発揮していればこう言えたはずだ。「なるほど、私はクビになるかもしれない。でも、だから何よ。私はちゃんと誇れる仕事をして、堂々と去っていこう」。

最初に不安の兆しに気づいたとき、上司と話し合いの場を設け、心を開いてこう言っていればもっと良かっただろう。「どうもおかしな感じがするんです。何が起きているのか理解できるように説明してもらえませんか？」と。

同じく私のクライアントだったアルは、いくつものことにとらわれた結果、ひどく苦しんでいた。一流のビジネススクールを出て、大胆さと知性を兼ね備えた彼は、二人の子どもたちを誇りに思う父親でもあった。私のところに来たのは、昇進を逃したときだった。彼の才能と勤勉な仕事ぶりからすれば予想外のことだった。

アルによると、彼の父親は仕事ばかりしてあまり家にいなかったため、自分はそうはなるまいと心に誓ったそうだ。そのこだわりは、二人目が特別なケアが必要な状態で生まれたことで、ますます強くなった。こうした家庭の複雑な状況から、彼としてはこのうえなく賢明だと思う判断に行き着いた。それは、自分の根底にある価値観に基づいた判断でもあった。つまり、思いやりや感情的なエネルギーは、すべて家庭生活のためにとっておくことにしたのだ。

職場では、自分が最も必要とされている最愛の家族の待つ家に帰れるよう、ひたすら仕事に打ち込み、矢継ぎ早に仕事を片づけていった。誰かと世間話をするような余裕はなく、人間関係が深まることはなかった。自分では集中して効率良く働いているつもりだったが、同僚からはまるでロボットのような、冷たく思いやりのない人物だと思われていたのだ。彼が昇進できなかったのは、そんな理由からだった。

皮肉なことに、アルは自分の昔話（父親が不在だったことの心の痛み）に固執するばかりに、最も大切にしていた目標を遠ざけてしまった。その目標とは、本当の意味で子どもたちの力になることだった。なぜなら家族を守るということは、彼が家にいればすむことではなかったからだ。彼は家族を経済的に守れるように、キャリアに対しても全力を傾け、成功を手にする必要があったのである。

リヴィアもアルも、成功するための条件は整っていた——衝撃を乗り切るのに欠かせない感情の敏捷性《エモーショナル・アジリティ》（ＥＡ）を除いては。敏捷性を養うには、無益な考えや感情、習慣から自分を解き放ち、日々の行動を長期的な価値観と願いに一致させることが第一歩となる。

職場にはさまざまな働き手がいるように、とらわれ方も実にさまざまだ。私がコーチングをしていてよく出会うのは、「課題」にとらわれている幹部だ。このタイプはやるべきことを並べたリストをもって会議に臨み、チームのメンバーとはもっぱら特定の項目についてのみやり取りをする（「ラファエル、昼までにマーケティングレポートが必要だわ」）。共通の目標をもった人間同士のやり取り（「このプロジェクトの効果を高める方法について、誰かいい考えはないかしら？」）もなければ、課題を共有する関係性もない（「顧客に卓越した何か——私たちが本当に誇れるような何かを提供するには？」）。

このタイプの幹部は、メンバーが割り当てられた課題に取り組んでいないように見えると、身構えるか攻撃的になる。あるいは、課題に締め切りを設け（「この報告書は今日の二時四五分きっかりに仕上げてちょうだい」）、チームのもっと大きな要求や考え、望みなど少しも考慮しない——たとえば、優れた成果があってもねぎらうことがない。フィードバックを行う際は、本来なら、課題にしか目を向けない。「この四半期は数字が下がっているわね」と言ってすませる。

「数字が下がっているようね。あなたはいまどんな問題に直面していて、どうすれば一緒に改善できるかしら?」と言うべきところを。

対して、EAをもつマネジャーは、自分の小さな視点から一歩離れることができる。細かいことが重要なのはわかっているが、思考や計画を「課題」から「目的」へと引き上げる方法も理解しているのだ。会議の前は、こんなふうに自問するだろう。「この会議の(共通の)目標は何か?」「終了時にはチームのメンバーの気持ちをどんなふうにもっていきたいか?」「どんなフィードバックをすれば、各自がそれぞれの目的を達成するのに役立つか?」

もう一つ、職場で驚くほどよく見られる思考の罠は、関心を向けすぎることだ。数十年前は、仕事はテーブルに食事を並べるための手段であり、社交クラブや趣味、教会や寺院などを含む人生の一要素にすぎなかった。いまや多くの人にとって労働時間は長くなり、職場は社会とつながる主な場所となり、自己意識と密接に結びついている。

また私たちは、仕事には「目的」を見出すことができるし、そうすべきだというメッセージをつねに受け取っている。確かに仕事には精神的な充足感を高める力があるが、その半面、かつてないほど、全体を見渡す力やバランス感覚を失いやすくなっている。

関心を向けすぎることは、自己防衛的に自分の専門知識を見せつけ、必ず答えを出さなければという義務感に駆られ、ミスを認められないといった硬直した状態として現れる。対人関係では、同僚の領分を侵し、自分には関係のない問題にやたらと口を挟み、他人の苛立ちや気まぐれのことで頭を（または会話を）いっぱいにするといったことにつながる。

関心を減らすことは、怠惰と同義であると感じるかもしれない。だがそんなことはない。実のところ、一歩離れて自分を解き放つことであり、それによって私たちは人生のより多くの面に目を向け、同時に自分が本当に大切にしていることのために効率良く働けるようになる。

## 他人を客観的に評価するのは難しい

私たちはたいていチームで仕事をしている。そのため、自分自身の物語やバイアスだけでなく、仕事仲間の物語によって思考の罠に陥ることもある。自分でも気づかないうちに、同僚の長所や短所について判断し、貢献や才能の程度を評価しているのだ。
他人について誤解するのは簡単だ。誰もがなかなか認めようとしないが、その根底には太古の昔から変わらないバイアスがある。さらに悪いことに、人は自分の客観性についてもバイアスがあるため、そもそも自分の見方が偏っていることにも気づかない。(注1)
ある研究では、実験参加者に対し、警察署長の候補として、男性（マイケル）と女性（ミシェル）の経歴を説明したうえで質問をした。(注2)警察署長には、世知に長けていることと、しっかりした教育を受けていることのどちらが重要か、と。すると、何度聞いても、参加者は男性候補の経歴と一致する特徴を選んだ。男性候補が経験豊かであれば世知に長けていることが重要だと答え、男性候補が高学歴だと聞くと教育が重要だと答えたのである。参加者は性別によるバイアスのみならず、自分の思考がとらわれていることにも気づいていなかった。

別の実験では、参加者はある人物とのカードゲームで賭けをするよう指示された。(注3) その人物は、身なりの良い自信にあふれたタイプか、粗末な身なりのおどおどしたタイプのどちらかを装った(両者は遊び心で「伊達男」と「カモ」と名づけられた。研究者にもユーモアはある)。

このゲームは、一組のトランプからランダムにカードを引くという完全に運任せの内容だったにもかかわらず、参加者は相手がぱっとしないカモのときは、はるかに強気の賭けをしていた。テーブルの向こうにおどおどした貧しい身なりの負け犬らしき男が座っているのを見ると、とたんに自分の方が優れているというバイアスにとらわれた。そして理屈とは関係なく、たとえ運次第のゲームでも優位に立てるだろうと考えたのだ。

『ハーバード・ビジネス・レビュー』の記事のなかで、私がコンサルタントを務めている企業で働く「ジャック」というシニアマネジャーについて書いたことがある。(注4) 彼は職場でずっと好人物だと思われてきた。ところがある日、彼が大きなプロジェクトからの撤退を発表すると、落胆した部下たちは急に見方を変えた。彼らの心のなかで、ジャックはもはや、パーティーで誰とでもおしゃべりをする好人物ではなかった。ほかの上司たちと同じように、利己的でリスクを嫌う冷酷な嘘つきになっていたのだ。

他人の行動は固定された性格的「特徴」——利己的であるとか、リスクを嫌うなど——に起因するという発想にとらわれることは、実によくある。いわゆる「対応バイアス」と呼ばれるものだ。(注5) これに対して、自分の望ましくない行動については「状況」への対応だったと釈明するのが普通だ（「私に何ができた？ プレッシャーにさらされていたんだ！」）。ハーバード大学の心理学者ダニエル・ギルバートは、対応バイアスの原因として次の四つを挙げている。(注6)

**①状況を十分に把握できていない**：プロジェクト・キラーのジャックの例では、スタッフはジャックの決断の全容をまったく知らなかった。彼が撤退を避けようとして精一杯努力した可能性や、やり遂げようとして上層部からどれだけ叩かれたのかといったことを。

**②非現実的な期待を抱く**：スタッフはジャックが板挟みになっていることを理解していたとしても、心のなかでこう言っただろう。「なんて腰抜けなんだ——私なら絶対にそんなふうに降参しなかった」

**③言動を誇張して評価する**：彼のチームのメンバーは、ジャックがほんの少しだけほほ笑んだのを見て、仲間の夢と望みをつぶしたことを喜ぶサディスティックなうすら笑いと解釈する可能性が高い。

**④最初の思い込みを修正できない**：失望したチームのメンバーが、やがてジャックの決断の背景について知ったとしても、彼についての見解を改めることは決してないだろう。

実のところ、ジャックの部下たちが彼に好感を寄せていたときのプラスのイメージも、彼が自分たちの意に沿わない決断を下した後で飛びついた否定的な結論も、どちらも不完全なものだった。十分な情報があったわけではなく、ジャックについて何も知らなかった。私たちは感情の敏捷性《エモーショナル・アジリティ》（ＥＡ）を養って初めて、視点を変え、出会った人々や状況について吟味し、発見し、理解を深めることができるのだ。

## 集団だからこそ生じる惨事

仕事は協力して行うものである以上、罠にはまるのは一人だけとは限らない。チーム全体がはまることもある。

二〇〇五年三月、イレイン・ブロミリーは、簡単な手術のために病院を訪れた(注7)。副鼻腔に問題があり、症状緩和のため、鼻の内部の湾曲を治すことになっていた。夫のマーティンは手を振って妻を送り出し、二人の子どもを連れて週に一度の買い物に出かけた。

数時間後、マーティンに電話がかかってきた。イレインが麻酔導入後に気道確保困難となり、意識がなかなか回復しないというのだ。酸素レベルが急激に下がったため、集中治療室に移された。マーティンが病院に到着したときには、妻は昏睡状態に陥っていた。数日後、彼は医師たちが生命維持装置を停止することを承諾した。

調査によると、イレインの気道は処置開始直後につぶれていた。麻酔専門医は標準的な医療行為として、人工呼吸器を使って酸素を送り込もうとした。この医師の応援要請に応じ、麻酔専門医がさらにもう一人、外科医が一人やってきた。そしてイレインの気道に管を入れようとしたが(「挿管」と呼ばれる)、うまくいかなかった。

患者が酸素のない状態に耐えられるのはわずか一〇分ほどで、それ以降は脳に回復不能な損傷が生じる。そこで「酸素を供給できず、挿管もできない」という生死に関わる状態では、呼吸管の挿入をあきらめ、代わりに患者の気道に直接酸素を送り込む方法を見つけるのが鉄則だ。この場合、首から気道(気管)まで直接緊急切開を行うのが最も一般的である。

手術室にいる三人の医師たちの経験は、合わせれば六〇年分にもなった。ガイドラインは熟知していたのに、処置を切り替えず、ひたすら挿管を試みた。ようやく挿入できたときには二五分以上が経過し、すでに手遅れになっていた。

医師たちが挿管を試みていたとき、状況をはっきりと理解した看護師の一人が気管切開キットを差し出したが、はねつけられた。また、もう一人の看護師は集中治療室のベッドを確保したものの、医師たちの表情が騒ぎすぎだと言っているように見えたため、キャンセルした。

ありふれた手術が最悪の結果に至ったのはどうしてなのか? 鼻以外はどこも悪くない三七歳の女性が、現代の病院で、経験豊富なスタッフによる簡単な手術を受けようとしただけなのに、死に至ったのはなぜか？　答えはずばり頑なさだ。医師たちは視野がきわめて狭い状態に陥っていた。状況を認識できなくなり、コンテクストを狭めていた。一歩下がり、起きていることを分析して理解し、プランAからプランBへと切り替えることをしなかった。

手術室にいた看護師たちはのちに、医師が誰一人として気管切開を行わないことに驚いたが、口出しできる雰囲気ではなかったと語る。あのような緊急時に看護師がリードすることなど、医師たちに受け入れられるわけがないと思ったそうだ。だがそれは、医師に対する看護師自身のバイアスを物語るものだった。

ここまで悲劇的な結果ではないにしろ、集団で罠にはまる状況は職場の至る所にある。クローゼットのなかで電話を受けたエリンが、そうせざるを得ないと思ったのも同じことだ。このタイプの頑なさは、デザインチーム全体が、とんでもない失敗製品の開発にのめり込む事態にもつながる――市場データから結果が目に見えているときでさえも。イレインのケースが特殊なのは、誤った意思決定が痛ましい死亡事故を招いたという点だけである。

会議で人と違う見方や方法を述べる勇気がなく、あるいはそんな資格がないと思って疑問や反対意見を飲み込んだ経験は誰しもあるだろう。反対意見を述べ、少数派になるのは危険だし、恐ろしいものだ。しかし少数派になるときの難しい感情に向き合おうとしなければ、あなたの声は決して届かない。

ときには建設的な沈黙もある――あまり重要ではない議論に関わらないようにしたり、同僚が思いつきで口にしたアイディアをくだらないと一蹴せずに口をつぐんだりする場合だ。だが、チーム全員が同じ意見であるべきだという考えは心地良いとしても、それは組織の敏捷性ではなく、集団思考という大惨事へと至ることがあまりにも多い。

### ▶仕事で罠にはまっているのはこんなとき

- 明らかにより良い道があるのに、あるアイディアや「これこそが正しい」という考えを手放せない。
- 過ちが起きていることに気づいているのに、何も言わずにいる。
- 広い視野で考えず、小さな課題に追われている。
- 無関心になっている。
- いちばん楽な業務や課題にしか手を挙げない。
- 同僚やプロジェクトについて皮肉めいたことを言う。
- 憶測やステレオタイプで同僚を見る。
- 自分自身のキャリア形成に主体性がない。

## 仕事のストレスをうまく扱うには

仕事に真剣に向き合うとは、空間を設け、自分の考えと感情にラベルを貼り、それらをありのままの姿で理解することを意味する。それを事実や命令ではなく、情報として受け止めるのだ。そうすれば、自分の精神的プロセスから一歩離れて空間をつくり、全体感を得ることができ、ひいてはそれらが私たちを支配する力を軽減してくれる。

アメリカでは、つねに恐怖を味わう仕事に就いている人は比較的少ない――船が転覆するとか、坑道が崩落するとか、銃を手にした六人の麻薬密売人に取り囲まれるというような、命の危険を感じる恐怖のことだ。しかし、仕事をしている人なら誰でも、ストレスのことは良く知っている――あの大昔の、闘うべきか逃げるべきかという直感がもたらす、胃が締めつけられる現象だ。もっとも現代では、原因は第3四半期の報告書や、たちの悪い顧客、ぞっとする会話、解雇されるのではないかという恐怖に変わっているが。

このようなタイプの恐怖が、不安に由来するホルモンを一定かつ長期的に分泌することは2章で述べた（「大変だ！　ヘビだ！」というときにアドレナリンが一気に分泌されるのとは対照的だ）。心理学ではこれを「アロスタティック・ストレス」または「アロスタティック負荷」と呼び、長期的に経験すればするほど心身の疲労が増す。

グループで仕事をする環境にあるとき（つまりほとんどの時間）、周囲の誰もがストレスを抱えていると（つまりほとんどの場合）、すでに触れた「社会的感染」というプロセスによって、誰もが他人のアロスタティック負荷を増加させることになる。一般的な職場では、ストレスは抑圧的な雲のように、全員のワークスペースの上に垂れこめている。そして副流煙と同じように、人のストレスは周囲にいるすべての人に多大な影響を与えうる。

ある研究では、看護師のグループに、自分の気分や仕事上のもめごと、チーム全体の感情的な「雰囲気」について毎日記録をつけてもらった[注8]。三週間にわたる記録から明らかになったのは、ある日のある看護師の気分は、良い場合も悪い場合も、同じチームのほかの看護師の気分によってかなり予測できるということだった。驚くべき点は、それが仕事とはなんの関係もないときでも、看護師同士がほんの数時間しか一緒に過ごしていなくても、感情の感染が起きたということだ。やがて、この伝染性の気分は全体に広がり、組織文化に影響を与える。

別の研究では、ストレスのたまった人を見るだけでも、見た側のストレスが増すことが示されている[注9]。実験の参加者はマジックミラー越しに、見知らぬ人物が難しい数学の課題を出され、高圧的な質問をされる様子を観察した。すると、参加者の三分の一近くにコルチゾール（ストレスを感じたときに分泌されるホルモン）の大幅な上昇が認められた。ビデオでストレスをもたらす出来事を見たときも、四分の一の参加者に同様の反応が現れたという。

ストレスは致命的なものになりかねないが、ストレスについてストレスを感じること（62ページで触れた「タイプ2」の思考）は、本当に命取りになることが明らかになっている。(注10) 約三万人に対する調査によると、多くのストレスを経験しても、ストレスが害になると心配していない人は、それ以外の回答者と比べて、以後八年間に死亡する確率が低かった。だが、多くのストレスを抱え、なおかつそれが害になると信じている人は、四〇％以上の高い確率で死亡していた。

ただし、何度も述べたように、ストレスそのものが悪いわけではない。締め切りや期待があるからこそ、緊張感を保つことができる。ある程度のプレッシャーは生きることの一部であり、「ストレスを取り除くこと」は「死者のゴール」にほかならない。

感情の敏捷性《エモーショナル・アジリティ》（EA）に関してぜひ覚えておいてもらいたいのは、ストレスを否定し、封じ込め、思い悩むのは非生産的だということだ。ストレスを避けるのは不可能だが、ストレスとの関係性を調整することはできる。縛られたままでいる必要はない。主導権を握るのは私たちだ。

そのためにはまず、ストレスは人生を台無しにする苦痛だと思うのをやめ、存在を素直に認めよう。ストレスはすぐに消えるわけではないと認め、向き合うことだ。

次に必要なのは、「ストレスを感じている」という状態があなたのすべてを表しているのではないと理解することだ。「私はストレス状態にある」と言うとき、自分自身のすべてをその感覚と融合させている。この表現はまさに、あなたのアイデンティティのすべてをストレスという感覚に結びつけており、一層息苦しいものになる。

5章では、ある感情をあるがままのもの（一つの感情）として、考えをあるがままのもの（一つの考え）として声に出して言うことが、感情と距離を置くための手っ取り早く、きわめて強力な手段になると指摘した――「私は気づいている……ストレスを感じていることを」。そんなふうに捉えれば、自分と感情のあいだに空間をつくることができる。

だがそれには、正しいラベルづけを行わなければならない。自分では「ストレス」と呼んでいるものが、実は多くの仕事を引き受けすぎたことによる「疲労」や、協力的ではないチームに対する「不満」だったということもあるからだ。

感情の目的について考えるときは、それがあなたに何を教えようとしているのかを考えること。もしかすると、チームのメンバーとの話し合いや、責任者に仕事をもっと公平に分担するように訴えることが必要だという合図かもしれない。あるいは、その感情は切符の値段にすぎないのかもしれない――成長と挑戦を提供してくれる理想的な仕事につきものの、あまりうれしくない側面だ。

あるいは、この理不尽な状況にうんざりし、オレゴン州のポートランドあたりに移住して、こだわりのチーズづくりを始める時期だと知らせているのかもしれない（ただし、チーズづくりにはストレスがないとか、流行に敏感な人々と張り合って太陽の光が降りそそぐロフトを借りようという甘い考えは捨てること。そういったストレスにも効用はあるかもしれないが）。

## そもそも、なぜ働くのか

　オーストリアのウィーンから鉄道でほんの少し南に行ったところに、美しい緑の丘に囲まれ、整然とした町並みが魅力的なマリエンタールという町がある。(注11)一八三〇年に紡績工場ができて以来、世紀をまたいで地域の雇用を支えていた。ところが一九三〇年代の世界大恐慌で産業は大打撃を受け、町の労働者の約四分の三が失業した。

　だが、多くの工場が閉鎖される少し前に、オーストリアではすべての国民に失業保険の加入を義務づけていた。この保険はマリエンタールで失われた賃金のかなりを補う額になるはずだが、一つ問題があった。受給資格を得るには、解雇された労働者たちは報酬を伴ういかなる仕事もしてはいけないことになっていた。ほんのちょっとした仕事さえ許されなかった。当時の記事には、ある男性が歩道でハーモニカを吹いてチップをもらったため、失業手当を失ったことが記されている。

　一九三〇年から三三年にかけて、グラーツ大学の研究者たちがこの地域の住民に降りかかった著しい変化を観察した。しばらくすると町全体が無気力状態に陥った。散歩が習慣だった人は散歩をやめ、ハイカーはハイキングをやめた。主な余暇の過ごし方は昼寝になった。男性はもはや時間を気にする必要がないので時計を身につけなくなり、妻たちは夫がいつも夕食に遅れることに不満をもらすようになった。ほかにどこにも行くところがないというのに。

町の人々は暇な時間ができても、読書をしたり、絵を描いたりというような、芸術活動や知的な楽しみにふけることはなかった。それどころか、調査が行われた三年間で、町の図書館の平均貸出数は五〇%も落ち込んだ。どうやら、働けなくなってしまったことで、マリエンタールの住民はあらゆることに興味を失うほど無気力になってしまったようだ。

すでに述べたように、仕事は収入以上のものをもたらしてくれる。アイデンティティや目的意識に加え、私たちがそのほかの活動や興味をうまくやりくりするための枠組みも与えてくれる。また、仕事は心の健康にも大きな効果をもたらすことがある。定年退職した人は、仕事の代わりに何か新しいことを始めないと、認知力の低下が加速する危険があるそうだ。(注12)

仕事に期待するものに給与が含まれるのは当然だが、私が独自に行った調査からも、給与は仕事が与えてくれる満足感やインセンティブの唯一の要素ではないことは明らかだ。私は最近、アーンスト・アンド・ヤングの依頼で、私が「ホットスポット」と呼ぶ組織についてのパフォーマンスについて調査した。ホットスポットというのは、従業員のエンゲージメント——そこで働く人々が自分の力を最大限発揮して組織に貢献していると感じている状態——がとくに高い事業部門を指している。

ホットスポットでは、収益性や外部からの評価といった指標が突出して良好だった。しかし、これらの指標がエンゲージメントを高めているわけではない。むしろ逆で、エンゲージメントが業績の予測指標になっていた。これは実に興味深い発見だった。ホットスポットにおけるエンゲージメントが、従業員にとっても組織にとっても望ましい成功をもたらしている理由は何なのだろう？　私が行った調査では、給与がモチベーションになっているとする回答は四％にすぎなかった。従業員が挙げたのは、チームの連帯感、仕事のやりがい、一人の人間として尊重されること、自分の役割に自信を感じられることだった。

## すべての仕事に「感情労働」の側面がある

私は一四歳で働き始めたが、大学を卒業してからの初めての「本格的」な職業は、ニュージーランドのある研修組織でのテクニカルライターだった。それまで人生で何をしたいのか深く考えたことはなかったが、実務文章の作成ではないとすぐに気づいた。その仕事がいやで仕方なかった。昼休みになると、同じ部署で働くもう一人の若い女性と外に出て、同僚のことから業務内容のこと、上司の女性のこと、その他あらゆることについて不満を爆発させた。そしてオフィスに戻ると、何の問題もないかのように振る舞ったものだ。

昼休みに同僚と愚痴を言い合うのも、それからオフィスに戻ってすましているのも、どちらもいい気分ではなかったし、仕事にもあまりいい影響はなかった。本来なら、私は自分の苛立ちや不満と向き合い、何がその原因なのか吟味すべきだった——自分にとってはやりがいに欠けていたのだ。

そして次に、そうした感情から一歩離れ、最も建設的な方向へと踏み出せるように視野を広げる必要があった。精一杯仕事をして、できるだけスキルを高めて人間関係を築き、この退屈な仕事を、自分が本当にしたいことが何かを学ぶ機会とすべきだった。要するに、エネルギーは不平を言うことに使わず、新しい仕事を見つけるために有効に使うべきだった！

ヤシの木を育てる仕事だろうと、ナパーム弾を売る仕事だろうと、必ず肉体労働か知的労働もしくはその両方が伴う。だがもう一つ、感情的な労働も必ず含まれる——これは心理学で「感情労働」と呼ばれている。あらゆる仕事とあらゆる人間関係に欠かせない、対外的な顔を保つことへと注がれるエネルギーだ。

勤め人であれば、面白くない冗談に調子を合わせて笑ったことがあるだろう——上司だからという理由で。あるいは、家のベッドで本を読んでいたいのに、何かの会合に出席して楽しそうなに振る舞ったこともあるだろう。感情労働というのはある程度、礼儀正しくすることや、うまくやることと同じだ。私たちはみんなそうしているし、普通は害がない。誰かの家でひどい鶏肉の赤ワイン煮を出されても、皿に吐き出すよりは、女主人ににっこりほほ笑んでお世辞を言う方が社会的には機転がきくというものだ。

しかし職場では、感情を偽る「表層演技」をすればするほど、あなたの状況は悪化する。本当に感じていることと、装っていることの不一致が大きくなりすぎると、それは燃え尽き症候群へとつながり、大きな疲労がたまり、あなたにとっても、組織にとっても、あらゆる悪影響がもたらされる厄介な事態へと至るのだ。

あなたも仕事で散々な一日を過ごした後、その感情を私生活に引きずる経験をしたことがあるだろう。自分が獲得すると思っていた大きなプロジェクトが同僚のものになったのを喜ぶふりをしたり、終わらせないといけない仕事を中断し、とりとめのない会議に真剣な顔を装って三時間も付き合ったりすれば、帰宅時には憂うつな気分になっていて当然だ。ジムに行くか、ゆっくり夕食を楽しみたいところだが、昼間のオスカー俳優並みの演技のせいで疲れ果て、本来の自分から切り離されてしまったら、そんな気力は残っていない。

ホテル業界で働く人々は、とりわけ表層演技の苦痛が大きいものと思われる（「おっしゃる通りです、お客様。お食事の準備が三分遅れたことをお詫び申し上げます」「かしこまりました。もっとふんわりしたバスローブをお持ちいたします」）。ある調査では、ホテルの従業員を対象に、仕事で抑圧的な感情を抱くことと、家庭における夫婦間の軋轢の関係を測った。(注13)予想通り、ホテル関係者の夫や妻は、家庭生活を救うために、配偶者がほかの仕事を見つけてくれるように切実に願っていることが明らかになった。

実際には、ホテルの従業員がもてなしの心や気づかいをどれだけ容易に、そして心から醸し出せるかは、仕事にどのような価値観を抱いているかに左右される。たまたまその仕事に就いたとか、マドリッドやモルジブで暮らしてみたかったという理由で働いているなら、あまりにも大きなアロスタティック負荷を背負うことになり、つねに表層演技をするストレスに押しつぶされてしまうかもしれない。だが、ゲストを喜ばせ、滞在中に楽しく過ごせるよう心配りをするのが本当に好きなら、表層演技とは無縁だろう。

自分が望む生き方に見合った決断をして、自分が望む仕事と経歴を手に入れるには、自分にとって大切なことと向き合い、それを道しるべにする必要がある。私たちは忙しくなりすぎると、自分のなかで脈打つ「なぜか」という理由に耳を傾けることを忘れてしまう。そうなると、書類をめくり、ネットサーフィンをして、無意味なメールを読み、休憩室でおしゃべりして、とてつもなく満たされない思いを抱きながら、何時間、もしかすると何年もの時をあっというまに浪費してしまう。仕事と深く関わり、最大限の能力を発揮できるようになるには、「理由を考えながら歩む」こと、つまり自分にとって大切なことに見合った行動をとるしかない。

心からやりがいを感じているホテルの従業員のように、多くの人にとって、働く理由の大きな部分を占めるのは、人と人とのつながりだ。イスラエルで行われた研究では、放射線科医は読影する患者の写真を見せられると患者への共感が高まり、さらには報告書の作成にかける時間が長くなった。(注14) こうした変化によって、診断の精度が四六％以上も高まっただけでなく、仕事のやりがいも大きくなった。

## ジョブ・クラフティングの勧め

想像上の完璧な世界では、誰もが順風満帆な状態で仕事をしている。挑戦と能力のシーソーでバランスをとり、人間性を保ち、華やかな人たちとランチをして大金を稼ぐ。

現実の世界ではそうもいかない。仮に将来そんな仕事が待ち受けていて、それだけに集中するとしても、はしごのはるか下の段からのぼり始めなくてはならないだろう。あたながまだ人生を模索中なら（私が若いころにテクニカルライターとして働いていたときのように）、どのはしごを本格的にのぼるべきか決める前に、さまざまな仕事を試す必要があるかもしれない。

では、夢の仕事がはしごのてっぺんや、地平線のはるか彼方にあるとわかったが、いくつものわかりきった理由（お金、タイミング、場所、景気）から、すでにしている仕事を続けるしかないとしたらどうすればいいのだろう？

そんなときは、自分の感情と向き合い（「私はうんざりしている」）、一歩離れて思考の罠から距離を置き（「これ以上はうまくできない」）、自分にとって何が大切であり何がしたいのかをよく考え（「だけど、同僚たちはいい人ばかりだ」）、そのうえで現状に小さな工夫を加えることだ。

つまり、実行可能で、なおかつ生き生きとした積極的な人生へと近づけてくれるような、長い目で見て自分に役立つ行動をとらなくてはならない。

仕事に工夫を加え、創造的に仕事を再構築することを「ジョブ・クラフティング」という。自分の仕事の現状を創造的な目で見つめ、その仕事をより充実した、やりがいのあるものにするための工夫だ。[注15] ジョブ・クラフティングに取り組む人は、職業人としての人生に大きな満足感を抱き、組織で優れた業績を上げ、苦難を乗り越える力《レジリエンス》に優れていることが多い。

ジョブ・クラフティングの第一歩は、自分が最も魅力を感じる活動（仕事でもそれ以外でも）に注意を向けることだ。たとえば、あなたが管理職ではなくても、週末に息子のリトルリーグのコーチをするのが大好きだとしよう。それなら、若い社員にアドバイスするメンタリング制度を導入したり、社内で親の職場を見学する日を主催したりできないだろうか？

または、営業部にいるのに、マーケティングのアイディアが絶えず浮かんでくることに気づいているとしよう――実際、いくつか社内のほかの部署で採用され、実現した企画もある。ならば、マーケティング部の週に一度の戦略会議に参加できるように頼んではどうだろう？　営業部ならではの視点を提供してマーケティングをサポートしたいと提案してみては？

軍隊の基礎訓練では、「絶対に志願するな」という昔ながらの有名な格言がある――新兵が上官から「志願者はいないか」と言われて手を挙げたら、トイレ掃除など、何か有り難くないことをさせられるという意味だ（もちろん、これは志願しなければ「志願を命じられる」状況であることを意味する）。だが軍人は別としても、自ら仕事を買って出るのは自分の境界線を広げるための素晴らしい方法だ。

　また、まわりの人との関わり方や範囲を変えるのも、ジョブ・クラフティングの実践になる。たとえば、工場の作業現場に外国人労働者が雇われたなら、出向いて会話をしてみる。言語を教え合うのもいいかもしれない。あるいは、現行製品のラインを彼らの文化的視点で見てもらい、その意見を採り入れて自社製品を多様化できるかもしれない。

　さらに、ジョブ・クラフティングを通して、自分がしていることに対する見方が変わることもある。たとえば、あなたは最近めざましい昇進をしたが、いまでは大好きな仕事ができなくなり、管理業務に追われているとしよう。これからはもう、ありきたりの役人のようになるしかないのか？　それは何を重視するかによって違ってくるだろう。指導者や相談相手になること、人々の可能性を開花させ、彼らの人生がより良いものになるように手助けするリーダーになることを重視しているなら、管理職の仕事にも大いに創造性を見出せるはずだ。

　ジーンは子どもが決して憧れないような単調な仕事をしていた——医療機器工場の組立ラインの仕事だ。彼女の担当は、小型の穴開け器を操作して、がん専門医が腫瘍に薬剤を直接投与するのに使う細い管に穴を開けることだった。穴を完全に開け切らないと、残ったプラスチックのせいで薬剤がきちんと投与されないおそれがあり、最悪の場合は体内で破損して患者に害を及ぼす危険もある。

　ジーンは二八年にわたり、勤務日には毎日八時間、細いプラスチックの管にひたすら穴を開け続けてきた。そして二八年ものあいだ、彼女は作業スペースの脇に必ず瓶を置き、くり抜いたプラスチックを入れた。その小さな断片の一つひとつがただのプラスチックのくずではないとわかっていたからだ。それは救えるかもしれない一つの命だということを。

ジーンはこの瓶のおかげで、世界で最も退屈だったかもしれない仕事に意味を見出すことができた。瓶に目をやるだけで、自分がしていることの重さを実感できたのだ。それは彼女にとって、放射線科医のファイルに添えられた患者の写真と同じものだった。

もちろん、ジョブ・クラフティングには限界がある。さまざまなキャリアの選択肢を試すあいだも、本来の職務を中断するわけにはいかない。また、どんなに素晴らしいアイディアを思いついても、会社にはその実現を後押しするだけの資源がないかもしれない。だからこそ、取り組みについてオープンであることが重要だ。

ジョブ・クラフティングのアイディアに支持を取りつけるには、自分の望みをかなえると同時に、組織にとっても価値を生み出せるような方法に注目しなければならない。上司をはじめとする周囲の人々と信頼関係を築き、いちばん力になってくれそうな人たちから支持を得られるように努力することが欠かせない。もしかすると、上司は同僚のあいだで仕事の配分を見直してくれるかもしれない。あなたには気が重い仕事が、同僚にとって夢のようなチャンスであることも、その逆であることもあるのだから。

ジョブ・クラフティングにどんなに取り組んでも、自分にとってまるで筋違いの場所からスタートしていたら、完璧な仕事に結びつくことはない（もっとも、完璧な仕事など存在しないが）。たとえば、私がテクニカルライターとして働いていたとき、どんなに工夫を重ねたとしても、ジョブ・クラフティングによって満足を得ることはなかっただろう。

だからこそ、自分のあらゆる感情に向き合い、前向きな感情だけではなく、否定的な感情からも学ぶことが有効なのだ。感情の敏捷性《エモーショナル・アジリティ》（ＥＡ）があれば、自分に合わない仕事でも、最良の仕事に就くのに必要な視点やスキル、結びつきを得るために生かすことができる。差し当たっては、いま行っている仕事から何かを得られるようにしたい。そうすれば、私たちはただ生計を立てるだけでなく、本当の意味で生きられるようになるはずだ。

# 10章

# 子どものために できること

RAISING EMOTIONALLY AGILE CHILDREN

現代の親たちは人類史に例がないほど知識豊かで、教育熱心である。もしかすると、それこそが少子化の原因なのかもしれない。背景にあるのは、クラフトビールや、産地情報を細かく表示した地元の野菜が人気を集めるのと同じような、こだわりの本物志向ではないだろうか。

資本主義が世界を支配し、競争が一段と激しくなるなかで、もはや子どもたちの成功が運次第で決まるとはとうてい思えなくなっている。上位一％が信じられないほどの贅沢にふけり、下位二〇％が食べることすらままならず、中間層は樽に放り込まれたカニのよう這いずり回るしかない。親たちは情報収集にやっきになり、子どもたちができるだけ良い大学に入り、人並みの人生を過ごせる仕事に就けるよう、一つひとつの決断をきわめて慎重に行っている。

その一方で、自尊心を重視する風潮が広まっている。(注1)これは、従来の冷淡かつ権威主義的な子育てが、子どもの心理面に有害な副作用を与えたことに対する反動だ。しかし、優秀で自信のある子どもを育てようとするあまり、精神的な苦痛となりうるあらゆる試練を遠ざけようとしている。キャロル・ドゥエックの「結果ではなく努力を認める」という提言が曲解され、安易に褒美が与えられる――努力すればA、出席したらメダルというように。

残念ながら、こうした扱いは子どもが学習し、経験を通して成長する能力を過小評価し、願いとは裏腹の予期せぬ結果を招くことがある。たとえば、成果ばかりを重視すると、成功の概念が矮小化される――つまり、成功とは子どもが一定レベルの収入を得られそうな特定の仕事に就くことを意味するようになる。だがこの時代、予定された成果の達成にどれほどの意味があるのだろう。ある予測によれば、現在の小学生の六五％が、まだこの世に登場さえしていない仕事に就く可能性があり、その兆候を示す証拠がすでに十分にあるという。(注2)二〇一〇年のアメリカにおいて急速に需要が高まっている仕事のトップテンは、いずれも二〇〇四年には存在しなかった。そしてイノベーションは加速するばかりだ。

さらに憂慮すべきことに、昨今、大学ではこんな若者が増えている。高校時代は万事順調、一流大学に進学して学業は楽々こなせるのに、生活面がおぼつかないのだ。だらしのないルームメイトや、恋心に応えてくれない相手にどう対応すればいいのかわからない。しかも、過干渉の「ヘリコプター・ペアレント」が様子を見に押しかけてくる（「サプラ〜イズ！」）。

スタンフォード大学で学生部長を務めていたジュリー・リスコット＝ヘイムスは、著書『大人の育て方（*How to Raise an Adult*：未訳）』のなかで、このような若者たちを「存在的に無力」と評している。(注3)そして、彼らがしばしば、収監された青少年に匹敵する割合で抑うつ症状や不安を抱えていることや、新しい考えを取り入れる積極性に欠け、人生に対する満足感が低いことを示す研究を引用している。

過保護がもたらすもう一つの意図せぬ影響は、親の愛が特定の行動によってのみ得られるものになることだ。これは「条件つきの自尊心」、つまり自分の価値は獲得すべきもの、という思い込みをもたらす。(注4)容姿を褒められて育った若い女性が摂食障害を起こすのも、その一例だ。頑張りすぎている学生もしかり。精一杯勉強して優秀な成績を収め、クラスの代表になるが、一つの試験で思わしくない点数を取っただけで動揺してしまうのだ。毎日練習に励んで花形のクォーターバックになった選手が、決勝戦の山場でミスをして心を閉ざすケースもある。

つきまとったり、細かく管理したりはしない親でも、子どもたちには健康的で、生産的で、幸せな人生を送ってほしいと願っていることに変わりはない――だからどんな親も、干渉し、自分が最善だと信じる道を押しつけずにいるのは難しい。子どもの進む道が少しでも険しくなってきたときはなおさらだ。

そこでわが子が成功し、幸せで、無事に過ごせるように支援するが、それでも誘惑が忍び寄ることもあるし、状況はつねに変化している。衝突事故を起こしたり、数学のテストで失敗したり、ビールをがぶ飲みして大騒ぎするパーティーに参加したり、優等生の親友が突然万引きに走ったり。親はもちろん、本人も、そんな展開を予測できない。その一方で中国語やプログラミングの教室に通わせれば、息子や娘が確実に希望の大学に入学でき、将来的に安定した、やりがいのある仕事に就けるわけでもない。

競争が激化し、将来がますます予測できない現代において、子どもたちの力強い成長を後押しする最善の方法は、本書で論じたスキルを授けることだ。感情の敏捷性《エモーショナル・アジリティ》（ＥＡ）はワクチンに似ている。人生につきものの不快さに飲みこまれないよう、子どもたちに予防接種を行うようなものだ。それだけで免疫がつくわけではないが、たとえつらい時期にあっても、充実した人生を送るのに必要な柔軟性と立ち直る力《レジリエンス》を育むのに役立つことだろう。

## はじめての恐怖を乗り越える

息子のノアが五歳だった年の夏、私たちは二人で町のプールによく行った。そこには必ずノアの友だちも来ていた。水しぶきをあげて遊んでいると、午後のひとときは瞬く間に過ぎていった。だが少なくともノアにとっては、時間が止まるようなことが一つあった。高い飛び込み台からジャンプしようと思うのだが、そのたびに凍りついてしまうのだ。友だちはみんな飛び込んでいるのに、怖くてどうしても挑戦できなかった。友だちを見つめたまま立ちすくみ、いかにも楽しそうな遊びに参加したいのに、大きな恐怖に気圧されていた。

新しいことに飛び込んでいきたいのに、恐怖を乗り越えられない瞬間は誰にでもある。まして子どもは、実際にジャンプした経験が少ないため（ノアの場合は比喩的にも、文字通りの意味でも）、神経がすり減るような物事に向き合うのは難しい。結果の保証も蓄積されていないため（「前も同じようなことをしたけど、死にはしなかった」）、動けなくなってしまう。

本書で論じたように、飛び込むというのは恐怖を無視したり、解消したり、闘ったり、コントロールしたりすることではない。自分のあらゆる感情と考えを受け入れて認め、しかもそのなかの最も強烈なものを思いやりと好奇心をもって眺め、自分にとって何よりも重要だと判断したことに近づくため、心地良さよりも勇気を選ぶことだ。改めて言うが、勇気は恐怖がないことではない。勇気とは、恐怖とともに歩むこと（ノアにとっては飛び込むこと）である。

もちろん、子どもの恐怖は親にとっても恐怖となりうる。子どもがある経験を受け入れたがらないことが成長にどう影響するのか、あるいは自分の子育てがまちがっていたのかと不安になる。私たちは息子や娘の消極性が将来どんな損失につながるのか心配で仕方がない。人生が充実したものになるよう願っているし、親には子どもに進んでほしい道があり、その方向に押しやろうとする。最初は気が進まなくてもそのうち悪くないと気づくはずだ、と。

しかし、すでに学んだ通り、感情の敏捷性《エモーショナル・アジリティ》（ＥＡ）とは、義務感や他人の期待に従うことではない。いかに行動するかを、自分自身で意識的に選択できるようになることだ。それは子どもたちにも当てはまる。

ノアが飛び込み台の端で身動きがとれなくなったとき、私は自分の思いを押しつけ、知っていることを伝えることもできただろう。一歩踏み出してみればなんてことはないし、もっといい気分になれる、と。あるいは、恐怖を和らげる言葉をかけることもできただろう。「何言ってるの。みんながどんなに楽しそうか見てごらんなさい。あなたは楽しまなくていいの？」

だが私はそうはせず、帰宅してから改めて語り合った。まず、ノアが怖かったという気持ちを打ち明け、それから飛び込んだらどんな気分になるか話し合った（わくわくして誇らしい気持ちになる）。飛び込まなかったらどんな気持ちになるか（少しほっとするけど、自分にがっかりする）。そして、これがきわめて重要なことだが、怖くても前に進んで、とにかく飛び込むのはどうしてか。もちろん、それが彼にとって大切なことだからだ。

つまり私はまず、息子が自分の恐怖と向き合えるよう促した。私たちは進化上の理由から、高い場所を警戒するようにできている。一メートルの高さから塩素消毒された深さ四メートルの水のなかに飛び込むのは直感に反する行動であり、慣れるのに時間がかかるのは少しも恥ずかしいことではない。

ノアは、自分の感情を認めるだけで恐怖との関係性が変わり、それによって一歩離れることができた――感情と達成したいことのあいだに冷静な距離を設けることができたのだ。これはつまり恐怖がもたらす身体的影響（コルチゾール分泌の急増、心拍数の上昇、過呼吸）と、彼のように幼い年齢でもすでにはまり込んでいたかもしれない自信喪失の物語の両方から距離を置いたということである。

そしてそこから、理由を考えた。飛び込みたいと心から願うのはなぜか――楽しそうだから、スリルあるから、仲間に加わりたいから。私は飛び込むかどうかは一〇〇％本人に選ばせるようにした。友だちからのプレッシャーがあったにしても、高いところから飛び込むのは義務ではなく、彼が本当にしたいことかもしれないのだ。

次にノアと私は、焦点を結果からプロセスへと移した――成功するか（バシャン！）、それとも膝を震わせてはしごを降りてくるかではなく、彼が身につけたいと思うスキルが、いくつかの小さな手順に分解できることに着目したのだ。一日目――はしごのいちばん上まで登る。二日目――飛び込み台の先端まで行ってみる。三日目――エイッ！

ところが翌日、プールに着くやいなやノアは飛び込んだ――怖がることも、震えることも、そろそろと進むこともなく。その後は、いろんな技で何度も飛び込んだ――片膝を抱えて飛び込む「缶オープナー」や、両ひざを抱える「キャノンボール」。シーソーの原則を乗り越え、ノアは自分が安心できる領域の限界を広げながら、その日の午後を思いきり楽しんだ。

私たちが語り合ったときに予想したように、彼は自分のことを誇らしく思った。毎回、飛び込み台の上から私に手を振り、うれしそうな笑顔を見せる様子からそれが伝わってきた。自分の恐怖について話したことで恐怖が減ったわけではなかったし、「理由」をじっくり考えたことで意欲が変わったわけでもない。「自分にはできない」という物語から自由になって初めて、内に秘めた強い願望としっかり向き合うことができたのだ。

もちろん、ノアが学んだ最大の教訓は飛び込むか否かではない。彼は感情を認めたうえでそこから距離を設け、理由と結びつけて考えることで、自分の思考の罠から自由になり、恐怖を抱えながらも前に進む方法を学んだのだ。

ＥＡは生涯にわたって役立つ。無謀でもやみくもでもなく、恐怖を抱えながらも目をしっかり見開いてジャンプするたびに、恐怖とともに歩むことを学んでいる。それは将来待ち受けている、さらに重要な感情的課題に向き合うことを助けてくれるだろう。

## 子どもの成長をいかに支援するか

子どもに対していちばん望むことは何かと聞くと、ほとんどの親は「とにかく幸せになってほしい」と言う。だが本当に幸せになるには、いかに「あるべきか」を知る必要があり、それはつまり、変化する世界で自分とうまく折り合いをつけることを意味する――バランス感覚を保ち、思いやりと好奇心に満ち、脆弱ではない。

子どもたちが将来、思いやりをもって他人と接し、順調なキャリアを築けるようにするには、愛と安定した精神が役立つ。感情の敏捷性《エモーショナル・アジリティ》（ＥＡ）はそれらを生涯にわたる幸福へと変えるスキルであり、親が子に充実した人生を送れるように手助けするためのスキルである。

子どもの成長をいかに支援すべきか、それが将来どのような効果をもたらすかについては長らく追跡調査が行われている。自分に向き合い、一歩離れ、理由を考えながら歩み、前に進むスキルを学ぶこと。それが大人になる過程を通して、立ち直る力、道徳心、意志の力、健康、精神的安定、良好な人間関係を築くのに役立つことがわかっている。(注5)

うれしいことに、研究の成果は大衆文化にも取り入れられている。アニメ映画『インサイド・ヘッド』では、ある少女の変化するさまざまな感情を探り、悲しみなどのネガティブな感情でさえ、私たちの存在を形づくるうえで大切な役割を果たしていることを伝えている。

ＥＡを教えるうえで最も効果的な方法は、自ら実践してみせることだ。これはうまくやり通すのが難しいこともある。たとえば、あなたの娘が「大っ嫌い！」と絶叫するときや、息子が学校で散々な一日を過ごして泣きながら帰ってきたときは簡単ではない。だがそんなときこそ模範を示すには絶好の機会と言えるだろう。

自分の感情から一歩離れ、落ち着いて思いやりをもってそれに応じ、自分の感情に飛びついて反応するのではなく、わが子がどうしてそんなふうに感じるのか理解しようとすれば、あなたはきわめて重要なスキルを、身をもって示すことになる。

私はこの分野で博士号を取得しているが、冷静さを失ったこともあるし、失敗談もある。ノアが生まれたばかりのころ、初めての予防接種のために病院を訪れた。そして針が刺さった瞬間、彼が大声で泣き始めた。母親になりたての私には、息子の表情が「信じてたのに！　どうしてこんなことするの？」と責めているように見えた。私はなだめたくて、ほとんどの親と同じセリフを口にした。「だいじょうぶ、だいじょうぶ」

看護師は自分の仕事を続けていたが、手を動かしながら私を見て、一生忘れられないことを言った。「いいえ、だいじょうぶじゃないわ。でもそのうちだいじょうぶになるでしょう」

まったくその通りだ。私はなんて愚かだったのだろう。いくら赤ちゃんでも、寒々とした部屋に連れてこられて見知らぬ女性に引き渡され、針で刺されて震え上がっているのに、だいじようぶだなんて！　ノアは言葉を話せなくてもはっきりと感情を表したのに、私はそれをはねつけ、つらい現実を否定した。要するに、感情を封じ込めろと言ったのだ！

夫のアンソニーが帰宅するころには、ノアの拒否反応はすっかり収まっていた。ところが私は何時間も自分を責めていた。何年も感情について学んだ身だ。もっとうまく対処すべきだったのに！　もっとも、専門的な知識はさておき、私は新米の母親で、わが子のあれほど悲痛な姿を見たのは初めてだった。どんなに不器用でもなだめてやりたいと必死だった。

夫が帰宅するとすぐに、事の次第を話した。「信じられる？　ノアが泣いていたのに、私は『だいじょうぶ、だいじょうぶ』なんて言ってしまったの」

アンソニーは医者らしく現実的なタイプだが、ユーモアもある。私が興奮して話しているあいだ、こちらをじっと見つめていた。しばらく黙っていたが、ふと楽しげな笑顔を浮かべると、こう言った。「だいじょうぶ、スーザン。だいじょうぶ」

## 私はあなたを見ている

親が感情の敏捷性《エモーショナル・アジリティ》（ＥＡ）を身につけることは、子どもが同じスキルを学ぶ際の手助けとなる。だが、それよりもさらに先を見越してとれる対策がほかにもある。

3章で触れた「表示規則」を覚えているだろうか？　状況に応じた感情的反応についての知識である。極端な場合、「しっかりして！　大きな男の子が泣かないの」というように、表示規則は命令によって伝えられることもあるだろう。これは子どもに対して、不快な感情は弱さの証であり、避けるべきものだという合図を送ることになる。

そこまで露骨でなくても、子どもの不満や悲しみを退けようとすることもある――「疲れているだけよ」「お腹がすいているのね」「反抗期だわ」と言って。子どもの苦痛を覆い隠そうとすることもあるだろう。「まあああなた、本当はそんなふうには感じてるわけじゃないでしょ」「だいじょうぶ、だいじょうぶ」（そう――これは絶対ダメ！）。たとえ愛ゆえの発言だとしても、逆効果をもたらすおそれがあることに変わりはない。

また、問題が起きるたびに解決しようとする罠に陥ることもある。学校から帰ってきたわが子が「誰も遊んでくれない」と言うと、「心配ないわ、私が遊んであげるから」と慌てて応じる。あるいは「意地悪な女の子たち」の親にすぐに電話をして、遊んでくれるよう約束を取りつけるなど。愛する子どもの不幸を取り払おうとする、実に自然で、無理もない対処法だ。

だがそれは、目先の問題を解決できても、厄介な感情とともに過ごすきわめて大切な機会を子どもから奪うことになる――向き合い、一歩離れ、ときにはつらい現実の状況から学ぶ機会を。さらには子どもに対して、「あなたには問題を解決する能力があるとは思えない」という合図を期せずして送ることにもなる。

反対に、子どもが感情を認められるように時間をとり、そういう感情は正常で健全だと伝え、安心させることができたら、心豊かで、感情的に敏捷な大人になるスキルが身につく。

南アフリカで最大の民族であるズールー族は、誰かと出会ったとき「サウボナ」と言って挨拶を交わす。直訳すると「私はあなたを見ている」という意味で、あなたを見ることで、私はあなたを本当に存在させていますよ、という思いが込められている。これは私のお気に入りのフレーズだ。EAのきわめて重要な第一歩を見事に要約しているからだ。

私たちが評価を下すことなくしっかりと、親身になって見ていることを子どもに知らせるだけで、彼らの感情的経験を受け入れ、それを正しいものだと認めているという合図になる。これは、実際に子どもをなだめるうえでも役立つ。親が気持ちのうえで寄り添うと、子どもの感情的な緊張が和らぐのだ。だから、早く問題を解決したくても、とにかく立ち止まって耳を傾け、刺激と反応のあいだに空間を設けることを自ら手本になって示す方がいい。

子どもは、十分に目を向けてもらい、まわりから認められていると感じると、愛されている実感や安心感を抱く。公園で幼い子どもが勇んで駆け出したものの、途中で振り返り、保護者がいることを確認して安心する姿を見かけないだろうか。心理学者が「安定した愛着」と呼ぶこの安心感こそが、子どもが広い世界へと踏み出すための拠り所だ。(注6) 思春期にあたる中学生になるまで感情面の安定剤となり、大人としての人間関係を築くうえでも同じ役割を果たす。

子どもが抱く安定した愛着（「自分にはいやなところも足りないところもあるが、輝かしい存在として愛され、受け入れられている」と思えること）は、世の中のみならず、自分の感情についてもリスクを引き受けることを可能にする。どんな感情を抱いても、否定され、拒絶され、罰せられ、侮辱されることがないとわかっていれば、悲しみや喜び、怒りを実際に味わい、その都度どう対処したり、反応したりすべきか答えを見つけることができる。

罰せられることを気にせずに、あらゆる感情を自由に経験できると感じる子どもは、つまり自己規制の必要性を感じていない子どもは、いくつかの重要な教訓を学んでいる。

感情は通り過ぎる。一過性のものだ。精神的な経験が何らかの行動を要求することはない。

感情は怖いものではない。しばらくは大きくてつらいものに思えても、自分の方がもっと大きな存在である。

感情は教師である。自分にとって（そして他人にとっても）何が大切なのかを理解するのに役立つ情報が含まれている。

もちろん、だからと言って癇癪《かんしゃく》や筋の通らない行動を大目に見るべきだというわけではない。子どもには自分の感情が紛れもなく存在し、ほかのいかなる人の感情とも同じように大切であると理解させることができる――「あなたは小さな妹に腹を立てているのね。ええそうね、あの子をどこかへやってしまいたいって思う気持ち、わかるわ」。しかも、あらゆる感情に行動をもって応じる必要はない。この段階にきてようやく、一歩離れることができる。

わが子が感情にラベルを貼り、視野を広げ、衝動と行動のあいだに距離を置くことを学べるように手助けすれば、感情を抑える必要はないが、ときには行動を抑える必要があるという考えを改めて強調できる。

とはいえ、思いやりをもちつつ、距離を少し置いて応じるのは難しいこともある。幼いわが子がスーパーの通路でじたばたと泣き叫んでいるときや、ティーンエージャーの娘が部屋の窓から抜け出して、ピーターセンの息子のバイクの後ろに乗って消えてしまったときなどは。それでも、厄介きわまりない感情に負けないための基本は、向き合うことである。

## 何を考えるかではなく、どう考えるか

1章で私の家出の話をしたが、最近になって、母にそのときのことを覚えているか聞いてみた。母は笑った――もちろん覚えていた。そして、初めて聞く話をしてくれた。私が家のまわりのブロックをぐるぐる歩いているあいだ、半ブロックほどあけて、母もずっと後をつけていたという。まだ五歳だったのだから、危ない通りを一人で歩かせるはずなどなかったのだ。

母は私の動揺を抑えようとも（その場合、封じ込めるタイプになっていたかもしれない）、なだめて丸く収めようともしなかった。その代わり、私が自分の感情とともに過ごし、自分の意志を働かせられるようにした。そのあいだもずっと、（見えない）ロープを手放さずに安全を確認し、

いざというときはいつでも手を伸ばせるようにしていた。母は私の身体的な安全を確保しつつ、感情の自主性という贈り物をくれたのだ。

自主性は、生涯にわたって充実した人生を送るための基盤であり、子どもたちの精神的な発達には欠かせない。自主性とは、自ら行動を律することを意味する。自主性のある人は自分で行った選択に従って生きている。(注7)「指図しないで！　私は一晩中外にいたいと思ったら、そうするの！」と叫ぶティーンエージャーは、独立心旺盛に聞こえるかもしれないが、友だちからのプレッシャーや悪習、衝動、混乱した感情によるものなら自主的とは言えない。

本当の意味での自主的な行動とは、外部からの力や自分自身の野放しの衝動に強要されることなく、完全に自らが主体的に心の底から支持できる行動のことだ。ティーンエージャーが罰せられたくないとか、親に背くのは罪悪感があるからという理由でいつも言われた通りの時刻に帰宅するなら、それは反抗のために門限を破るのと同じく、自主的な行動ではない。対照的に、自主的に行動するティーンエージャーなら、規則は規則だからと時間通りに帰宅するだろう——それが正しく理にかなっていると納得しているのである。

子どもの自主性を促す方法をいくつか紹介しよう。

・あなたの理想像（例：レスリングが好きな男の子）ではなく、ありのままの姿（例：絵を描くのが好きな男の子）を尊重する。

・できるだけ本当の選択肢を与える――ただしこれは、制限を設けないこと、期待を寄せないこと、何でも好き勝手にさせることとは違う。

・子どもが自分で選択できないときは、あなたが行う判断の根拠を示すこと。就学前の子どもが大通りを渡るときに手をつなぐ理由を聞かれて、「なんでもよ！」と答えたのでは、自主性を育む説明にはならない。「あなたは小さくて車を運転している人から見えないかもしれないけど、私のことは見えるからよ」と言う。

・外発的報酬を最小限に抑える。おまるで用を足せるようになるとか、宿題をする、いい成績をとる、といった行動や結果に対して、シールやおもちゃ、現金を与えない。

なかでも最後の二つは、7章で論じた自主的な動機を見つけるうえで重要だ。物々交換や賄賂に基づく関係性のなかで育った子どもは、命令と支配によって育てられた子どもと同じく、本当の願望と反応のあいだに距離を置くことができない――つまり自律性が発達しない。自分の反応が反抗によるものなのか、従順さからくるものなのかも区別できなくなってしまう。また、外的報酬を期待して行動することを教えられた人は、内発的動機によって行動する人よりも、幸福感や社会的成功、充実した人間関係において劣ることが明らかになっている。(注8)

自主性を促すことは、子どもが報酬や要求とは無関係の、自分自身の価値観（人生を歩む「理由」）を発達させる力にもなる。これは、見返りのない曖昧な選択肢（たとえば、独創性の面でリスクをとるべきか否かというような）に直面したとき、とくに重要になる。ルールが決まっていない状況もしかり（「行き先がティファナだったら車を貸してくれないなんて、一度も言わなかったじゃないか」）。自分の価値観を知り、信じられるようになれば、自分自身の理由と自発的な動機を見つけることができる――そしてそれは充実した人生につながる。

とはいえ、一刻の猶予も許されない危険に遭遇することもある。当然、そんなときは自主性より介入が優先される。五歳の私が「家出」したとき、母は私が大通りを渡ろうとはせず、遠くに行くつもりがないことを確認したからこそ、ある程度自由にさせる気になったのだ。仮に私が一三歳で家を出ようとしたら、断固として思いとどまらせていたに違いない。

## 思いやりのある子どもを育てるには

子どもたちに一時的な共感を示すだけでなく、つねに模範となって相手の立場を思いやる行動をとることで、子どもたちも同じように振る舞えるようになることが重要だ。新しい学校に初めて登校する怖さは理解できなくても、わが子がそう感じているのを認めることはできる。そうすれば子どもに安心感を与えられるし、他人の気持ちに自然と配慮できるようになる。「乱暴な子」はどうしてそんなに乱暴に振る舞おうとするのだろうか？　ほかにも孤立して、打ち解けられずにいる人はいないだろうか？

これは成長するにつれて、仲間外れにされている同級生や、言葉の壁のせいで気後れしている交換留学生、むしゃくしゃしているレジ係、荷物を運ぶのに手伝いが必要な年配の買い物客に気がつく子どもを育てることにもつながる。もっと成長すれば、地域のコミュニティや社会全体における正義や多様性の受け入れといった、さらに大きな問題に注意を向けるようになるだろう。共感や他人の視点に立つことは、命令によって教え込むことはできない。

コーネル大学で行われたある研究では、三歳と四歳の子どもたちにドギーという名前の「悲しそうな」人形を引き合わせた。[注9] そして子どもたちには魅力的なアイテムとして星のシールを一枚配った。一つ目のグループには、そのシールをドギーに渡すか自分でもっているかという難しい選択肢を提示した。二つ目のグループに与えられた選択肢はもっと簡単で、シールをドギーに渡すか、それとも研究者に返すかというものだった。三つ目のグループには、シールをドギーと共有しなさいとだけ指示した。その後で全員に、新たにエリーという「悲しそうな」人形を引き合わせ、今度は一人三枚ずつシールを配った――そして自分が好きな枚数だけエリーと共有する選択肢を提示した。

一つ目のグループの子どもたちは、ほかの二つのグループの子どもたちよりも多くのシールをエリーに渡した。つまり、最初から自由な選択肢が与えられていた子どもたちの方が、強制された子どもたちより気前がよかったのだ。

たとえば、友だちのいない同級生を誕生日パーティーに呼びなさいと息子に強要し、公園で思いやりのないことを言った娘に、謝らないなら罰を与えると脅せば、すぐに結果を得られ、しばらくは気が休まるかもしれない。だが、子どもに自主的に行動させ、心からそうしたいと思う動機を見つけるように促せば、共感する能力を引き出すことができる。

これは真実を話すという道徳的な基本原則にも当てはまる。ある研究では、一三歳の子ども一人と親一人をペアとして調査を行い、過去数カ月のあいだに親からどんな扱いを受けたか子どもに質問した。(注10) すると、親から行動と考えを支配された度合いと、真実を話すことの重要性の理解に強い相関性が認められた。

真実を話すことの恩恵と嘘をつくことの損失を比較的よく理解している子どもたちは、次のような項目にイエスと回答している。「親は何かをするように指示するとき、なぜそうすべきかを説明してくれた」「親は私が何をするのか自分で決める機会を何度も与えてくれた」「親は私の考えや感情が自分とは違っていても、受け入れてくれた」。

一方、真実を話すことの損失は大きいと信じている子どもたちは、こんな項目に同意している。「親はありとあらゆることについて罪悪感を抱かせた」「親は私が一番になる努力をせず、ただ楽しもうとすることを受け入れてくれなかった」「何かをするのを拒んだとき、親は私を従わせるために、何らかの特権を取り上げると迫った」

自主性を高めることは、現実的な観点からも利点がある。子どもが大人になったら、いつもはりついてはいられない。何をするにも手を取って、倫理上のジレンマや選択を手助けするわけにはいかないのだ（私はごめんだ！）。あるいは、子どもが強烈な感情や、衝動的な考えに直面するたびに、一歩離れ、思考の罠かから自由になれるように助けるわけにもいかない。

ティーンエージャーくらいまでなら、無分別ないたずらも大目に見てもらえる。一六歳の生徒なら、校長先生の車のタイヤから空気を抜いても許してもらえるだろう（初犯であれば）。しかし、二六歳になって上司のSUVに同じことをしたら、そんな寛大な対処は望めない。

私は八歳くらいのとき、両親から少しばかりお金を盗んだことがある。南アフリカの通貨で二ランド。およそ三ドルくらいだ。キャンディを隠しもって帰宅したところ、両親が異変に気づいた――だが、私は優しい友だちが買ってくれたと見え透いた言い訳をした。

両親は私をドライブに連れ出した。父と母が前で、私は後ろに座った。そして真剣な話をした。二人は私の行動にどんなに失望したか説明し、盗みと嘘はわが家では許されないと言い聞かせた。そして私が過ちを正すにはどうすればいいのか考えるのを手伝ってくれた。両親にお金を返し、騒ぎに巻き込んだ友だちに謝るといったことを。

両親がこの出来事をきわめて深刻に捉えているのは明らかだったが、私が姉と弟の前で恥をかかないよう細心の注意も払っていた。怒鳴ったり、脅したりすることもなかった。二人とも静かにはっきりと話し、明確な目的意識をもっていたと思う。私のしたことがどうまちがっていたのか説いて聞かせるだけでなく、両親や友だちがどう感じるか理解できるよう手助けすることで、私が新たな視点を得られるようにして、守りの姿勢に入らないようにしてくれたのだ（守りの姿勢はさらなる嘘につながることが多い）。

両親は罰を与えるのではなく、期待を口にした。その結果、私は恥ずかしさではなく罪の意識を感じ（4章で述べたように、両者の違いはきわめて大きい）、問題を解決しようという気持ちになった。もし私に口先だけの謝罪を強要していたら、両親は聞きたい言葉を聞けたかもしれないが、それでは私はそもそも自分がどうしてそんな行動をとったのか、根底にある感情をよく考えて消化する機会を得られなかっただろう。

そのころ私は学校で孤立している気がしていて、大好きな女の子たちが休み時間にキャンディを買いに行ってしまうたびに寂しさがふくらんだ――私にはお金がなくてめったに一緒に行けなかったのだ。両親は私がこの居心地の悪さと向き合えるように力を貸してくれ、私は自分の行動に責任をもつことだけでなく、何人かのクラスメイトともっと仲良くなる方法や、（お金を盗まなくても）もっと一緒に楽しめる方法について話し合うこができた。また、つらい話し合いによって、生産的な結果を得られることも学んだ。これはかなり大切なことである。

両親にただ罰せられただけなら、そうした成長はなかっただろう。それどころか自分を盗み癖のある子どもだと思うようになっていたおそれもある。両親はそうした可能性を避け、事件を適切な場所に収めてくれた――一度かぎりの出来事として、そして学ぶ機会として。二人は自分たちが望むレベルではなく、私の現状に合わせて対処してくれたのだ。

# 視点を変えるアドバイス

感情の敏捷性《エモーショナル・アジリティ》（ＥＡ）には、前進する、または「検討する」（「これに対処する選択肢は何か？」）という要素も含まれる。前進するには、子どもたちにブレインストーミングをさせるのが最適だ。自分にとって意味のある解決策を見つけられるように支援すれば、自分の世界を進んでいくのに必要な自主性と責任感が育まれる。

ここでいま一度、小さな工夫という考えに立ち戻ろう。注目すべきは、理想や、成功か失敗かといった結果ではなく、プロセス（実験を積極的に受け入れ、試してみて、何を学べるか見きわめること）である。

たとえば、子どもが新しい学校で友だちをつくれるかどうか心配しているなら、こう聞いてみるといいかもしれない。「人とのつながりをつくるには、どんなところから始めるのがいいかしら？」。思春期の子どもが、過酷なこと（言い争いや中傷）が多いティーンエージャーのＳＮＳの世界をうまく渡っていけるようにするには、「自分と意見が合わない相手にうまく対処するには、どんな方法があるだろう？」と問いかけるのも一案だ。

私の同僚（仮にジョンと呼ぼう）はしばらく前、六歳の息子とゴルフトーナメントに参加した。

大人は大人同士で、子どもは子ども同士でプレイしていたが、コースの中盤で息子のキースが泣いているところに出くわした。抱きしめて涙の理由を優しく聞いたものの、芝生の上ではあまり時間はなく、じっくり話すのはトーナメントが終わってからにするしかなかった。

そこで、ジョンはキースに、泣きたければ泣いてかまわないと言った。だが、泣きながら同時にゴルフもできるか、という問いかけもした。そして、残りの九ホールを回れたら、トーナメントが終わり次第、何があったのかじっくり振り返ってみようと提案した。息子は同意し、それぞれのチームで最後までプレイした。そしてトロフィーをもらうほど健闘した。

ジョンが機転のきかない父親だったら、これはいとも簡単に封じ込めのエピソードになっていただろう——厄介な感情を覆い隠し、試合が終わるまで握りつぶしている（映画『プリティ・リーグ』でトム・ハンクスが「野球に涙は禁物だ！」と叫んだのを覚えているだろうか？）。私たちはめそめそする子どもや怒りっぽい子どもに対して妥当な振る舞いを求めてしまうが、それでは、あなたの気持ちなんてどうでもいいというメッセージを送っていることになる。

ジョンはほんの少し思いやりに満ちた時間をとって、息子の苦痛を認めて受け入れた（向き合えるように）。これはキースが一歩離れ、目の前のすべきことをそのまま続けながら自分の感情にマインドフルに、そして思いやりをもって寄り添うには十分な手助けとなった。

じっくり話せる時間がとれたとき、息子が動揺していたのはゴルフボールをなくしたからだとわかった。キースの六歳の頭のなかではボールは高価なものなので、ごく小さな出来事がとてつもなく大きなパニックへとふくらんでいたのだ。

それから何年も過ぎたが、ジョンはいまでも息子に泣くのとプレイするのは同時にできると言い聞かせているそうだ。こんなふうに自分を思いやりながら最後までやり遂げることこそ、EAの真髄なのかもしれない。

## 翼を折らない、それがすべて

マララ。二〇〇九年まで、この名前を聞いたことのある人はほとんどいなかった。ノーベル賞を受賞して以降、パキスタン人のティーンエージャーは、勇気と強さの象徴となった。マララ・ユスフザイは一一歳のとき、BBC放送からの依頼で、ペンネームを使ってパキスタン北西部での自らの暮らしをブログに綴り始めた——そこはイスラム武装勢力タリバンの支配下にある地域で、ほとんどの女子は学校に通うことを禁じられていた。

二〇一〇年、『ニューヨーク・タイムズ』紙の記者が彼女のドキュメンタリーを制作してからというもの、マララは世界的に知られるようになった——そして母国では命の危険にさらされるようになった。二〇一二年、タリバンはスクールバスで帰宅中の彼女を殺害するため狙撃兵を差し向けた。暗殺者がバスに乗り込んで皆殺しにすると脅すと、一五歳のマララはためらうことなく名乗り出た。銃声が三度鳴り響き、一発が頭に当たった。

マララの父親のジアウディンは、自身も教育の普及を目指す活動家であり、両親は模範となって、信念のために立ち上がれる娘を育てていた。娘が意識不明の重体で横たわっているあいだ、マララの父親は活動に関わったのはまちがっていたのだろうかと苦悩した。両親にとっての唯一のなぐさめは、娘にとって「理由」はきわめて大事なもので、娘が死に臨むことを喜んで受け止めているとわかっていることだった。

マララが回復すると、両親は勇気をもって娘を育てたことが、自分たちのためにもなったことを知った。「娘は私たちをなぐさめてくれました」。父親は二〇一四年に、一七歳になったマララが史上最年少でノーベル平和賞を受賞することになった直前のスピーチでそう語った。(注11)「最も困難なときに立ち直るにはどうすればいいのか、彼女から学びました」。同時に世の中の人が、わが子には当てはまらないと思わないよう、こう付け加えている。「娘はごく普通の女の子です。弟たちとケンカもすれば、宿題ができないと泣いてしまうような子なのです」

だが、ジアウディンが伝えようとしている本当のメッセージは、あらゆる親が心に深く刻むべきものだ。「マララがこれほど特別で勇敢で落ち着いているのはなぜでしょう？　私に何をしたのかと尋ねるのはよしてください。何をしなかったのか尋ねてください。私は彼女の翼を折らなかった。それがすべてです」

# おわりに――本物になる

『ビロードのウサギ』という童話は、動物のぬいぐるみが「本物」になるとはどういう意味かを探求する物語だ。(注1)物語の冒頭では、ウサギはほかのおもちゃと仲良くなるのに苦労する。持ち主の小さな男の子にすぐ飽きられてしまい、ほかのおもちゃのなかで怖気づいていた。みな現代的な部品が使われていて、本物のような動きをするように見えたからだ。しょせん彼は、布とおがくずでできているので、少しも本物らしくなかった。

ウサギはようやく、年老いた賢い木馬と友だちになる。子ども部屋にあるおもちゃのなかでいちばんの古株だ。「本物って何?」ウサギはある日、木馬にそう尋ねた。「自分のなかにうなるものと、突き出したハンドルがあること?」

「本物というのは自分がどうつくられているかじゃないんだよ」と木馬は言う。「それはきみに起きることなんだ。子どもからすごく長いあいだ愛されたとき、ただ遊ぶだけじゃなくて、本当に愛されたとき、本物になるんだ」

「それって痛いの?」とウサギは尋ねた。

そうだ、と木馬は認めたが、本物になると、痛みはあまり気にならなくなるとも言った。本物になることは、「すぐに壊れたり、鋭い刃をもっていたり、そっと置いておかないといけない人々にはあまり起きないんだ」。本物になるには少しすり減ったり、場合によってはいくらかみすぼらしくなる必要がある、と。

ある晩、男の子が寝るとき、お気に入りの陶器の犬が見つからなかった。そこで乳母がおもちゃの棚からウサギを取り上げ、男の子と一緒にベッドに押し込んだ。それからというもの、男の子はウサギと片時も離れなくなった。ベッドのなかでしっかり抱きしめ、ウサギのピンクの鼻にキスし、どこにでも連れていった。公園で遊ぶときも離さず、あるときはうっかり一晩、外に置き去りにした。そうこうするあいだに、ウサギはどんどん汚れてすり切れていき、ピンクだった鼻は色がすっかり落ちてしまった。

あるとき、乳母が汚れたウサギを捨てようとしたが、男の子は、ウサギは本物なのだから捨ててはダメだと訴えた。ウサギのなめらかな耳はすり減っていたが、この言葉が音楽のように聞こえたことは言うまでもない。

最終的に、ビロードのウサギは子ども部屋の妖精の魔法のおかげで、本当に生きている本物のウサギになって、森のなかへと跳びはねていった。それまで、ウサギは男の子にとって本物だった。だがこれからは「あらゆる人にとって本物になる」のだと妖精は言った。

「本物」の世界に生きている私たちは、魔法の杖で軽くたたいて、あっという間に望み通りの人間になれるわけではない。だが、感情の敏捷性《エモーショナル・アジリティ》（ＥＡ）を実践すれば魔法など必要ない。いつも本当の自分でいられるのだから。

見せかけや演技などなくても、あなたの行動に大きな力をもたらしてくれる。なぜなら、あなたの行動は核となる価値観と、核となる強さから生まれているからだ。それは信頼できる、嘘偽りのない、本物にほかならない。

本物のレベルに達するには、生涯にわたって日々小さなステップを積み重ねることが必要だ。最後に、そんな小さな旅を今日から始める秘訣を紹介しよう。

・自分を自分自身の人生の主体とし、成長やキャリア、創造的精神、仕事、人間関係を自分のものとして引き受ける。
・思いやりと勇気、好奇心をもって、ありのままの自分を受け入れる――色の落ちた鼻にみすぼらしい耳、「良い」感情と「悪い」感情など、自分のすべてを。
・内面的な経験を積極的に受け入れ、息を吹き込み、あわてて出口を探さずにその輪郭を知る。
・進化するアイデンティティを受け入れ、もはや役に立たない物語を手放す。
・生きていることはときに傷つき、失敗し、ストレスを感じ、過ちを犯すことだと認め、非現実的な死者のゴールは忘れる。
・完璧を求めることから自分を解放し、愛し、生きることのプロセスを楽しむ。

・痛みを伴う愛と、愛を伴う痛みに対して心を開く。失敗を伴う成功と、成功を伴う痛みに対しても。

・怖いもの知らずになるという考えを捨て、自分の価値観を案内役に恐怖のなかへ正面から踏み込み、本当に大切なものへと近づく。勇気は恐怖がないことではない。勇気とは恐怖のなかを歩くことである。

・消極的に現状に身を任せるのではなく、学んで成長する新たな機会に積極的に関わり、心地良さよりも勇気を選ぶ。

・人生の美しさは、はかなさと表裏一体であることを自覚する。若さはやがて失われる。健康も永遠ではない。愛する人々ともずっと一緒にいられるわけではない。

・自分自身の生きる理由の鼓動に耳を傾けることを学ぶ。

・そして最後に、「踊れるかぎり踊ろう」という気持ちを忘れずに。

# 謝辞

一人の子どもが成長するには村全体の協力が必要なように、本書が出版されるにあたり、ここでは紹介しきれないほど多くの人々の協力があった。

まず、本に先立つ論文があり、その前に着想と研究があった。幸運なことに、心理学、行動科学の研究者から学ぶことが多かった。ヘンリー・ジャクソンは私の研究に刺激を与えてくれた。今日の研究者は、ピーター・サロベイ、ジャック・メイヤー、デヴィッド・カルーソの見解に育てられた。マーティン・セリグマン、エド・ディーナー、ミハイ・チクセントミハイなど、若手とベテランが学び合うフォーラムの影響も大きい。マーク・ブラッケット、アリア・クラム、ロバート・ビスワス＝ディーナー、マイケル・スティーガー、ソニア・リュボミアスキー、トッド・カッシュダン、イローナ・ボニウェル、アダム・グラント、ドリー・クラーク、リチャード・ボヤツィス、ニック・クレイグ、アンドレアス・バーンハート、コンスタンティン・コロトフ、ゴードン・スペンス、アンソニー・グラント、エレン・ランガー、エイミー・エドモンソン、ウィットニー・ジョンソン、グレッチェン・ルービン、そして多くの同僚。本書にはみなさんの見識による情報がつまっている。

私の考え方は、文脈主義的行動科学会から生まれた研究や、アクセプタンス＆コミットメント専門家会議、とりわけスティーブン・ヘイズ、ラス・ハリス、ジョセフ・チャロキー、ジョン・フォーサイス、ドナ・リード、レイチェル・コリス、ケリー・ウィルソン、ハンク・ロブ、マールテン・アールベルセ、ケビン・ポルク、リサ・コイン、ダニエル・モラン、エイミー・マレル、そしてルイーズ・ヘイズとの議論に触発された。

ルース・アン・ハルニッシュとビル・ハルニッシュおよびハルニッシュ財団、リンダ・バリュー、ジェニファー・レイモンド、リンジー・テイラー・ウッド、そして先進的な同僚たちなくしてコーチング研究所は存在しなかった。スコット・ラウチ、フィリップ・レベンダスキー、シェリー・グリーンフィールド、ロリ・エトリンガー、そしてマクリーン病院とハーバード大学で研究を続ける人々の支援に感謝する。研究所の共同設立者キャロル・コッフマンとマーガレット・ムーア以上の友人は思いつかない。同僚のジェフ・ハル、イリナ・トドロヴァ、チップ・カーター、ローレル・ドゲット、スー・ブレンニック、エレン・シューブ、そしてステファニー・ジラードのおかげで私の人生は果てしなく豊かになった。

アリソン・ビアードとキャサリン・ベルは本書の元となった『ハーバード・ビジネス・レビュー』の論文作成に尽力してくれた。コートニー・キャッシュマン、アニア・ウィエッコースキー、エイミー・ギャロ、メリンダ・メリノ、サラ・グリーン・カーマイケルらHBRチームに感謝する。

ペンギングループのエイヴリー出版のブルック・キャリーは、企画から完成まで多大な指導力を発揮してくれた。この作品を信じてくれたメーガン・ニューマンとキャロライン・サットン。リンジー・ゴードン、アン・コスモスキー、ファリン・シュリセル、そしてケーシー・マロニーら広報・マーケティングチーム。コピーエディターのモーリーン・クリール。プロ意識が高い彼らとの仕事を誇りに思う。ペンギン・ライフ出版のジョエル・リケット、ジュリア・マーデイ、エマ・ブラウン、エミリー・ロバートソン、リチャード・レノン、デイヴィーナ・ラッセルにも感謝する。ビル・パトリックの知性とユーモアから多くを学んだ。メラニー・レハックとローレン・リプトンの力添えと編集の見識に敬服する。

エージェントのクリスティー・フレッチャー。ユーモア、励まし、細部への気配り、知性、驚くべき洞察力、友情など、感謝すべき点は挙げればきりがない。才気あふれるシルヴィ・グリーンバーグ、ヒラリー・ブラック、そしてフレッチャー&カンパニー社と仕事をする機会に恵まれた著者はこのうえなく幸運だ。

エビデンス・ベースト・サイコロジーは優れた専門家集団だ。キムベット・フェノルの統率力、支援、柔軟性、技能がなければ、本書を書き上げることはできなかった。ジェニファー・リー、アマンダ・コンリー、クリスティーナ・コングルトン、カレン・モンテイロ、そしてジェニ・ホエーレン。あなた方と知り合えたのは素晴らしい経験だ。カレン・ホーホライン、マイケル・ライリー、ジム・グラント、ファビアン・ダットナー、デイヴィッド・ライアン、マイク・カレン、サラ・フィールデン、トレイシー・ギャヴィガン、ヘレン・リー、リビー・ベル、サム・フアド、ニコル・ブルンク、ティム・ユール、ジェニファー・ハミルトン、マット・ゼマ、グラハム・バーカス、マイク・ミスター、レオナ・マーフィー、アンディ・コーニッシュ、アリソン・レッジャー、スティーヴン・ジョンストン、ユライ・オンドレイコヴィック、そして共に働いた多くのクライアントと同僚たちにお礼申し上げる。

子どもと思春期の若者には、両親だけでなく、良き師となる大人が欠かせない。メグ・ファージャーは死のなかにさえも学びと光があることを私に示してくれた。シャローム・ファーバーはさまざまな点で手を差し伸べ、適切な助言を与えてくれた。グリニス・ロス＝マンローは、私が気づかなかった可能性を見出してくれた。この三人の方々は、言葉では言い表せないほど私に良い影響を与えてくれた。

いまの私があるのは、私を愛し、人生をともにしてくれたたくさんの友人と家族のおかげだ。親友のヤエル・ファーバーとは、わずか三歳のときから友情を育んできた。アリーと二人で旅した経験は強い絆になっている。ローラ・ボルツとの友情は四〇年以上にわたる。シャーロットとモシェ・サミール、サム・サスマン、リーゼル・デイヴィッド、アレックス・ホワイト、そしてリチャードとロビン・サミール、家族であることに心から感謝する。リサ・ファーバーとジョゼ・シーガル、ヘザー・ファーバー、タニヤ・ファーバー、シャロンとゲイリー・アーロン、ジョエル・トムとクリス・ザック、ジリアン・フランク、ブロンウィン・フライヤー、チャーベル・エル・ハージ、ジャネット・キャンベル、ビルとモーリーン・トンプソン、トゥルーラとコース・ヒューマン。思い出と応援、笑顔をありがとう。

母ヴェロニカと亡き父シドニー、姉のマデラインと弟のクリストファー。本書の教えである思いやりや忍耐、あらゆる感情の大切さ、理由を考えながら歩むことはあなた方に教えてもらった。言葉にできないほど感謝している。

愛する夫のアンソニー・サミール、生涯のパートナーであり、いちばんの味方であり、コーチであり、親友だ。ノアとソフィー、私はあなたたちの愛と励まし、優しさに包まれている。私を母親に選んでくれて幸運だ。三人は私の人生に喜びと美しさをもたらしてくれる。あなたたちの心はいつも共にあります（私の心のなかで）。

coaching and mindfulness. In Robert E. Larzelere, Amanda Sheffield Morris, & Amanda W. Harrist (Eds.), *Authoritative parenting: Synthesizing nurturance and discipline for optimal child development.* Washington, D.C.: American Psychological Association; Taylor, Z., Eisenberg, N., Spinrad, T., Eggum, N., & Sulik, M. (2013). The relations of ego-resiliency and emotion socialization to the development of empathy and prosocial behavior across early childhood. *Emotion*, 13(5), 822–831; Katz, L., Maliken, A., & Stettler, N. (2012). Parental meta-emotion philosophy: A review of research and theoretical framework. *Child Development Perspectives*, 6(4), 417–422. Eisenberg, N., Smith, C., & Spinrad, T. L. (2011). Effortful control: Relations with emotion regulation, adjustment, and socialization in childhood. In R. F. Baumeister & K. D. Vohs (Eds.), *Handbook of self-regulation: Research, theory, and applications* (2nd ed.) (pp. 263–283). New York: Guilford Press.

6 ジョン・ボウルビィは、子どもたちが保護者を信頼し、受け入れられ、応じてもらえることを根本的に求めている状況を説明している。彼は子どもたちがこうしたやり取りに基づいて、生涯にわたって意味をもつ、人間関係と世の中についての実用的なモデル（精神的テンプレート）を構築することを提唱している。ボウルビィの同僚のメアリー・エインスワースは、子どもの保護者に対する関係性の本質を言い表す分類法を考案した。保護者にしっかりとした愛着を抱いている子どもは、自由に探索することができ、必要に応じて保護者が対応してくれ、感情的に力になってくれるという期待を抱いている。Bowlby, J. (1999). *Attachment* (2nd ed.)（『母子関係の理論Ｉ 愛着行動』Ｊ・ボウルビィ著、黒田実郎、大羽蓁、岡田洋子、黒田聖一訳、岩崎学術出版社; 新版、1991年）, *Attachment and Loss* (Vol. 1). New York: Basic Books; Ainsworth, M., Blehar, M., Waters, E., & Wall, S. (1978). *Patterns of attachment.* Hillsdale, NJ: Erlbaum; Ainsworth, M.D.S., & Bowlby, J. (1991). An ethological approach to personality development. *American Psychologist*, 46(4), 331–341.

7 Ryan, R., & Deci, E. (2006). Self-regulation and the problem of human autonomy: Does psychology need choice, self-determination, and will? *Journal of Personality*, 74(6), 1557–1586; Petegem, S., Beyers, W., Vansteenkiste, M., & Soenens, B. (2012). On the association between adolescent autonomy and psychosocial functioning: Examining decisional independence from a self-determination theory perspective. *Developmental Psychology*, 48(1), 76–88.

8 Kasser, T. (2002). *The high price of materialism*. Cambridge, MA: MIT Press.

9 Chernyak, N., & Kushnir, T. (2013). Giving preschoolers choice increases sharing behavior. *Psychological Science*, 24(10), 1971–1979.

10 Bureau, J., & Mageau, G. (2014). Parental autonomy support and honesty: The mediating role of identification with the honesty value and perceived costs and benefits of honesty. *Journal of Adolescence*, 37(3), 225–236.

11 https://www.ted.com/talks/ziauddin_yousafzai_my_daughter_malala?language=en#t-658349.

## おわりに

1 Williams, M. (1991). *The velveteen rabbit* (1st ed. 1922). Garden City, NY: Doubleday.（『ビロードのうさぎ』マージェリィ・W・ビアンコ原作、酒井駒子絵・抄訳、ブロンズ新社、2007年／『ベルベットうさぎのなみだ』マージェリィ・ウィリアムズ著、ルー・ファンチャー文、スティーブ・ジョンソン絵、成沢栄里子訳、ＢＬ出版、2004年／『ビロードうさぎ』マージェリィ・ウィリアムズ著、ウィリアム・ニコルソン絵、いしいももこ訳、童話館出版、2002年）

discrimination. *Psychological Science*, 16(6), 474–480.
3 Langer, E. (1982). The illusion of control. In D. Kahneman, P. Slovic, and A. Tversky (Eds.), *Judgment under uncertainty: Heuristics and biases*. Cambridge, UK: Cambridge University Press.
4 David, S. (2012, June 25). The biases you don't know you have. *Harvard Business Review*.
5 対応バイアス、根本的な帰属の誤り（fundamental attribution error）は、1967年に社会心理学者のアーネスト・ジョーンズとヴィクター・ハリスによって初めて言及された。Jones, E., & Harris, V. (1967). The attribution of attitudes. *Journal of Experimental Social Psychology*, 3(1), 1–24.
6 Gilbert, D. T., & Malone, P. S. (1995). The correspondence bias. *Psychological Bulletin*, 117(1), 21–38.
7 イレイン・ブロミリーの事件については以下で詳しく述べられている。Leslie, I. (2014, June 4). How mistakes can save lives: One man's mission to revolutionise the NHS. *New Statesman*; Bromiley, M. The case of Elaine Bromiley.以下も参照のこと。 http://www.chfg.org/wp-content/uploads/2010/11/ElaineBromileyAnonymousReport.pdf
8 Totterdell, P., Kellett, S., Teuchmann, K., & Briner, R. B. (1998). Evidence of mood linkage in work group. *Journal of Personality and Social Psychology*, 74(6), 1504–1515.
9 Engert, V., Plessow, F., Miller, R., Kirschbaum, C., & Singer, T. (2014, July). Cortisol increase in empathic stress is modulated by social closeness and observation modality. *Psychoneuroendocrinology*, 45, 192–201.
10 Keller, A., Litzelman, K., Wisk, L., Maddox, T., Cheng, E., Creswell, P., & Witt, W. (2011). Does the perception that stress affects health matter? The association with health and mortality. *Health Psychology*, 31(5), 677–684.
11 Jahoda, M., Lazarsfeld, P. F., & Zeisel, H. (1974). *Marienthal: The sociography of an unemployed community*. Piscataway, NJ: Transaction Publishers.
12 Rohwedder, S., & Willis, R. J. (2010). Mental retirement. *Journal of Economic Perspectives*, 24(1), 119–38.
13 Krannitz, M. A., Grandey, A. A., Liu, S., & Almeida, D. A. (2015). Surface acting at work and marital discontent: Anxiety and exhaustion spillover mechanisms. *Journal of Occupational Health Psychology*, 20(3), 314–325.
14 Turner, Y. N., & Hadas-Halpern, I. The effects of including a patient's photograph to the radiographic examination. Presented December 3, 2008, as part of the Radiological Society of North America SSM12—ISP: Health Services, Policy, and Research.
15 Wrzesniewski, A., Boluglio, N., Dutton, J., & Berg, J. (2012). Job crafting and cultivating positive meaning and identity in work. In A. Bakker (Ed.), *Advances in positive organizational psychology*. London: Emerald.

## 10章

1 Bronson, P. (2007, August 3). How not to talk to your kids. *New York Magazine*.
2 Davidson, C. N. (2012). *Now you see it: How technology and brain science will transform schools and business for the 21st century*. New York: Penguin.
3 Lythcott-Haims, J. (2015). *How to raise an adult*. New York: Henry Holt.
4 Deci, E. L., & Ryan, R. M. (1995). Human autonomy: The basis for true self-esteem. In M. H. Kernis (Ed.), *Efficacy, agency, and self-esteem* (pp. 31–49). New York: Plenum Press.
5 Snyder, J., Low, S., Bullard, L., Schrepferman, L., Wachlarowicz, M., Marvin, C., & Reed, A. (2012). Effective parenting practices: Social interaction learning theory and the role of emotion

として、ACTに浸透している。Lindsley, O. (1991). From technical jargon to plain English for application. *Journal of Applied Behavior Analysis*, 24(3), 449–458.
15 これはマーク・トウェイン、ヘンリー・フォード、自己啓発セミナーの主催者トニー・ロビンズ、ラッパーのケンドリック・ラマーなど、さまざまな人物が口にしている。
16 Singh, S. (1997). *Fermat's last theorem*. London: Fourth Estate.(『フェルマーの最終定理』S・シン著、青木薫訳、新潮社、2006年)
17 *Nova* (2000, November 1). Andrew Wiles on solving Fermat. http://www.pbs.org/wgbh/nova/physics/andrew-wiles-fermat.html.
18 Bryan, W., & Harter, N. (1897). Studies in the physiology and psychology of the telegraphic language. *Psychological Review*, 4(1), 27–53.
19 Gladwell, M. (2008). *Outliers: Why some people succeed and some don't*. New York: Little Brown and Company.(『天才! 成功する人々の法則』マルコム・グラッドウェル著、勝間和代訳、講談社、2009年)
20 1万時間かければ熟達できるという考え(「1万時間の法則」とも呼ばれている)は広く批判されている。詳しくは以下を参照のこと。Goleman, D. (2015), *Focus: The hidden driver of excellence*. New York: HarperCollins.(『FOCUS(フォーカス)——集中力』ダニエル・ゴールマン著、土屋京子訳、日本経済新聞出版社、2017年)Macnamara, B., Hambrick, D., & Oswald, F. (2014). Deliberate practice and performance in music, games, sports, education, and professions: A meta-analysis. *Psychological Science*, 25(8), 1608–1618.
21 Shors, T. (2014). The adult brain makes new neurons, and effortful learning keeps them alive. *Current Directions in Psychological Science*, 23(5), 311–318.
22 Cohen, S., Janicki-Deverts, D., Doyle, W. J., Miller, G. E., Frank, E., Rabin, B. S., & Turner, R. B. (2012, April 2). Chronic stress, glucocorticoid receptor resistance, inflammation, and disease risk. *Proceedings of the National Academy of Sciences*, 109(16), 5995–5999.
23 現実的であることはACTの中核をなす概念である。現実的な行動は、望んでいる人生へとあなたを近づけてくれる。Hayes, S. C., Luoma, J. B., Bond, F. W., Masuda, A., & Lillis, J. (2006). Acceptance and commitment therapy: Model, processes, and outcomes. *Behaviour Research and Therapy*, 44(1), 1–25.
24 Duckworth, A., Peterson, C., Matthews, M., & Kelly, D. (2007). Grit: Perseverance and passion for long-term goals. *Journal of Personality and Social Psychology*, 92(6), 1087–1101; Duckworth, A., & Gross, J. (2014). Self-control and grit: Related but separable determinants of success. *Current Directions in Psychological Science*, 23(5), 319–325.
25 Vallerand, R. (2012). The role of passion in sustainable psychological well-being. *Psychology of Well-Being*: Theory, Research and Practice, 2, 1.
26 Arkin, D., & Ortiz, E. (2015, June 19). Dylann Roof "almost didn't go through" with Charleston church shooting. NBC News. http://www.nbcnews.com/storyline/charleston-church-shooting/dylann-roof-almost-didnt-go-through-charleston-church-shooting-n378341.
27 Dubner, S. J. (2011, September 30). The upside of quitting. http://freakonomics.com/2011/09/30/new-freakonomics-radio-podcast-the-upside-of-quitting.

## 9章

1 Pronin, E. (2009). The introspection illusion. In Mark P. Zanna (Ed.), *Advances in experimental social psychology*, 41 (pp. 1–67). Burlington, VT: Academic Press.
2 Uhlmann, E. L., & Cohen, G. L. (2005). Constructed criteria: Redefining merit to justify

October 24). The problem with positive thinking. *New York Times*; Sevincer, A. T., & Oettingen, G. (2015). Future thought and the self-regulation of energization. In G.H.E. Gendolla, M. Tops, & S. Koole (Eds.), *Handbook of biobehavioral approaches to self-regulation* (pp. 315–329). New York: Springer; Oettingen, G., & Wadden, T. (1991). Expectation, fantasy, and weight loss: Is the impact of positive thinking always positive? *Cognitive Therapy and Research*, 15(2), 167–175.

## 8章

1 自分の能力を極端に上回ることも、難度が高すぎることもなく、自分の能力の限界ぎりぎりにある「最適化ゾーン」と、生きることの関係は、シカゴ大学の心理学者ミハイ・チクセントミハイが提唱する「フロー」と、与えられた課題をこなすことの関係と同じである。フローの状態にある人は、ある課題に熱中するあまり雑念や不安が消え、喜びだけが存在する。フローの議論についてはチクセントミハイの以下の著書をお勧めする。*Flow: The psychology of optimal experience* (1990). New York: Harper Perennial Modern Classics.（『フロー体験 喜びの現象学』M・チクセントミハイ著、今村浩明訳、世界思想社、1996年）

2 Elliot, A. J. (Ed.). (2008). *Handbook of approach and avoidance motivation*. New York: Taylor and Francis Group.

3 Litt, A., Reich, T., Maymin, S., & Shiv, B. (2011). Pressure and perverse flights to familiarity. *Psychological Science*, 22(4), 523–531.

4 Song, H., & Schwarz, N. (2008). If it's hard to read, i's hard to do: Processing fluency affects effort prediction and motivation. *Psychological Science*, 19(10), 986–988.

5 Moons, W., Mackie, D., & Garcia-Marques, T. (2009). The impact of repetition-induced familiarity on agreement with weak and strong arguments. *Journal of Personality and Social Psychology*, 96(1), 32–44.

6 Litt, A., Reich, T., Maymin, S., & Shiv, B. (2011). Pressure and perverse flights to familiarity. *Psychological Science*, 22(4), 523–531.

7 Hsu, M. (2005). Neural systems responding to degrees of uncertainty in human decision-making. *Science*, 310(5754), 1680–1683.

8 Gneezy, U., List, J., & Wu, G. (2006). The uncertainty effect: When a risky prospect is valued less than its worst possible outcome. *Quarterly Journal of Economics*, 121(4), 1283–1309.

9 Cacioppo, J., & Patrick, W. (2008). *Loneliness: Human nature and the need for social connection*. New York: W. W. Norton and Company.

10 Dunbar, R. (2009). The social brain hypothesis and its implications for social evolution. *Annals of Human Biology*, 36(5), 562–572.

11 Swann, W., & Brooks, M. (2012). Why threats trigger compensatory reactions: The need for coherence and quest for self-verification. *Social Cognition*, 30(6), 758–777.

12 Schroeder, D. G., Josephs, R. A., & Swann, W. B., Jr. (2006). Foregoing lucrative employment to preserve low self-esteem. 未出版の博士論文。

13 Wise, R. A. (2002). Brain reward circuitry: Insights from unsensed incentives. *Behavioral Neuroscience*, 36(2), 229–240.

14 オグデン・リンズレーの行動に関する死人テストから借用。彼は1965年に、公立の学校で用いられていた基準に対する挑戦としてこの経験則を紹介した。死人にできることがあるとすれば（じっと座っているなど）、それは行動とは見なされないとし、学校の貴重な基金は子どもたちに「死人を演じる」ことを教えるために使われてはならないと論じた。以来、この考え方は、ある人物が柔軟性を欠いた回避行動をとっているかどうかを測るリトマス試験

L., & Bennett, D. A. (2004, December). A longitudinal study of implicit and explicit memory in old persons. *Psychology & Aging*, 19(4), 617–625; Singer, J., Rexhaj, B., & Baddeley, J. (2007). Older, wiser, and happier? Comparing older adults' and college students' self-defining memories. *Memory*, 15(8), 886–898. Tergesen, A. (2015, October 19). To age well, change how you feel about aging. *Wall Street Journal*.

14 Rigoni, D., Kuhn, S., Sartori, G., & Brass, M. (2011). Inducing disbelief in free will alters brain correlates of preconscious motor preparation: The brain minds whether we believe in free will or not. *Psychological Science*, 22(5), 613–618.

15 Dweck, C. S. (2012). *Mindset: How you can fulfill your potential*. London: Constable and Robinson Limited.

16 Alquist, J., Ainsworth, S., & Baumeister, R. (2013). Determined to conform: Disbelief in free will increases conformity. *Journal of Experimental Social Psychology*, 49(1), 80–86.

17 Bryan, C. J., Walton, G. M., Rogers, T., & Dweck, C. S. (2011). Motivating voter turnout by invoking the self. *Proceedings of the National Academy of Sciences*, 108(31), 12653–12656.

18 Milyavskaya, M., Inzlicht, M., Hope, N., & Koestner, R. (2015). Saying "no" to temptation: Want-to motivation improves self-regulation by reducing temptation rather than by increasing self-control. *Journal of Personality and Social Psychology*, 109(4), 677–693.

19 Sullivan, N., Hutcherson, C., Harris, A., & Rangel, A. (2015, February). Dietary self-control is related to the speed with which attributes of healthfulness and tastiness are processed. *Psychological Science*, 26(2), 122–134.

20 Read, D., & Van Leeuwen, B. (1998). Predicting hunger: The effects of appetite and delay on choice. *Organizational Behavior and Human Decision Processes*, 76(2), 189–205.

21 Ryan, R., & Deci, E. (2006). Self-regulation and the problem of human autonomy: Does psychology need choice, self-determination, and will? *Journal of Personality*, 74(6), 1557–1586.

22 Milyavskaya, M., Inzlicht, M., Hope, N., & Koestner, R. (2015). Saying "no" to temptation: Want-to motivation improves self-regulation by reducing temptation rather than by increasing self-control. *Journal of Personality and Social Psychology*, 109(4), 677–693.

23 Thaler, R. H., & Sunstein, C. R. (2009). *Nudge: Improving decisions about health, wealth, and happiness*. New York: Penguin Books.

24 E. J., & Goldstein, D. (2003). Do defaults save lives? *Science*, 302(5649), 1338–1339.

25 Gardner, B., Lally, P., & Wardle, J. (2012). Making health habitual: The psychology of "habit-formation" and general practice. *British Journal of General Practice*, 62(605), 664–666.

26 Suri, G., Sheppes, G., Leslie, S., & Gross, J. (2014). Stairs or escalator? Using theories of persuasion and motivation to facilitate healthy decision making. *Journal of Experimental Psychology: Applied*, 20(4), 295–302.

27 Gardner, B., & Lally, P. (2012). Does intrinsic motivation strengthen physical activity habit? Modeling relationships between self-determination, past behaviour, and habit strength. *Journal of Behavioral Medicine*, 36(5), 488–497.

28 Suri, G., Sheppes, G., Leslie, S., & Gross, J. (2014). Stairs or escalator? Using theories of persuasion and motivation to facilitate healthy decision making. *Journal of Experimental Psychology*: Applied, 20(4), 295–302.

29 Van Ittersum, K., & Wansink, B. (2012). Plate size and color suggestibility: The Delboeuf illusion's bias on serving and eating behavior. *Journal of Consumer Research*, 39(2), 215–222.

30 Gollwitzer, P. M. (1999). Implementation intentions: Strong effects of simple plans. *American Psychologist*, 54, 493–503.

31 心理対比の力に関するガブリエル・エッティンゲンの研究より。Oettingen, G. (2014,

*The ACT matrix: A new approach to building psychological flexibility across settings and populations.* Oakland, CA: New Harbinger Publications.

23 http://www.ted.com/talks/ruth_chang_how_to_make_hard_choices?language=en.

24 私がジェーン・グドールとこの議論をしたのは2007年9月のことである。

25 以下からの引用。By Jonathan Kanter from the University of Washington Center for the Science of Social Connection in an ACT professional Listserv discussion on October 11, 2013.

## 7章

1 「シンシアとデイビッド」とセーリングの例は、以下より引用。Driver, J., & Gottman, J. (2004). Daily marital interactions and positive affect during marital conflict among newlywed couples. *Family Process*, 43(3) 301–314; Gottman, J., & Driver, J. (2005). Dysfunctional marital conflict and everyday marital interaction. *Journal of Divorce and Remarriage*, 22(3–4), 63–77.

2 Smith, E. E. (2014, June 12). Masters of love. *Atlantic.*

3 カール・ワイクは、ささやかな成功に関する論文で、小さなことを目標にする重要性を論じている。Weick, K. (1984). Small wins. *Redefining Social Problems*, 39(1), 29–48.

4 Crum, A. J. (2006, April). Think and grow fit: Unleash the power of the mind body connection. Paper presented at Dr. Tal Ben-Shahar's class Positive Psychology, Harvard University, Cambridge, MA; Crum, A. J., & Langer, E. J. (2007). Mind-set matters: Exercise and the placebo effect. *Psychological Science*, 18(2), 165–171.

5 Burnette, J., O' Boyle, E., Vanepps, E., Pollack, J., & Finkel, E. (2013). Mind-sets matter: A meta-analytic review of implicit theories and self-regulation. *Psychological Bulletin*, 139(3), 655–701.

6 Dweck, C. (2008). Can personality be changed? The role of beliefs in personality and change. *Current Directions in Psychological Science*, 17(6), 391–394; Yeager, D., Johnson, R., Spitzer, B., Trzesniewski, K., Powers, J., & Dweck, C. (2014). The far-reaching effects of believing people can change: Implicit theories of personality shape stress, health, and achievement during adolescence. *Journal of Personality and Social Psychology*, 106(6), 867–884.

7 Paunesku, D., Walton, G., Romero, C., Smith, E., Yeager, D., & Dweck, C. (2015). Mind-set interventions are a scalable treatment for academic underachievement. *Psychological Science*, 26(6), 784–793; Gunderson, E., Gripshover, S., Romero, C., Dweck, C., Goldin-Meadow, S., & Levine, S. (2013). Parent praise to 1- to 3-year-olds predicts children's motivational frameworks 5 years later. *Child Development*, 84(5), 1526–1541.

8 http://www.edweek.org/ew/articles/2015/09/23/carol-dweck-revisits-the-growth-mindset.html.

9 Yeager, D., & Dweck, C. (2012). Mindsets that promote resilience: When students believe that personal characteristics can be developed. *Educational Psychologist*, 47(4), 302–314.

10 加齢に関するステレオタイプが、のちの人生にどんな影響を及ぼすか調べる興味深い研究分野。Levy, B. (2009). Stereotype embodiment: A psychosocial approach to aging. *Psychological Science*, 18(6), 332–336. Also see Levy, B., Slade M. D., & Kasl, S. V. (2002). Longevity increased by positive self-perceptions of aging. *Journal of Personality and Social Psychology*, 83(2), 261–270.

11 Levy, B. R., Zonderman, A. B., Slade, M. D., & Ferrucci, L. (2009). Age stereotypes held earlier in life predict cardiovascular events in later life. *Psychological Science*, 20(3), 296–298.

12 Levy, B., Slade, M., Kunkel, S., & Kasl, S. (2002). Longevity increased by positive self-perceptions of aging. *Journal of Personality and Social Psychology*, 83(2), 261–270.

13 研究例は以下のとおり。Verhaeghen P. (2003, June). Aging and vocabulary scores: A meta-analysis. *Psychology and Aging*, 18(2), 332–339; Fleischman, D. A., Wilson, R. S., Gabrieli, J. D., Bienias, J.

oprahshow/Tom-Shadyac-From-Millionaire-to-Mobile-Home.
2 https://www.reddit.com/r/IAmA/comments/1dxuqd/im_tom_shadyac_director_of_ace_ventura_nutty.
3 Oprah.com(2011, April 4). From multimillionaire to mobile home. http://www.oprah.com/oprahshow/Tom-Shadyac-From-Millionaire-to-Mobile-Home.
4 Hassett, S. (2011, January 28). Tom Shadyac wants you to wake up. *Esquire*. http://www.esquire.com/entertainment/interviews/a9309/tom-shadyac-i-am-012811.
5 Oprah.com (2011, April 4). From multimillionaire to mobile home. http://www.oprah.com/oprahshow/Tom-Shadyac-From-Millionaire-to-Mobile-Home.
6 Hill, A. L., Rand, D. G., Nowak, M. A., & Christakis, N. A. (2010). Infectious disease modeling of social contagion in networks. *PLOS Computational Biology* 6(11).
7 同上。および McDermott, R., Fowler, J. H., & Christakis, A. (2013, December). Breaking up is hard to do, unless everyone else is doing it too: Social network effects on divorce in a longitudinal sample. *Social Forces*, 92(2), 491–519.
8 Gardete, P. (2015). Social effects in the in-flight marketplace: Characterization and managerial implications. *Journal of Marketing Research*, 52(3), 360–374.
9 Gelder, J., Hershfield, H., & Nordgren, L. (2013). Vividness of the future self predicts delinquency. *Psychological Science*, 24(6), 974–980.
10 Hershfield, H., Goldstein, D., Sharpe, W., Fox, J., Yeykelis, L., Carstensen, L., & Bailenson, J. (2011). Increasing saving behavior through age-progressed renderings of the future self. *Journal of Marketing Research*, 48, S23–37.
11 Alter, A. (2015, May 22). The bookstore built by Jeff Kinney, the "Wimpy Kid." *New York Times*.
12 価値観は区分や規則ではなく行動の特質だというのは、ＡＣＴの特徴的な考え方である。Harris, R. (2008). *The happiness trap: How to stop struggling and start living*. Boston: Trumpeter; Luoma, J. B., Hayes, S. C., & Walser, R. D. (2007). *Learning ACT: An acceptance and commitment therapy skills-training manual for therapists*. Oakland, CA, and Reno, NV: New Harbinger and Context Press; Wilson, K. G., & Murrell, A. R. (2004). Values work in acceptance and commitment therapy: Setting a course for behavioral treatment. In S. C. Hayes, V. M. Follette, & M. Linehan (Eds.), *Mindfulness and acceptance: Expanding the cognitive-behavioral tradition* (pp. 120–151). New York: Guilford Press.
13 リストサーブ上のＡＣＴの専門家による議論において（2012年9月12日）、ティム・ボーデンがこの比喩を用いた。
14 http://www.elizabethgilbert.com/thoughts-on-writing.
15 Hylton, W. S. (2006, July 31). Prisoner of conscience. *GQ*.
16 Jaffer, J., & Siems, L. (2011, April 27). Honoring those who said no. *New York Times*.
17 Cohen, G. L., & Sherman, D. K. (2014). The psychology of change: Self-affirmation and social psychological intervention. *Annual Review of Psychology*, 65, 333–371.
18 同上
19 同上
20 イレーナ・センドラーの詳細は以下を参照。http://lowellmilkencenter.org/irena-sendler-overview.
21 この概念は以下で用いられている。David, S. (2009, September). *Strengthening the inner dialogue*, workshop facilitated for Ernst & Young.選択点という考え方の優れた概要は、以下の説明を参照のこと。Russ Harris: https://www.youtube.com/watch?v=tW6vWKVrmLc.
22 近づくと遠ざかるという表現は、人が自分の経験を理解し、それに反応するしくみを見事に説明するさらに広い枠組みの一部として、ケヴィン・ポーク、ジェロルド・ハンブライト、マーク・ウェブスターによって考え出された。Polk, K., & Schoendorff, B. (Eds.). (2014).

37(3), 722–733.
6 同上
7 Pennebaker, J. W., & Evans, J. F. (2014). *Expressive writing: Words that heal.* Enumclaw, WA: Idyll Arbor; Pennebaker, J. W., & Chung, C. K. (2011). Expressive writing: Connections to physical and mental health. In H. S. Friedman (Ed.), *Oxford handbook of health psychology* (pp. 417–437). New York: Oxford University Press.
8 プリンストン大学名誉教授ダニエル・カーネマンに許可を得て、以下の出典より掲載。Bruner, J. S., & Minturn, A. L. (1955). Perceptual identification and perceptual organization. *Journal of General Psychology*, 53(2), 21–28; Kahneman, D. (2003). A perspective on judgment and choice: Mapping bounded rationality. *American Psychologist*, 58(9), 697–720.
9 マインドフルネスに関する現代の考え方と、関連する修行法は、ジョン・カバット・ジンやエレン・ランガー、リチャード・デビッドソンなどの研究から多大な影響を受けている。
10 Hölzel, B., Carmody, J., Vangel, M., Congleton, C., Yerramsetti, S., Gard, T., & Lazar, S. (2011). Mindfulness practice leads to increases in regional brain gray matter density. *Psychiatry Research: Neuroimaging*, 191(1), 36–43.
11 Ricard, M., Lutz, A., & Davidson, R. J. (2014, November). Mind of the meditator. *Scientific American*, 311(5), 38–45; Davis, D., & Hayes, J. (2012). What are the benefits of mindfulness? A practice review of psychotherapy-related research. *Psychotherapy*, 43(7), 198–208.
12 Beard, A. (2014, March). Mindfulness in the age of complexity. *Harvard Business Review*.
13 この記事は、学習と成長におけるマインドフルネスの本質を捉えている。Salzberg, S. (2015, April 5). What does mindfulness really mean anyway? *On Being*.
14 Wilson, T., Reinhard, D., Westgate, E., Gilbert, D., Ellerbeck, N., Hahn, C., et al. (2014). Just think: The challenges of the disengaged mind. *Science*, 345(6192), 75–77.
15 Marvell, A. (2005). The garden. In Andrew Marvell, *The complete poems*, Elizabeth Story Donno (Ed.). New York: Penguin Classics.
16 Johnson, C. (1955, 2015). *Harold and the purple crayon*. New York: HarperCollins.（『はろるどとむらさきのくれよん』クロケット・ジョンソン著、岸田衿子訳、文化出版局、1972年）
17 この「牛乳」のエクササイズは1916年に心理学者のエドワード・B・ティチェナーによって初めて用いられ、考えや感情にとらわれたとき、そこから自由になるのを手助けする主要なテクニックとなっている。Titchener, E. B. (1916). *A textbook of psychology*. New York: Macmillan.
18 Greenberg, J. (2010). Exiting via the low road. ESPNChicago.com. http://espn.go.com/espn/print?id=5365985.
19 Kross, E., Bruehlman-Senecal, E., Park, J., Burson, A., Dougherty, A., Shablack, H., et al. (2014). Self-talk as a regulatory mechanism: How you do it matters. *Journal of Personality and Social Psychology*, 106(2), 304–324.
20 このリストの1〜4は以下から引いている。Carson, S., & Langer, E. (2006). Mindfulness and self-acceptance. *Journal of Rational-Emotive and Cognitive-Behavior Therapy*, 24(1), 29–43.
21 この感覚は以下でうまく表現されている。Joen Snyder O' Neal, Reflecting on Letting Go, Spring 2001. http://www.oceandharma.org/teachers/Letting_Go.pdf.
22 Kelley, K. W. (1988). *The home planet*. Reading, MA: Addison-Wesley.（『地球/母なる星—宇宙飛行士が見た地球の荘厳と宇宙の神秘』ケヴィン・W・ケリー著、竹内均監修、小学館、1988年）

## 6章

1 Oprah.com(2011, April 4). From multimillionaire to mobile home. http://www.oprah.com/

11 本章の自己受容と社会的比較に関する議論は以下を参考にした。Carson, S., & Langer, E. (2006). Mindfulness and self-acceptance. *Journal of Rational-Emotive and Cognitive-Behavior Therapy*, 24(1), 29–43; White, J., Langer, E., Yariv, L., & Welch, J. (2006). Frequent social comparisons and destructive emotions and behaviors: The dark side of social comparisons. *Journal of Adult Development*, 13(1), 36–44.

12 Carson, S., & Langer, E. (2006). Mindfulness and self-acceptance. *Journal of Rational-Emotive and Cognitive-Behavior Therapy*, 24(1), 29–43.

13 Bricker, J., Wyszynski, C., Comstock, B., & Heffner, J. (2013). Pilot randomized controlled trial of web-based acceptance and commitment therapy for smoking cessation. *Nicotine and Tobacco Research*, 15(10), 1756–1764.

14 Lesser, I. M. (1985). Current concepts in psychiatry: Alexithymia. *New England Journal of Medicine*, 312(11), 690–692.

15 Hesse, C., & Floyd, K. (2008). Affectionate experience mediates the affects of alexithymia on mental health and interpersonal relationships. *Journal of Social and Personal Relationships*, 25(5), 793–810.

16 Barrett, L. F., Gross, J., Christensen, T., & Benvenuto, M. (2001). Knowing what you're feeling and knowing what to do about it: Mapping the relation between emotion differentiation and emotion regulation. *Cognition and Emotion*, 15(6), 713–724; Erbas, Y., Ceulemans, E., Pe, M., Koval, P., & Kuppens, P. (2014). Negative emotion differentiation: Its personality and well-being correlates and a comparison of different assessment methods. *Cognition and Emotion*, 28(7), 1196–1213.

17 Ford, B., & Tamir, M. (2012). When getting angry is smart: Emotional preferences and emotional intelligence. *Emotion*, 12(4), 685–689.

18 Ford, B., & Tamir, M., When getting angry is smart: Emotional preferences and emotional intelligence. *Emotion*, 12(4), 685–689.

## 5章

1 複数の研究によって、破局したばかりの人々がその経験について感情あらわに書き記すと、対照群よりもわずかながらよりを戻す割合が高くなることが明らかになっている。Lepore, S. J., & Greenberg, M. A. (2002). Mending broken hearts: Effects of expressive writing on mood, cognitive processing, social adjustment and health following a relationship breakup. *Psychology and Health*, 17(5), 547–560. ペネベイカーは、問題のない恋人関係についても調べ、恋人について記述している人は、3カ月後にも付き合っている割合が高いことを突き止めた。Slatcher, R. B., & Pennebaker, J. W. (2006). How do I love thee? Let me count the words: The social effects of expressive writing. *Psychological Science*, 17(8), 660–664. ジェームズ・ペネベイカーはルースといまも夫婦であり続け、書くことは二人の血となり体内を流れている。つまり、彼はいまでも記述に関する研究を続け、ルースは小説家として活動している。

2 Pennebaker, J. (1997). Becoming healthier through writing. In *Opening up: The healing power of expressive emotions* (pp. 26–42). New York: Guilford Press.

3 Burton, C. M., & King, L. A. (2008). Effects of (very) brief writing on health: The two-minute miracle. *British Journal of Health Psychology*, 13, 9–14.

4 ペネベイカーのもっとも印象的な著作は1997年の*Opening up: The healing power of expressing emotions*。彼とはワシントンDCで開催されたポジティブ心理学会で知り合った。

5 Pennebaker, J. (1997). Becoming healthier through writing. In *Opening up: The healing power of expressive emotions* (pp. 26–42). New York: Guilford Press. Also see Spera, S. P., Buhrfiend, E. D., & Pennebaker, J. (1994). Expressive writing and coping with job loss. *Academy of Management Journal*,

36 Young, M., Tiedens, L., Jung, H., & Tsai, M. (2011). Mad enough to see the other side: Anger and the search for disconfirming information. *Cognition and Emotion*, 25(1), 10–21.
37 Ven, N., Zeelenberg, M., & Pieters, R. (2011). Why envy outperforms admiration. *Personality and Social Psychology Bulletin*, 37(6), 784–795.
38 Stearns, D., & Parrott, W. (2012). When feeling bad makes you look good: Guilt, shame, and person perception. *Cognition and Emotion*, 26, 407–430.
39 Hackenbracht, J., & Tamir, M. (2010). Preferences for sadness when eliciting help: Instrumental motives in sadness regulation. *Motivation and Emotion*, 34(3), 306–315.

## 4章

1 Campbell, J. (2008). *The hero with a thousand faces* (3rd ed.). Novato, CA: New World Library, 2008.（『千の顔をもつ英雄』ジョーゼフ・キャンベル著、倉田真木、斎藤静代、関根光宏訳、早川書房、新訳版、2015年）
2 レーヴィは自らの経験を『これが人間か――アウシュヴィッツは終わらない』（竹山博英訳、朝日新聞出版、改訂完全版、2017年）と『休戦』（竹山博英訳、岩波書店、2010年）に記している。67歳のとき三階建てのアパートの踊り場から転落して死亡、警察はただちに自殺と断定した。だが、亡くなる前の数週間の分析から、事故による転落だった可能性が示唆されている。Gambetta, G. (1999, June 1). Primo Levi's last moments, *Boston Review*.
3 自己受容は人生をさらに幸せにする鍵になり得るが、多くの人々は幸福の習慣を身につける努力を何よりもないがしろにしている。この調査は2014年3月7日にハートフォードシャー大学のK・パインによって行われた。
4 この話は聖書外典に由来するものと思われる。アメリカの作家、アリス・ウォーカーの以下のエッセイ集にも登場する。Walker, A. (2006). *We are the ones we have been waiting for: Inner light in a time of darkness* (pp. 202–204). New York: New Press.
5 Sbarra, D. A., Smith, H. L., & Mehl, M. R. (2012). When leaving your ex, love yourself: Observational ratings of self-compassion predict the course of emotional recovery following marital separation. *Psychological Science*, 23(3), 261–269.
6 Tangney, J., Stuewig, J., & Martinez, A. (2014). Two faces of shame: The roles of shame and guilt in predicting recidivism. *Psychological Science*, 25(3), 799–805.
7 私はあらゆる感情には目的があると述べた。では羞恥心にはどんな目的があるのか？　羞恥心は罪悪感と同じく、「道徳的」な感情だと考えられている――自分や他人の社会における行動を形成するのに役立つものだ。だが、進化の観点から見ると、羞恥心は地位や主従の関係を伝える機能として、進化の早い段階からもっとも適応されてきたものと考えられている。羞恥心はいまでも行動を形成しているが、人類が認知的、感情的に、そして対人関係においてさらに複雑化している現在の進化の時期にあっては、罪悪感よりも適応度が下がっていると考えられている。Tangney, J. P., & Tracy, J. (2012). Self-conscious emotions. In M. Leary & J. P. Tangney (Eds.), *Handbook of self and identity* (2nd ed.), (pp. 446–478). New York: Guilford Press.
8 Neff, K. D., Kirkpatrick, K., & Rude, S. S. (2007). Self-compassion and its link to adaptive psychological functioning. *Journal of Research in Personality*, 41, 139–154.
9 Breines, J., & Chen, S. (2012). Self-compassion increases self-improvement motivation. P*ersonality and Social Psychology Bulletin*, 38(9), 1133–1143.
10 Pace, T., Negi, L., Adame, D., Cole, S., Sivilli, T., Brown, T., Issa, M., Raison, C. (2009). Effect of compassion meditation on neuroendocrine, innate immune and behavioral responses to psychosocial stress. *Psychoneuroendocrinology*, 34(1), 87–98.

*Directions for Child and Adolescent Development*, 128, 51–64.

19 Harker, L., & Keltner, D. (2001). Expressions of positive emotion in women's college yearbook pictures and their relationship to personality and life outcomes across adulthood. *Journal of Personality and Social Psychology*, 80(1), 112–124; Ekman, P., Davidson, R., & Friesen, W. (1990). The Duchenne smile: Emotional expression and brain physiology, II. *Journal of Personality and Social Psychology*, 58(2), 342–353.

20 Lyubomirsky, S., Sheldon, K. M., & Schkade, D. (2005). Pursuing happiness: The architecture of sustainable change. *Review of General Psychology*, 9, 111–131; Seligman, M.E.P., & Csikszentmihalyi, M. (Eds.) (2000). Positive psychology (special issue). *American Psychologist*, 55(1), 5–14; Fredrickson, B. L. (1998). What good are positive emotions? *Review of General Psychology*, 2(3), 300–319; Tugade, M., Fredrickson, B. L., & Barrett, L. F. (2004). Psychological resilience and positive emotional granularity: Examining the benefits of positive emotions on coping and health. *Journal of Personality*, 72(6), 1161–1190.

21 Gruber, J., Mauss, I., & Tamir, M. (2011). A dark side of happiness? How, when, and why happiness is not always good. *Perspectives on Psychological Science*, 6(3), 222–233.

22 同上

23 Davis, M. A. (2008). Understanding the relationship between mood and creativity: A meta-analysis. *Organizational Behavior and Human Decision Processes*, 108(1), 25–38.

24 Gruber, J., Mauss, I., & Tamir, M. (2011). A dark side of happiness? How, when, and why happiness is not always good. P*erspectives on Psychological Science*, 6(3), 222–233. 前向きな感情の負の側面に関する優れた議論としては以下も参照のこと。Gruber, J., & Moskowitz, J. (2014). *Positive emotion: Integrating the light sides and dark sides*. New York: Oxford University Press

25 Forgas, J. (2013). Don't worry, be sad! On the cognitive, motivational, and interpersonal benefits of negative mood. *Current Directions in Psychological Science*, 22(3), 225–232; Young, M., Tiedens, L., Jung, H., & Tsai, M. (2011). Mad enough to see the other side: Anger and the search for disconfirming information. *Cognition and Emotion*, 25(1), 10–21.

26 Mauss, I. B., Tamir, M., Anderson, C. L., & Savino, N. S. (2011). Can seeking happiness make people unhappy? Paradoxical effects of valuing happiness. *Emotion*, 11(4), 807-815.

27 Schooler, J. W., Ariely, D., & Loewenstein, G. (2003). The pursuit and assessment of happiness may be self-defeating. In I. Brocas & J. D. Carrillo (Eds.), *The psychology of economic decisions, 1: Rationality and well-being* (pp. 41–70). New York: Oxford University Press.

28 Mauss, I., Savino, N., Anderson, C., Weisbuch, M., Tamir, M., & Laudenslager, M. (2012). The pursuit of happiness can be lonely. *Emotion*, 12(5), 908–912.

29 Gruber, J., Mauss, I., & Tamir, M. (2011). A dark side of happiness? How, when, and why happiness is not always good. *Perspectives on Psychological Science*, 6(3), 222–233.

30 気分は一般的に、ある程度の期間持続する感情と定義される。つまり一瞬の感情ではない。

31 Forgas, J. (2007). When sad is better than happy: Negative affect can improve the quality and effectiveness of persuasive messages and social influence strategies. *Journal of Experimental Social Psychology*, 43(4), 513–528.

32 Forgas, J. P., Goldenberg, L., & Unkelbach, C. (2009). Can bad weather improve your memory? A field study of mood effects on memory in a real-life setting. J*ournal of Experimental Social Psychology*, 45(1), 254–257.

33 Forgas, J. (2013). Don't worry, be sad! On the cognitive, motivational, and interpersonal benefits of negative mood. *Current Directions in Psychological Science*, 22(3), 225–232.

34 同上

35 同上

とを行ったり来たりする人がいる。たとえば、しばらく思い悩んでいると、自分が考え込みすぎていることが心配になり、感情を葬り去ろうとすることがあるだろう。

3 https://www.youtube.com/watch?v=-4EDhdAHrOg.

4 Waxer, P. H. (1977). Nonverbal cues for anxiety: An examination of emotional leakage. *Journal of Abnormal Psychology*, 86(3), 306–314.

5 Wegner, D. M., Schneider, D. J., Carter, S., & White, T. (1987). Paradoxical effects of thought suppression. *Journal of Personality and Social Psychology*, 53(1), 5–13. Wegner, D. M. (2011). Setting free the bears: Escape from thought suppression. *American Psychologist*, 66(8), 671-680.

6 Litvin, E. B., Kovacs, M. A., et al. (2012). Responding to tobacco craving: Experimental test of acceptance versus suppression. *Psychology of Addictive Behaviors*, 26(4), 830–837.

7 Butler, E. A., Egloff, B., Wilhelm, F. W., Smith, N. C., Erickson, E. A., & Gross, J. J. (2003). The social consequences of expressive suppression. *Emotion*, 3(1), 48–67.

8 Johnson, D., & Whisman, M. (2013). Gender differences in rumination: A meta-analysis. *Personality and Individual Differences*, 55(4), 367–374.

9 Bushman, B. (2002). Does venting anger feed or extinguish the flame? Catharsis, rumination, distraction, anger, and aggressive responding. *Personality and Social Psychology Bulletin*, 28(6), 724–731. この研究では、思い悩むタイプは、封じ込めるタイプと対照群と比べるといちばんひどい状態だった。彼らはもっとも腹を立て、もっとも攻撃的だったのだ。次に思わしくないのは封じ込めるタイプで、怒ってはいるものの攻撃的ではなかった。封じ込めることも、思い悩むこともしていない対照群の学生は、もっとも良好な状態だった。

10 Rose, A., Schwartz-Mette, R., Glick, G. C., Smith, R. L., & Luebbe, A. M. (2014). An observational study of co-rumination in adolescent friendships. *Developmental Psychology*, 50(9), 2199–2209.

11 Nolen-Hoeksema, S., & Davis, C. G. (1999). "Thanks for sharing that" : Ruminators and their social support networks. *Journal of Personality and Social Psychology*, 77(4), 801–814.

12 Wells, A. (2009). *Metacognitive therapy for anxiety and depression*. New York: Guilford Press.（『メタ認知療法——うつと不安の新しいケースフォーミュレーション』エイドリアン・ウェルズ著、熊野宏昭・今井正司・境泉洋訳、日本評論社、2012年）

13 Hayes, S., & Smith, S. (2005). *Get out of your mind and into your life: The new acceptance and commitment therapy*. Oakland, CA: New Harbinger Publications.（『＜あなた＞の人生をはじめるためのワークブック』スティーブン・C・ヘイズ、スペンサー・スミス著、武藤崇、原井宏明、吉岡昌子、岡嶋美代訳、ブレーン出版、2008年）

14 Aldao, A., & Nolen-Hoeksema, S. (2012). When are adaptive strategies most predictive of psychopathology? *Journal of Abnormal Psychology*, 121(1), 276–281. 以下も参照のこと。Mauss, I., Evers, C., Wilhelm, F., & Gross, J. (2006). How to bite your tongue without blowing your top: Implicit evaluation of emotion regulation predicts affective responding to anger provocation. *Personality and Social Psychology Bulletin*, 32(5), 589–602.

15 この比喩は以下から借用した。Zettle, R. (2007). *ACT for depression: A clinician's guide to using acceptance and commitment therapy in treating depression*. Oakland, CA: New Harbinger Publications.

16 Nolen-Hoeksema, S., Wisco, B., & Lyubomirsky, S. (2008). Rethinking rumination. *Perspectives on Psychological Science*, 3(5), 400–424.

17 感情の表示規則の発達についての詳細は以下を参照のこと。Zeman, J., & Garber, J. (1996). Display rules for anger, sadness, and pain: It depends on who is watching. *Child Development*, 67(3), 957–973. For a more general discussion on display rules, see Paul Ekman's work.

18 Reese, E., Haden, C., & Fivush, R. (1996). Mothers, fathers, daughters, sons: Gender differences in reminiscing. *Research on Language and Social Interaction*, 29(1), 27–56; Root, A., & Rubin, K. (2010). Gender and parents' reactions to children's emotion during the preschool years. *New*

10 Gigerenzer, G. (2011). Heuristic decision making. *Annual Review of Psychology*, 62, 107–139.

11 Kashdan, T., & Rottenberg, J. (2010). Psychological flexibility as a fundamental aspect of health. *Clinical Psychology Review*, 30(7), 865–878.

12 これらの実験は「変化の見落とし」または「不注意による見落とし」を説明するものだ。前者は視覚的な場面に起きた大きな変化に気づくのが難しいこと、後者は視覚的場面に含まれる予期せぬことに気づかないことを意味する。どちらも、自分が見ていると思っていることと、目の前にあるものの根深い不一致をとらえた効果だ。これは視覚の分野にとどまらない。私たちが聞いていることにも聞かないことにも同様の不一致が報告されている。Simons, D., & Rensink, R. (2005). Change blindness: Past, present, and future. *Trends in Cognitive Sciences*, 9(1), 16–20; Jensen, M., Yao, R., Street, W., & Simons, D. (2011). Change blindness and inattentional blindness. *Wiley Interdisciplinary Reviews: Cognitive Science*, 2(5), 529–546; Levin, D. T., & Simons, D. J. (1997). Failure to detect changes to attended objects in motion pictures. *Psychonomic Bulletin and Review*, 4, 501–506.

13 Simons, D. J., & Levin, D. T. (1998). Failure to detect changes to people in real-world interaction. *Psychonomic Bulletin and Review*, 5(4), 644–649.

14 Chabris, C., Weinberger, A., Fontaine, M., & Simons, D. (2011). You do not talk about Fight Club if you do not notice Fight Club: Inattentional blindness for a simulated real-world assault. *i-Perception*, 2(2), 150–153.

15 Langer, E., & Abelson, R. (1974). A patient by any other name . . . : Clinician group difference in labeling bias. *Journal of Consulting and Clinical Psychology*, 42(1), 4–9.

16 Grice, A. (2009). *Fire risk: Fire safety law and its practical application*. London: Thorogood Publishing.

## 3章

1 基本的な感情の数については、おおむね6から15の範囲に収まる。いずれの説明でも、いわゆる「ポジティブ」な感情とされるものより「ネガティブ」な感情の方が多い。こうした見方は、主要な感情の最小限の数は文化や人種を問わず共有され、普遍的な要因があるという理論（エクマン、1999年）に基づいている。しばし対比される「構造主義的な」見方（バレット、2015年）は、感情には明確な境界があるわけではなく、コンテクストに基づいて感情的経験を積極的に構築していると示唆している。Ekman, P. (1999). Basic emotions. In T. Dalgleish & T. Power (Eds.), *The handbook of cognition and emotion* (pp. 45–60). New York: John Wiley & Sons; Clark-Polner, E., Wager, T. D., Satpute, A. B., & Barrett, L. F. (2016). Neural fingerprinting: Meta-analysis, variation, and the search for brain-based essences in the science of emotion. In L. F. Barrett, M. Lewis, & J. M. Haviland-Jones (Eds.). *The handbook of emotion* (4th ed.). New York: Guilford Press; Barrett, L. F. (2014). Ten common misconceptions about the psychological construction of emotion. In L. F. Barrett & J. A. Russell (Eds.), *The psychological construction of emotion* (pp. 45–79). New York: Guilford Press.

2 John, O. P., & Eng, J. (2013). Three approaches to individual differences in measuring affect regulation: Conceptualizations, measures, and findings. In J. Gross (Ed.), *Handbook of emotion regulation* (pp. 321–344). New York: Guilford Press.加えて以下も参照のこと。Gross, J., & John, O. P. (2003). Individual difference in two emotion regulation processes: Implications for affect, relationships, and well-being. *Journal of Personality and Social Psychology*, 23(2), 348–362. 二つの警告を簡単に説明する。第一に、性差の研究では男性の方が女性より感情を封じ込める傾向が高いとはいえ、「男性はすべて封じ込めるタイプである」とか「女性に封じ込めるタイプはいない」という意味にはならない。その逆もしかり。第二に、封じ込めることと思い悩むこ

## 2章

1 Mehl, M., Vazire, S., Ramirez-Esparza, N., Slatcher, R., & Pennebaker, J. (2007). Are women really more talkative than men? *Science*, 317(5834), 82.　参加者の日常的な言葉の使い方を何日も記録し、おしゃべりかどうかに男女差が認められるか分析した。結論としては、「女性はおしゃべりだという世の中に広く、きわめて根強く定着したステレオタイプは認められない」。

2 この「メリーさんのひつじ」の例は、スティーブン・ヘイズが考えた。

3 形と音に一貫した関係性があることを最初に示したのは、ドイツ人の心理学者ヴォルフガング・ケーラーである。彼は、意味のない「マルマ」という言葉は丸みのある形に、「タケテ」という言葉は尖った形の名前に振り分けられることを突きとめた。Ramachandran, V. S., & Hubbard, E. M. (2001). Synaesthesia—a window into perception, thought and language. *Journal of Consciousness Studies*, 8(12), 3–34.

4 Maurer, D., Pathman, T., & Mondloch, C. J. (2006). The shape of boubas: Sound-shape correspondence in toddlers and adults. *Developmental Science*, 9(3), 316–322.

5 元医師で患者のＳＪは、角回を損傷した後も流暢に英語を話し、リストに基づいて病気を正確に診断することさえできた。だが、ラマチャンドランのチームが20のことわざの意味についてテストしたところ、すべて不正解だった。意味の世界にとらわれ、より深い隠喩的なつながりを理解できなかったのだ。たとえば、「輝くものすべてが金ではない」ということわざを説明するよう求めると、宝飾品を買うときは慎重になるべきだと答えた。

　人口の1～2パーセントに見られる共感覚という興味深い現象は、相互作用が強すぎる例かもしれない。ブーバとキキの極端なケースとも言える。共感覚の人々はおおむね普通だが、ある特定の刺激をごく一般的に受け止め、なおかつ意外なかたちでも受け止めるところが変わっている。たとえば、ある数字を数字と色の二通りで受け止めたり（「5」は赤で「6」は紫というように）、ある音が色を想起させたり（ドのシャープは青）、文字が味を想起させたりする（「A」という文字はやや熟れたバナナの味）。このような状態は1880年にフランシス・ゴルトンによって初めて記録された。共感覚は遺伝する傾向があり、クリエイティブな人々に多く見られる。詳細は以下を参照のこと。Ramachandran, V. S., & Hubbard, E. M. (2001). Synaesthesia—a window into perception, thought and language. *Journal of Consciousness Studies*, 8(12), 3–34. Ramachandran, V. S., & Hubbard, E. M. (2003). Hearing colors, tasting shapes. *Scientific American*, 288(5), 52–59.

　隠喩の理解において角回が果たしているとされる役割については、エモリー大学のクリシュ・サティアンとそのチームによって反論され、研究が進められている。Simon, K., Stilla, R., & Sathian, K. (2011). Metaphorically feeling: Comprehending textural metaphors activates somatosensory cortex. *Brain and Language*, 120(3), 416–421.

6 Milton, J. (2009). *Paradise lost*. New York: Penguin Classics (original work published in 1667).（『失楽園』ミルトン著、平井正穂訳、岩波書店、1981年）

7 Korzybski, A. (1933). A non-Aristotelian system and its necessity for rigor in mathematics and physics. *Science and Sanity*, 747–761. 1931年12月28日、米科学振興協会で初めて発表された。

8 柔軟性の点から見たヒューリスティクスのプラス面とマイナス面については以下を参照。Kashdan, T., & Rottenberg, J. (2010). Psychological flexibility as a fundamental aspect of health. *Clinical Psychology Review*, 30, 865–878. Ambady, N., & Rosenthal, R. (1992). Thin slices of expressive behavior as predictors of interpersonal consequences: A meta-analysis. *Psychological Bulletin*, 111(2), 256–274.

9 Kahneman, D. (2003). A perspective on judgment and choice: Mapping bounded rationality. *American Psychologist*, 58(9), 697–720.

# 注

## 1章


1 Frankl, V. E. (1984). *Man's search for meaning: An introduction to logotherapy.* New York: Simon & Schuster.（『死と霧』ヴィクトール・E・フランクル著、池田香代子訳、みすず書房、2002年）

2 感情の敏捷性（EA）は、社会心理学、組織心理学、臨床心理学にまたがる研究から影響を受けている。とくに恩恵を受けているのはアクセプタンス&コミットメント・セラピー（Acceptance and Commitment Therapy、またはAcceptance and Commitment Training、ＡＣＴ）と呼ばれる分野だ。これはネバダ大学の心理学教授で学部長のスティーブン・ヘイズとその同僚によって開拓され、文脈主義的行動科学会（Association for Contextual Behavioral Science）の研究者と実践者からなる協力的なコミュニティによってサポートされている。

柔軟性は健康と幸福に欠かせない特徴だ。感情の敏捷性を裏打ちするスキルが乏しいと、成功と幸福を手にする確率が低くなること、高いスキルは心理的健康と充実した人生を送るのに欠かせないこと、そして、感情の敏捷性は習得可能なことを立証する研究が数多くあり、その数はさらに増えている。優れた概説としては以下を参照のこと。Kashdan, T., & Rottenberg, J. (2010). Psychological flexibility as a fundamental aspect of health. *Clinical Psychology Review*, 30(7), 865–878; Biglan, A., Flay, B., Embry, D., & Sandler, I. (2012). The critical role of nurturing environments for promoting human well-being. *American Psychologist*, 67(4), 257–271; Bond, F. W., Hayes, S. C., & Barnes-Holmes, D. (2006). Psychological flexibility, ACT, and organizational behavior. *Journal of Organizational Behavior Management*, 26(1–2), 25–54; Lloyd, J., Bond, F. W., & Flaxman, P. E. (2013). The value of psychological flexibility: Examining psychological mechanisms underpinning a cognitive behavioral therapy intervention for burnout. *Work and Stress*, 27(2), 181–199; A-Tjak, J., Davis, M., Morina, N., Powers, M., Smits, J., & Emmelkamp, P. (2015). A meta-analysis of the efficacy of acceptance and commitment therapy for clinically relevant mental and physical health problems. *Psychotherapy and Psychosomatics*, 84(1), 30–36; Aldao, A., Sheppes, G., & Gross, J. (2015). Emotion regulation flexibility. *Cognitive Therapy and Research*, 39(3), 263–278.

3 Strayer, D., Crouch, D., & Drews, F. (2006). A comparison of the cell phone driver and the drunk driver. *Human Factors*, 48(2), 381–391.

4 Epel, E., Blackburn, E., Lin, J., Dhabhar, F., Adler, N., Morrow, J., & Cawthon, R. (2004). Accelerated telomere shortening in response to life stress. *Proceedings of the National Academy of Sciences*, 101(49), 17312–17315.

5 David, S., & Congleton, C. (2013, November). Emotional agility. How effective leaders manage their negative thoughts and feelings. *Harvard Business Review*, 125–128.（「ネガティブな感情をコントロールする法」スーザン・デイビッド、クリスティーナ・コングルトン、『DIAMONDハーバード・ビジネス・レビュー』2014年10月号）。

6 この比喩は以下から借用した。Hayes, S. C., Strosahl, K. D., & Wilson, K. G. (1999). *Acceptance and commitment therapy: An experiential approach to behavior change*. New York: Guilford Press.

7 この概念は以下において用いられている。David, S. (2009, September). *Strengthening the inner dialogue* workshop facilitated for Ernst & Young.

8 Caprino, K. (2012, May 23). 10 lessons I learned from Sarah Blakely that you won't hear in business school. *Forbes*.

［著者］
**スーザン・デイビッド**（Susan David）
心理学者。ハーバード大学医療大学院講師。ハーバード大学医学部マクリーン病院のコーチング研究所を創設。エビデンス・ベースト・サイコロジーＣＥＯ。『ハーバード・ビジネス・レビュー』『ニューヨーク・タイムズ』『タイム』『ワシントン・ポスト』『ウォール・ストリート・ジャーナル』など寄稿多数。
ＥＡ（エモーショナル・アジリティ）の自己評価テスト、補足資料、著者からのメッセージなどを以下のサイトで公開している（英語）。
http://www.susandavid.com

［訳者］
**須川綾子**（すがわ・あやこ）
翻訳家。東京外国語大学英米語学科卒業。訳書に、『人と企業はどこで間違えるのか？』『レジリエンス　復活力』（ダイヤモンド社）、『綻びゆくアメリカ』『退屈すれば脳はひらめく』（ＮＨＫ出版）、『子どもは40000回質問する』（光文社）、『戦略にこそ「戦略」が必要だ』（日本経済新聞出版社）などがある。

EA
ハーバード流こころのマネジメント
――予測不能の人生を思い通りに生きる方法

2018年４月４日　第１刷発行

著　者――スーザン・デイビッド
訳　者――須川綾子
発行所――ダイヤモンド社
〒150-8409　東京都渋谷区神宮前6-12-17
http://www.diamond.co.jp/
電話／03･5778･7232（編集）　03･5778･7240（販売）
装丁デザイン―竹内雄二
本文デザイン―布施育哉
製作進行――ダイヤモンド・グラフィック社
印刷――――八光印刷（本文）・加藤文明社（カバー）
製本――――ブックアート
編集担当――前澤ひろみ


ISBN 978-4-478-10272-5